누가 지구를 망치는가

ONENESS VS. THE 1%: Shattering Illusions, Seeding Freedom
First published in India in 2018 by Women Unlimited (an associate of Kali for Women)
7/10, First Floor Sarvapriya Vihar New Delhi-110016
www.womenunlimited.net

Korean translation copyright © 2021 by CUM LIBRO
Korean translation rights arranged with WOMEN UNLIMITED
through EYA (Eric Yang Agency)

누가 지구를 망치는가

반다나 시바·카르티케이 시바 지음 ─ 추선영 옮김

1%가 기획한 환상에 대하여
Oneness vs. **The 1%**

책과
함께

일러두기

• 이 책은 Vandana Shiva, Kartikey Shiva의 **ONENESS VS. THE 1%** (Women Unlimited, 2018)을 완역한 것이다.
• 〔 〕는 옮긴이가 덧붙인 해설이다.

머리말

산다는 것, 살아 있다는 것은 무엇인가?

잘산다는 것, 복리福利를 누리면서 산다는 것은 무엇인가?

지식과 지성은 무엇이고, 생태와 경제는 무엇인가?

자유와 민주주의는 무엇인가?

우리의 미래는 어떻게 될 것인가?

우리는 이와 같은 기본적인 질문으로 돌아갈 수밖에 없다. 시대가 요구하기 때문이다. 우리 시대는 인간이라는 생물종 자체가 멸종할 가능성이 있는 시대다. 현재 우리 시대의 주된 지식 모델인 '부富'를 창조하는 모델과 '대의'민주주의 모델은 지구의 경계를 침해할 뿐 아니라 지구를 공유하면서 살아가는 다양한 생물종의 권리를 침해하고 있다. 대부분의 사람들이 누려야 하는 자유와 권리도 침해당하고 있다. 전 세계 인구의 고작 1퍼센트에 해당하는 사람들이 부와 권력을 통제하고 있다. 이 1퍼센트는 지구를, 그리고 그들을 제외한 나머지 모든 사람들의 삶을 파괴하고 있다. 자신의 행동에 대한 책임감 따위는 눈곱만큼도 찾아볼 수 없다. 참으로 영악하게도 이 1퍼센트는 환상을 창조하는 방법을 찾아냈다. 환상 속에서 인간과 지구는 별개의 존재로 취급된다. 1퍼센트와 그들을 제외한 나머지 사람들 역시서로 무관한 존재로 전락한다. 1퍼센트가 창조한 환상에 따르면 1퍼센트는 그들을 제외한 나머지 사람들과 부를 공유하지도, 미래를 공유하지도 않는다.

복리와 복리를 누리는 일은 시간을 초월한다. 하지만 '부'는 복리의 상태일 뿐이다. 인간과 인간의 복리 사이에 시장이 끼어들면서 인간과 인간의 잠재력, 인간과 인간의 욕구는 단절되었다. 그러는 사이 시장은 전 세계 권력을 통합하면서 내부 결속을 더욱 다졌다.

전 세계 인구의 하위 절반이 소유한 부와 맞먹는 부를 소유한 억만장자는 2010년 388명이었다. 그리고 그 수는 매년 줄어들어 2011년 177명, 2012년 159명, 2013년 92명, 2014년 80명, 2016년 62명, 2017년에는 고작 8명이었다. 이 추세대로라면 2020년에는 단 한 명이 전 세계 인구의 하위 절반이 소유한 부와 맞먹는 부를 소유하게 될 것 같다.

2008년 전 세계에 경제위기가 찾아왔다. 사람들은 집과 일자리를 잃었다. 그 사이 억만장자들은 전 세계 산업의 소유권을 통합했다. 주가는 바닥을 쳤고 가장 부유한 억만장자들은 가장 낮은 가격으로 경제를 사들였다. 억만장자들에게는 식은 죽 먹기

누가 지구를 망치는가

보다 쉬운 일이었다. 당연하게도 이것은 우연이 아니었다. 1퍼센트가 부리는 금융이라는 도구가 발휘한 재주였다.

1퍼센트의 주구走狗인 금융에는 짓밟고 파괴하며, 집적하고 축적하며, 외부화하고 채굴하라는 명령이 입력되어 있다. 1퍼센트의 앞잡이인 금융은 암세포와 같다. 암세포가 끝없이 성장하는 것처럼 금융은 오직 융합, 합병, 집중이라는 논리만 이해할 수 있다. 암세포가 결국 자신이 깃든 유기체를 파괴하고 마는 것처럼 금융은 지구와 사회를 파괴하고 말 것이다.

우리는 지성과 창의력을 되찾아야 한다. 1퍼센트의 앞잡이인 금융에 저항하고 비폭력적인 대안을 창조해야 한다. 우리는 금융으로부터 시상을, 억만장자 독재자로부터 우리의 삶을 되찾아 와야 한다. 우리는 진정한 자유를 되찾아야 한다. '자유무역', 기업 지배, 알고리즘이 운영하는 민주주의, 소비주의라는 그릇된 자유에 매료되지 말아야 한다. 확고한 의지를 가지고 부의 진정한 의미를 되찾고 복리를 누릴 수 있는 조건을 되찾아야 한다.

인류는 운명의 기로에 서 있다. 결국 인류는 어떻게 될까? **금융계의 큰손**이 휘두르는 **하나**의 권력의 통치를 받고 말 것인가, 아니면 지구 공동체와 인류 공동체를 아우르는 **전체** 全體, Oneness 가 힘을 모아 통치와 절멸을 목표로 달려가는 '**운영체제**'의 전원을 꺼버릴 것인가? 그리고 그럼으로써 스스로를 조직할 잠재력과 창의력을 발휘하여 또 다른 미래의 싹을 틔울 씨앗을 뿌리게 될까?

문화와 언어의 다양성이 사라지면서 우리의 상상력도 함께 사라지고 있다. 경제적 양극화와 불평등이 심화되어감에 따라 전 세계 곳곳에서 사회의 폭력과 분열이 일상이 되었다. **금융계의 큰손**은 대의민주주의의 절차를 장악하고, 선거는 증오와 공포를 이용해 사람들을 갈라놓으면서 민주주의의 위기에 직면하지 않은 사회를 찾아보기가 어려운 실정이다. 선거를 치를 때마다 사람들의 관심은 불안을 유발하는 진짜 원인에서 더욱 멀어져 간다. 이제 민중에게는 조직을 구성하고 분연히 떨쳐 일어날 여력이 없다. 그리고 그럴수록 지구를 보호하고 사회를 재건하며 경제와 민주주의를 되찾을 가능성은 점점 더 희박해져 간다.

인류는 벼랑 끝에 서 있다. 미래에도 진화를 이어나갈 잠재력이 인류에게 아직 남아 있는지 확실하지 않다. 생태학적 차원에서도 확실한 것은 없다. 우리 시대의 주된 사고 모델과 생활 모델의 모든 측면이 우리의 삶을 지원하는 지구의 역량을 파괴하고 있기 때문이다. 인간이라는 생물종의 침식과 멸종, 토양과 물의 파괴, 기후 혼란은 인간이 지구 공동체의 구성원으로서 계속 존재하는 데 필요한 조건에 혼란을 일으키고 있다. 채굴주의를 앞세운 경제개발과 경제성장 모델, 기업통제와 탐욕경제 모델은 자연뿐 아니라 인간성마저 파괴한다. 즉 연대하고 연민하며 서로를 보살피는 인간의 역량까지 파괴한다.

권력자들은 세계를 추상화할 뿐 아니라 환상을 창조한다. 바로 생태학적 한계를 지닌 지구에서 무제한 성장이 가능하다는 환상이다. 그러고는 추상화된 세계와 자신들이 창조한 환상을 나머지 인류에게 강요한다. 지난 2세기 동안 화석연료를 기반으로 발전한 산업주의와 기계론적이고 환원주의적인 사고방식이 특히 크게 부상했다. 이에 따라 인간은 생태학적인 측면에서 삶을 지탱할 역량과 사회적인 측면에서 공동체로서의 삶을 지탱할 역량을 한꺼번에 잃어가고 있다. 가진 것을 강탈당하고 삶의 터전에서 뿌리가 뽑힌 채 난민으로 전락하는 사람들이 늘고 있다. 바로 이것이 무제한 성장 모델이라는 환상이 드리운 그림자이자, 권력자들이 자신이 구성한 범주와 담론을 통해 권력을 무제한으로 행사한 결과 드리워진 그늘이다.

멸종을 향해가는 벼랑 끝에서 탈출할 방법이 없는 것은 아니다. 멸종은 필연적인 일이 아니기 때문이다. 우리는 1퍼센트가 발명한 기계론적 세계에서 벗어나기를 선택하고, 우리를 벼랑 끝까지 몰고 온 힘과 패러다임에서 자유로워질 수 있다. 우리는 우리가 지구 공동체의 구성원이라는 사실과 지구가 놀라운 회복 역량과 쇄신 잠재력을 지니고 있다는 사실을 깨달을 수 있다. 우리는 지구의 일부이고, 지구와 분리될 수 없는 존재다. 그러므로 지구가 지닌 역량과 잠재력을 공유한다. 간디가 말했듯이 우리에게는 '우리가 바라는 변화'를 이끌어낼 힘이 있다. 그것을 인식한다면 절망, 공포, 증오의 시대에 희망, 사랑, 연민을 키워나갈 토대를 만들 수 있다.

우리를 벼랑 끝으로 몰고 간 위기 속에 희망과 자유의 싹을 틔우고 인간성과 지구 시민권을 쇄신할 씨앗이 숨어 있다. 기계론적 사고방식은 인간과 지구를 인위적으로 분리하고 이를 우리에게 강요했다. 덕분에 우리는 채굴 경제의 통치를 받게 되었다. 오늘날 우리 사회에는 탐욕을 미덕으로 여기는 그릇된 가정이 구석구석 스며들어 있다. 심지어 더 탐욕스러울수록 더 높은 사회적 보상이 주어져야 한다고 생각하기도 한다. 그 결과 오늘날 인류는 생존 위기에 직면하게 되었다. 2017년 5월 개별 대담에서 스티븐 호킹은 다음과 같이 언급했다. "인류는 생존 위기에 직면해 있습니다. (…) 너무 심각합니다. 앞으로 100년 안에 인류가 멸종할지도 모릅니다. 멸종을 피하려면 지구에서 탈출하여 다른 행성으로 이주해야 할 것입니다."[1]

지구의 한계를 넘어 계속 정복하고, 그것으로 부족하면 또 다른 탈출구를 찾는다는 생각은 오늘날 팽배해 있는 환상을 더욱 부추긴다. 바로 직선적 진보가 가능하다는 환상이다. 이 환상에는 인간과 지구가 일체—體라는 인식과, 지구가 우리의 유일한 집이라는 인식이 결여되어 있다. 또한 우리가 처한 위기가 사실은 지구를 식민화하면서 다양한 문화를 파괴한 결과이자 식민화 과정에서 유발된 파괴에 책임을 지지 않은 결과라는 인식도 결여되어 있다. 과거에도 탈출은 또 다른 식민화를 불러왔다. 그러므로 지구를 탈출해 다른 행성을 식민지로 삼는다고 하더라도 지구를 식민화하는 과정에서 등장했던 정복과 지배라는 논리만 되풀이하고 말 것이다.

누가 지구를 망치는가

오늘날의 짐바브웨(과거의 로디지아Rhodesia)를 식민화한 세실 로즈는 다음과 같이 적나라하게 말했다.

원자재를 쉽게 구할 수 있는 새로운 땅을 찾아야 한다. 그 땅을 식민 지로 삼고 원주민 노예가 제공하는 값싼 노동력을 이용해야 한다. 식민지는 본토의 공장에서 생산한 잉여 상품을 단번에 처분할 수 있 는 시장으로도 기능할 것이다.[2]

이것이 바로 1퍼센트가 내세우는 경제 모델이다. 채굴 도구와 식민지는 바뀔 수 있다. 그러나 식민화하는 방법은 변하지 않는 다. 구체적으로는 다음과 같다. 다른 사람이 가진 것을 훔치고 갈취해서 자신의 재산으로 만들고 원래의 소유자로부터 임대료 를 징수한다. 삶의 터전에서 쫓겨난 사람들을 값싼 노예 노동으 로 전락시켜 원료를 제공하게 만들고 자신이 생산한 산업 제품 을 식민지에 내다 판다.

그러나 이러한 형태의 자연과 사람의 식민화에도 한계가 있 다. 노예와 착취당하는 노동자가 필요한 이유는 1퍼센트가 제공 하는 허섭스레기 같은 식품, 의류, 커뮤니케이션, 미디어를 구 매할 사람이 필요하기 때문이다. 하지만 지구의 한계를 넘어서 는 수준으로 지구를 착취하고 오염시키면 생명을 지원하는 지 구의 체계 자체가 파괴될 것이다. 그러면 생산도 없고 생존자도 없을 것이다.

식민화는 멸종을 피하는 길이 아니다. 그렇다면 이대로 꼼짝 없이 멸종하기를 기다리고만 있어야 할까? 아니다. 식민화와 멸종 너머에 세 번째 길이 있다. 인간이 서로를 보살피고 지구를 보살핌으로써 인간성과 지구의 활력을 되찾아 살아남는 길이다.

다양성을 인정하는 가운데 지구 공동체와 인류 공동체로 뭉쳐야 한다. 그래야만 서로가 서로를 부여잡고 벼랑에서 빠져 나갈 수 있고, 파괴와 생태학살, 대량학살을 일삼는 1퍼센트의 지배에서 벗어날 수 있다. 가던 방향에서 돌아서서 자유를 향해 나아갈 수 있다. 그곳에는 자유로운 삶, 자유로운 생각, 자유로운 호흡, 자유로운 음식 섭취가 기다리고 있을 것이다.

산스크리트어로 바수다이바 쿠툼바캄*vasudhaiva kutumbakam*은 '한 가족, 지구 공동체'라는 의미이다. 이 책은 이와 같은 하나됨의 철학에 뿌리를 두고 있는 희망을 이야기하고자 한다. 하나됨의 철학은 우리에게 잠재력이 있다는 희망에서 출발한다. 우리는 분리와 분할을 초월할 수 있는 잠재력, 서로 연결되어 있다는 사실을 온전하게 인식할 수 있는 잠재력, 하나의 지구에 깃들어 살아가는 하나의 인류로서 생각하고 행동하며 생활할 잠재력을 지니고 있다. 우리는 살아가는 매일, 매 순간 적극적으로 동참할 책임을 오롯이 인식하는 가운데 자연과 사회에 존재하는 생명의 그물망을 회복하고 보호할 잠재력을 지니고 있다. 성하聖下 카르마파 오겐 친레 도르제는 그것을 연민 어린 용기,

연민에서 우러나와 행동하는 용기라고 말했다.[3]

　과거 우리는 자유와 해방 운동을 일으켰다. 식민지에서 벗어나 제국주의의 사슬로 얼룩진 우리의 정신과 문화를 되찾았다. 인위적으로 구성되었지만 '당연한 것'으로 둔갑한 인종, 성별, 계급, 피부색이라는 범주를 탈피했다. 이제 우리는 창의력과 상상력을 발휘하여 그리고 연대와 상호 연결을 통해 지구의 자유를 수호하는 운동을 일으킬 수 있다. 기계론적 사고방식이 만들어낸 환상, 1퍼센트의 앞잡이인 금융과 민주주의라는 망상이 구성한 사슬을 깨뜨리고 벽을 허물 수 있다. 우리는 진정한 지성을 통해 진정한 지식을 되찾고 창조할 수 있다. 창의력을 발휘해 자연의 진정한 부를 되찾고 창조할 수 있다. 진정한 자유와 진정한 지구민주주의의 싹을 틔울 씨앗을 뿌릴 수 있다.

　우리는 항상 **지금**을 살아왔다. 바로 이것이 **실재의 부활**이다. 실재는 하나됨이다. 따라서 분리할 수 없다. 실재는 과거에 살아 있었고 현재도 살아 있는 지성이다. 실재는 자조自組, 창의력, 자유이다. 실재는 다양성, 희망, 연민, 상호 연결, 우리 공동의 미래를 위한 씨앗을 뿌릴 수 있는 잠재력이다.

차례

—— 1장 ——

1퍼센트 VS 지구 공동체, 인류 공동체

우리는 한 가족, 지구 공동체이자 인류 공동체다.

우리는 다양한 존재이면서 지성, 창의력, 연민으로 연결된다.

역사상 처음으로 생물종으로서 인류 공동의 미래가 불명확해
지고 있다. (화석연료 시대 200년, 기업 세계화 시대 20년을 포함하여)
500년에 불과한 식민화 기간 동안 인류는 지구에 심각한 피해
를 입혔다. 그 결과 인간이라는 생물종 자체가 멸종 위기에 내
몰려 있다. 그러나 1퍼센트는 생명의 잠재력, 민중의 권리, 자신
들이 '구성한 범주와 담론'이 미치는 파괴적인 영향에 대해 아
무런 관심을 보이지 않는다. 덕분에 이대로라면 멸종 위기라는
벼랑에서 떨어지고 말 것이 너무나도 자명해 보인다. 1퍼센트
는 폭력을 동원해 식민화를 수행하는 자신의 힘을 '우월'하다
고 정의하고, 자연, 여성, 토착 원주민, 농민의 창조적이고 비폭
력적인 힘을 '후진적인 것' 또는 '수동적인 것'이라고 인식한다.
1퍼센트가 구성한 직선적 진보 담론에는 전진하는 길 외의 다

른 길은 없다. 그러나 우리는 이미 벼랑 끝에 몰려 있다. 벼랑 끝에서 앞으로 한 걸음 더 나아간다는 말은 벼랑에서 추락한다는 말과 같다.

인간은 다양성을 통해 분리할 수 없는 자유를 공동으로 누린다. 오늘날 1퍼센트는 자유무역협정, 대중 조작 도구, 특허를 이용한 공유지 봉쇄를 통해 자유를 창조한 뒤 우리가 공동으로 누리는, 분리할 수 없는 자유를 위협하고 있다. 1퍼센트는 균일성과 획일성, 분할과 분리, 독점과 외부 통제, 중앙집중화와 강압을 추구하면서 내부 결속을 더욱 다진다. 그러는 동시에 전 세계에 자신들의 패러다임과 담론을 비민주적인 방식으로 강요한다. 1퍼센트가 지니고 있는 경제권력과 정치권력은 막강하다. 지구와 (자신이 속해 있는) 인류와 분리된 1퍼센트는 자신이 지닌 권력을 휘둘러 그들을 제외한 나머지 모든 사람들의 삶의 전 영역을 통제하려고 애쓰고 있다.

다양성과 연결된 자유

—

하나됨은 우리 존재의 근원 그 자체이다. 하나됨은 우주, (인간을 포함한) 모든 존재, 지역 공동체와의 상호 연결성이다. 하나됨은 다양하고 살아 있는 지성과 창의력으로 엮여 있다. 하나됨은 생물 다양성, 문화 다양성, 경제 다양성, 정치 다양성, 지식 다

　　　　　　　　　　　누가 지구를 망치는가

양성과 같은 풍부하고 활기찬 여러 다양성이 한데 모인다는 의미이다. 하나됨의 바탕에는 생명과 자유가 하나라는 깊은 이해가 자리 잡고 있다. 즉, 인간으로서 그리고 지구 공동체의 구성원으로서 우리가 누리는 자유는 지구의 자유와 분리될 수 없다는 의미이다. 나무와 식물은 인간에게 산소를 제공하고 인간과 다른 동물은 이산화탄소를 제공하여 생명의 탄소 순환이 이루어진다. 나무는 인간이 자유를 누릴 수 있는 조건을 형성한다. 토양 속 균근菌根 균류菌類는 식물에 영양분을 공급하고 식물로부터 자신에게 필요한 영양분을 얻는다. 식물이 누리는 자유는 균근 균류에 달려 있다. 한편 유기물이 풍부한 토양에는 유익한 균류가 풍부하다. 이와 같은 유익균은 식물에만 유익한 것이 아니다. 궁극적으로 식물을 소비하는 인간과 동물에게도 유익하다. 인간이 누리는 삶의 자유와 번성할 자유는 이와 같이 서로 연결되어 있다.

종자, 토양, 공기, 물에 관심을 가지고 보살피는 일은 우리가 미래에 얼마나 헌신하는지 평가하는 시험장이다. 토양, 생물다양성, 공기, 물, 기후 균형을 사라지게 만드는 과정은 인간성도 사라지게 만든다.

연민은 연결성 자체에서 그리고 상호 연결성에 대한 인식에서 자연스럽게 발생한다. 그것은 억만장자들이 벌이는 '자선활동'이 아니다. 억만장자가 지닌 수십억 달러의 부는 폭력적인 채굴 경제를 통해 형성된 것이고, 억만장자가 자선활동에 투입하는 수십억 달러는 더 많은 시장을 창출하여 더 많은 돈을 억만장자에게 안길 것이기 때문이다. 무엇보다 '자선'은 돈으로만 문제를 해결하려고 하기 때문에 연민이라고 할 수 없다. 자선은 임시방편에 불과하다. 자선으로는 우리가 직면한 위기의 근본 원인을 해결할 수 없다.

지금은 지구의 진화 과정과 인간이라는 생물종의 진화 과정에서 결정적인 시점이다. 90퍼센트가 넘는 작물 품종이 사라졌다. 식물의 유전적 다양성 가운데 약 75퍼센트가 기계론적 사고방식에서 출발한 단작單作 관행으로 인해 자취를 감췄다.[1] 우리는 여섯 번째 대멸종의 시대에 살고 있다. 지금이야말로 농장과 경작지, 부엌과 식탁에서 생물다양성을 회복함으로써 기후 위기, 건강 위기, 기업에 의한 식량 통제 위기를 해결하지 않으면 안 된다.

시인이자 철학자 라빈드라나트 타고르는 숲에서의 삶을 문화적 진화의 가장 높은 형태로 정의하는 것이 인도 문화의 특징이라고 지적했다. 《타포반Tapovan》에서 타고르는 다음과 같이 기록했다.

현대 서양 문명은 벽돌과 나무로 지어졌다. 현대 서양 문명의 뿌리는 도시에 있다. 그러나 인도 문명은 도시가 아니라 숲에서 재생산, 물질적 근원과 지적 근원을 찾는다. 바로 이와 같은 점에서 인도 문명은 다른 문명과 차별화된다. 인도 최고의 사상은 군중과 멀리 떨

누가 지구를 망치는가

어진 곳이면서 나무, 강, 호수와 교류할 수 있는 곳에서 출발했다. 숲이 제공하는 평화는 인간의 지성이 진화하는 데 도움을 주었다. 숲의 문화는 인도 사회 문화의 토대가 되었다. 숲에서는 항상 생명이 소생한다. 소생하는 과정은 생물종별로, 계절별로 다르고 소리, 냄새, 모습도 각양각색이다. 숲에서 이루어지는 생명의 다양한 소생 과정은 숲에서 탄생한 문화에 영향을 주었다. 따라서 생명의 다양성과 민주적 다원주의라는 원칙이 인도 문명의 일관된 원칙이 되었다.

숲은 생물다양성을 보관하는 창고이자 민주주의라는 교훈을 가르치는 학교다. 즉, 다른 존재들과 공간을 공유하는 가운데 모두가 공유하는 생명의 그물망 속에서 각자의 생계를 유지해야 한다는 교훈이다.

민주주의는 참여다. 참여는 체화되고 한번 체화되면 사라지지 않는다. 따라서 참여민주주의는 과거에 살아 숨 쉬었고 지금도 살아 숨 쉬는 민주주의다. 우리는 **자연의 권리**와 **어머니 대지의 권리**를 인식하고 그 권리의 침해를 생태학살로 인식하는 운동을 일으켜야 한다.[2]

생명은 스스로를 조직한다, 생명은 지혜롭다

모든 세포, 모든 미생물, 모든 존재는 자율적·자기생산적·자조自組적이다. 자유롭고 역동적이며 진화하는 존재다. 서로 연결되어 있고 분리할 수 없다. 과학자 움베르토 마투라나와 프란시스코 바렐라는 내부에서 조직된 살아 있는 체계를 자기생산적 체계로 규정했다.[3] 반면 기계는 외부에서 조립되고 통제되는 타자생산적 체계이다. 우리 시대의 가장 극적인 존재론적 변화 가운데 하나는 살아 있는 유기체, 특히 종자를 기업이 '발명한' 기계로 재정의한 것이다.

화석연료가 산업을 주도한 지난 2세기 동안 인간과 지구를 인위적으로 분리하는 지적 구조가 형성되었다. 나는 이와 같이 인간과 자연의 분리를 상상하여 가정하는 현상을 '생태-아파르트헤이트'라고 언급한 바 있다. 한편 브루노 라투르는 이와 같은 현상을 '분할' 또는 '자연과 문화 사이에 배치된 상상 속 간극 확장'이라고 일컬었다.[4]

오늘날 주된 패러다임인 기계론적 패러다임 속에서 인간과 자연은 분리된다. 자연은 죽은 물질, 즉 불활성 물질로 선언되고 착취에 사용될 단순한 원료로 전락한다. 산업자본주의는 필요에 의해 기계론적 세계관을 만들었다. 그러고는 부적절한 환원주의적 패러다임인 기계론적 세계관을 과학으로 격상했다. 반면 지구가 살아 있다는 자각을 토대로 한 과학적 사고는 정치를 통해 비非과학, 심지어는 반反과학으로 치부되었다. 생태학적 무지와 사회적 무지는 군림하고 통제하려는 충동 및 탐욕과 결합되었다. 그리고 바로 이것이 오늘날 1퍼센트가 세계를 지배하기 위해 사용하는 주된 경제, 정치, 과학, 기술 체계이다.

오늘날 우리는 인류세世를 살고 있다. 인간의 힘이 지구의 생태학적 과정을 방해하는 시대라는 의미이다. 인간이 파괴력을 지녔다고 해서 몇몇 인간에게 지구의 자원, 과정, 체계를 장악할 권리가 생기는 것은 아니다. 만일 이와 같이 주장한다면 무책임한 오만일 것이다. 오늘날 우리가 살아 있는 것은 지구가 살아 있으면서 우리 삶에 필요한 조건을 창조하고 있기 때문이다. 이 아름다운 행성에서 살아간다는 것은 곧 생태세世를 살아간다는 의미이다.

식민주의와 산업주의는 오만하다. 오직 식민 세력만이 지성을 가진 존재라고 가정하기 때문이다. 진정한 지성은 진화적 지능과 생태학적 지능을 의미한다. 그러나 다른 모든 것과 마찬가지로 지성은 기계론적인 지능과 분석적인 지능으로 환원되었다. 이제는 아예 지능을 '인공 지능'에 맡기는 실정이다. 인간은 인간의 지성을 기계론적 사고방식이 형성한 하나의 형태로 환원했다. 더불어 과학에 도사리고 있는 기계론적이고 인간중심적인 편견에 휩싸여 세계 구석구석에 스며들어 있는 살아 있는 지성의 존재 자체를 잊고 말았다.

1905년 영국의 식물학자 앨버트 하워드 경은 서구의 농업 체계를 인도에 도입하기 위해 인도를 찾았다. 그러나 하워드 경은 수천 년 동안 인도 농업을 지탱해온 지극히 정교한 농업 체계를 접하게 되었다. 하워드 경은 인도의 농민과 인도의 해충을 스승 삼아 바람직한 농법을 습득하기로 결정했다. 하워드 경은 자신이 습득한 농업 지식을 집대성하여 《농업성전The Agriculture Testament》을 발간했다. 오늘날 《농업성전》은 현대 유기 농업의 바이블로 불린다. 다양성과 반환의 법칙은 하워드 경이 습득한 핵심 교훈 가운데 하나다. 지속가능한 농업은 다양성을 토대로 하는 농업이다. 즉 서로 다른 작물, 나무, 동물이 농장 한 곳에서 어우러져 자라는 것이다. 다양한 작물은 토양, 동물, 인간에게 필요한 다양한 영양분을 생산한다.

반환의 법칙은 자연과 사회로부터 받은 것을 다시 돌려주는 것이다. 하워드 경은 반환의 법칙을 실천에 옮기면서 자신이 지닌 과학적 지식을 활용하여 토양의 생태학을 이해하는 일에 매진했다. 결국 하워드 경은 '인도올Indore 방법'이라고 알려진 유명한 퇴비화 방법을 개발하게 되었다. 지난 50년간 **녹색혁명**과 산업적 농업이 확산되면서 경작지에서, 그리고 식탁에서 생물다양성이 사라진 지 오래다. 그리고 생물다양성 상실은 생태 위기에만 기여하는 것이 아니다. 생물다양성 상실은 전염병을 유발한다.

식물은 생명의 기초다. 전통적으로 인도에서는 나무와 식물을 살아 있는 존재로 이해해왔다. 이 같은 전통은 저명한 인도 과학자 J. C. 보세를 통해 근대로 이어졌다. 보세는 세밀한 실험을 여러 차례 실시했지만 인간과 동물이 '식물'보다 명백하게 우월하다는 기존의 주장을 뒷받침할 만한 근거를 찾지 못했다고 밝혔다. 보세는 다음과 같이 언급했다.

여러 실험을 통해 식물과 인간의 거리가 지금까지 우리가 생각했던 것보다 훨씬 더 가깝다는 사실을 확인하게 되었다. 그동안 우리는 식물을 단순한 영양소 덩어리라고 생각해왔다. 그러나 실험을 통해 식물이 생장에 관련된 영양소 덩어리를 넘어서는 존재라는 사실을 알게 되었다. 식물의 모든 섬유 하나하나가 감성을 가진 본능적인 존재라는 사실을 발견했기 때문이다. 식물에게서 힘차게 고동치는 생명의 진동이 느껴진다. 식물의 생명 조건에 따라 생명의 진동의 세기가 달라진다. 마침내 생명이 진동이 멈추는 순간 식물 유기체는 죽음에 이른다. 이러한 방식과 다른 여러 측면을 종합해볼 때 식물과 사람의 생명 반응은 비슷하다는 결론을 내릴 수 있다.[5]

먹는 일은 의사소통하는 일과 같다. 인간은 먹는 행위를 통해 지구, 농민, 요리사와 소통한다. 먹은 음식은 장腸에 서식하는 유익한 박테리아와 소통하여 건강을 유지하고 질병에 대한 저항력을 높이는 데 기여한다. 인간의 장은 100조 개의 미생물, 700만 개가 넘는 유전자를 지닌 1000여 종의 박테리아가 포함되어 있는 미생물군집이다. 우리 몸에는 인간 유전자 1개마다

360개의 박테리아 유전자가 있다. 인간의 몸을 구성하는 세포 중에서 고작 10퍼센트만이 인간인 것이다. 인간의 장에서 서식하는 미생물의 수는 지구에서 살아가는 사람의 수보다 10만 배 더 많다.

게다가 박테리아는 똑똑하기까지 하다. 제임스 샤피로는 박테리아를 지각이 있는 존재라고 표현했다. 샤피로는 다음과 같이 언급했다.

박테리아에게는 인지 능력, 계산 능력, 진화 능력이 있다. (⋯) 연구에 따르면 박테리아는 정교한 메커니즘을 활용하여 세포 간에 의사소통을 한다. 심지어 기본 욕구를 충족하기 위해 '고등' 식물과 '고등' 동물의 기본 세포 생물학을 징발할 수 있는 능력도 지니고 있다. (⋯) 이와 같은 관찰 내용은 놀랍기 그지없다. 이에 따라 생물학적 정보 처리에 대한 기존의 기본 발상을 수정할 필요가 있다. 또한 가장 작은 세포조차도 지각이 있는 존재라는 사실을 인식해야 한다.[6]

식량 생산을 위해 사용하는 유독성 살충제와 제초제는 장에 서식하는 유익한 박테리아를 파괴한다. 이에 따라 각종 장 질환에서부터 자폐증과 알츠하이머 같은 신경 질환에 이르는 심각한 질병이 유발된다. 미국 질병통제예방센터 데이터에 따르면 현재 추세가 이어질 경우 앞으로 수십 년 안에 미국 아동 2명 가운데 1명에게서 자폐증이 발견될 것으로 추정된다. 지성이 있는 생물종이라면 자신의 미래를 파괴하지 않을 것이다. 왜곡되고 조작된 과학을 근거로 자신의 미래를 파괴하는 생물종은 지성을 지닌 생물종이라고 할 수 없다.[7]

체계 사상가 야니어 바-얌은 다음과 같이 기록했다.

복잡계複雜界는 우발적으로 거동하는 많은 구성 요소로 형성된다. (…) 구성 요소의 거동을 바탕으로 체계의 거동을 단순 추론할 수 없다. (…) 체계를 물리적으로 분해하고 각각의 부분을 살펴본다고 해서(환원주의) 우발적인 속성을 연구할 수 있는 것은 아니다.[8]

기계론적 환원주의는 세계를 하나의 기계로 바라보는 관점에 기반을 두고 있다. 분리에 기반을 둔 지식만을 유일한 지식으로 인정한다. 칼 우즈는 기계론적 환원주의를 '근본주의적 환원주의'라고 일컬었다. 우즈는 다음과 같이 언급했다.

'경험적 환원주의'라고 부를 수 있는 것과 '근본주의적 환원주의'라고 부를 수 있는 것을 구분할 필요가 있다. 경험적 환원주의는 본질적으로 방법론적이다. 경험적 환원주의는 단순한 분석 양식이다. 즉 이해도를 높이기 위해 생물학적 실체나 생물학적 체계를 구성 부분으로 분해하는 것이다. 경험적 환원주의는 궁극적으로 이해하고자 하는 대상인 생물의 근본적인 본성에 대해 어떠한 가정도 하지 않는다. 반면 근본주의적 환원주의(19세기 고전 물리학의 환원주의)는 본질적으로 형이상학적이다. 근본주의적 환원주의는 사실상 세계의 본질에 대한 진술이다. 근본주의적 환원주의는 (다른 모든 것과 마찬가지로) 각 구성 부분의 속성이라는 측면을 통해 살아 있는 체계를 완전히 이해할 수 있다고 주장한다.[9]

종자를 기르고, 선택하며, 진화시키는 데에는, 그리고 식량을 재배하려면 지식이 필요하다. 구체적으로는 생물다양성, 살아 있는 종자, 살아 있는 토양, 토양-먹이사슬에 대한 지식이 필요하다. 토양-먹이사슬의 경우 농생태계 내 서로 다른 생물종 사이의 상호작용과 서로 다른 계절을 고려해야 한다. 이러한 지식은 복잡하다. 상호작용하는 체계와 스스로를 조직하고 유지하며, 소생하고 진화하는 체계에 대한 지식이기 때문이다. 이처럼 복잡한 지식은 지난 1만 년이 넘는 시간동안 농민들이 농업을 발전시키는 과정에서 쌓은 것이다. 그리고 오늘날 이와 같은 지식은 식량 생산에 대한 진정한 과학적 접근 방법인 농생태학을 통해 검증받고 있다.

수천 년 동안 농민들은 사용가능한 토지와 물을 이용하여 인류에게 식량을 공급해왔다. 그러는 과정에서 계속해서 더 맛있고 영양이 풍부한 품종으로 진화시켜왔다. 농민들은 지구, 자연과 자연 생태계, 인간, 그 밖의 모든 생물종을 자기생산적 체계로 이해해왔다. 이것이 바로 농민들의 성공 비결이다. 경작지에서 자라는 작물을 맛있고 영양이 풍부한 음식으로 바꾸는 방법

누가 지구를 망치는가

을 알고 있는 할머니야말로 식품 과학자다. 아유르베다〔인도의 전승 의학〕 의사ayurvedic doctor는 과학자다. 토착 원주민은 과학자다. 여성은 과학자다. 아유르베다 의사, 토착 원주민, 여성은 상호작용하면서 진화하는 지식을 체화하고 있기 때문이다.

인식론과 지식 체계의 다양성을 인식해야 한다. 이 같은 인식이 지구를 보호하고 우리의 복리를 보장하는 데 도움이 되기 때문이다. 서로 연결된 다양한 지성을 발휘해야 한다. 그럼으로써 우리는 1퍼센트의 통제를 넘어서는 또 다른 세계를 통해 1퍼센트가 창조한 환상을 넘어서는 또 다른 상상력을 창조할 수 있다.

서로 연결되어 있는 경제학과 생태학

생태학과 경제학이라는 용어는 모두 고대 그리스어 '오이코스oikos'(집이라는 의미)에서 파생되었다. 생태학은 가정의 과학이고 경제학은 가정 관리에 관한 학문이다. 경제학이 생태학에 반하는 경우 우리의 집인 지구를 잘못 관리하게 된다. 전 세계 곳곳이 기후 위기, 물 위기, 생물다양성 위기, 식량 위기를 겪고 있다. 위기의 증상은 다르지만 모두 지구를 잘못 관리한 결과다. 자연의 자본을 진정한 자본으로 인식하지 못하면 지구를 잘못 관리하여 지구의 생태학적 과정을 파괴하고 말 것이다.

식량 부문과 농업 부문을 보면 글로벌 기업이 강요하는 산업적 농업 모델이 실패한 모델이라는 사실을 명확하게 알 수 있다. 이른바 '현대적인' 식량 체계와 농업 체계는 화학물질과 유전자 변형 생물Genetically Modified Organism(이하 'GMO')을 기반으로 성립되었다. 언뜻 보기에는 효율적이고 생산적인 체계처럼 보일 수 있다. 그러나 실상은 10배 더 많은 에너지를 사용하면서 지구의 토양, 물, 생물다양성의 75퍼센트를 이미 파괴했다. 기후 변화를 유발하는 온실가스 배출량의 50퍼센트가 '현대적인' 식량 체계와 농업 체계에서 나오는 형편이다.[10] 산업적 농업은 기아 문제를 해결할 수 있는 방법으로 장려된다. 그러나 사실 전 세계 곳곳에 널리 퍼져 있는 온갖 생태 문제와 건강 문제의 75퍼센트가 산업적 농업에서 기인한다. 기아, 영양실조, 비만, 당뇨병, 알레르기, 암, 신경질환 같은 문제는 탐욕과 독소에 바탕을 두고 설계된 식품 체계에 내재되어 있는 문제이다.[11]

식민화는 소수의 탐욕을 원동력 삼아 풍요를 궁핍으로 바꾼다. 1퍼센트의 이야기는 탐욕의 이야기이다. 1퍼센트의 탐욕에는 제한이 없다. 1퍼센트의 탐욕은 다른 사람의 권리를 존중하지 않는다. 1퍼센트의 탐욕은 자신들의 행동의 결과에 대해서 책임을 지지 않는다. 공유와 탐욕이 대결하고, 상호 연결과 사유화가 대결하며, 전체와 1퍼센트가 대결하고 있다. 이와 같은 대결이 바로 이 책의 핵심 내용이다.

1퍼센트가 군림하는 경제는 소비주의가 지배한다. 그리고 99퍼센트는 가장 기본적인 지속가능성 권리조차 거부당한다. 가장

누가 지구를 망치는가

기본적인 지속가능성 권리에는 음식, 물, 일, 생계 수단을 얻을 권리가 포함된다.

우리는 서로 의존하는 하나의 가족, 지구 공동체

박사 과정을 밟을 때였다. 나는 칩코Chipko 운동에 자원봉사자로 참여했다. 가르왈 히말라야 지역에서 대규모 벌목이 진행되었다. 칩코 운동은 숲을 수호하기 위해 이 지역 여성 농민들이 벌인 비폭력적이고 평화로운 운동이었다. 칩코는 '껴안다', '끌어안다'라는 의미를 지니고 있다. 여성 농민들은 나무를 보호하기 위해 나무를 껴안고 있겠다고 선언했다. 벌목에 나선 사람들이 나무를 베어 내려면 그 전에 먼저 나무를 끌어안은 여성 농민부터 죽여야 했다.

벌목은 산사태와 홍수를 불러왔고 물, 사료, 연료 부족을 유발했다. 이와 같은 기본적인 욕구를 충족하는 책임은 여성들의 몫이었다. 따라서 주변에서 구할 수 있는 물과 땔감이 부족해지면 더 먼 곳까지 이동해서 물과 땔감을 구해 와야 했다. 여성들의 부담이 더 커진다는 의미였다. 나무를 죽여서 얻을 수 있는 목재는 숲이 제공하는 진정한 가치가 아니었다. 숲이 제공하는 진정한 가치는 숲에서 흐르는 샘물과 개울에서 얻을 수 있는 물, 숲이 제공하는 가축 사료와 화로에 사용할 연료였다. 여성들은 이러한 사실을 잘 알고 있다. 칩코 운동이 벌어지던 당시 여성들은 다음과 같이 노래했다.

이 아름다운 떡갈나무와 진달래가
우리에게 시원한 물을 줍니다.
이 나무를 자르지 마세요.
이 나무들은 살아 있어야 합니다.

1978년 우타르카시 재난이 발생했다. 홍수가 벵골의 캘커타까지 휩쓸었다. 우타르카시 재난을 계기로 인도 정부는 여성의 권리를 인식하게 되었다. 홍수 피해를 복구하기 위해 소요된 구호 자금이 벌목한 목재를 판매하여 얻은 수익을 훨씬 상회했기 때문이다. 1981년 인도 정부는 벌목을 금지하여 칩코 운동에 호응했다. 가르왈 히말라야에서 1000킬로미터 이내 지역에서는 나무를 벨 수 없게 되었다. 오늘날 인도 정부가 펴는 정책의 바탕에는 취약한 히말라야 산맥을 보호하는 일이 숲이 제공하는 생태학적 가치를 극대화하는 일이라는 인식이 자리 잡고 있다.

칩코 운동에 참여하면서 알게 된 여성 활동가들은 나에게 생물다양성과 생태학을 알려준 스승이었다. 나는 두 개의 박사학위를 받았다고 입버릇처럼 말한다. 하나는 캐나다 웨스턴온타리오대학교에서 양자 이론의 기초에 대한 내용으로 받은 박사학위다. 다른 하나는 히말라야의 숲과 칩코 운동에 참여한 여성들에게서 배운 생태학 박사학위다. 두 박사학위 모두 나에게 상호 연결성과 불가분성에 대해 가르쳐주었다. 칩코 운동에 참여한 여성들은 나에게 숲, 토양, 물, 여성이 도맡고 있는 생계 경제 사이의 관계를 알려주었다. 양자 이론을 통해서는 네 가지 원칙을 배웠다. 그리고 이 네 가지 원칙이 내 생각과 내 평생 작업의 바탕이 되었다. 구체적으로는 다음과 같다. 모든 것은 서로 연결된다. 모든 것은 잠재력을 지닌다. 모든 것은 확정적이지 않다. 배중률排中律〔형식논리학에서 사유 법칙의 하나〕은 없다. 즉 모든 것은 상호 의존적이다. 양자 세계는 고정된 입자로 이루어져 있지 않다. 잠새력으로 이루어져 있다. 양자는 파동이거나 입자일 수 있다. 그러므로 확정할 수 없다. 양자는 불가분이고 일부만 떼어낼 수 없다. 그러므로 멀찍이서 행동할 수 있다. 자연과 인간의 분리라는 기계론적 이상과는 반대로 관찰자는 관찰한 것을 '창조'한다. 상호작용하는 세계, 서로 연관된 세계가 가능해진다.

기계론적 관점은 자연에 대한 정복과 지배의 바탕을 이루고 있다. 그러므로 생태 위기의 근원에는 기계론적 세계관이 자리 잡고 있다. 반면 양자 패러다임과 생태 패러다임은 모두 우주를 기본적으로 서로 연결된 존재로 이해한다.

나무를 보면서 무조건적인 사랑과 무조건적인 나눔을 배운다. 마른 잎이 떨어지는 모습에서 생명의 순환, 반환의 법칙을 배운다. 떨어진 나뭇잎은 부엽토가 되고 토양이 된다. 그럼으로써 지구를 보호하고 영양분과 물을 다시 순환하게 만들며 샘, 우물, 개울을 다시 채울 것이다. 이와 더불어 숲은 우리에게 '충분함'을 가르친다. '충분함'은 형평의 원칙이다. 착취하지 않고 축적하지 않으면서 자연이 제공하는 선물을 누리는 것이다.

숲은 다양하면서도 조화롭다. 숲은 자급자족한다. 이 같은 숲의 특성이 인도 문명을 이끄는 조직 원칙을 형성했다. 바로 '아라냐 삼스크리티*aranya samskriti*(명확하게 일치하는 표현은 아니지만 '숲의 문화'라고 표기할 수 있다)이다. 아라냐 삼스크리티는 원시적인 조건을 의미하는 표현이 아니다. 아라냐 삼스크리티는 의도적으로 선택된 조건 가운데 하나다.

나의 생물학적 삶과 생태 여행은 히말라야의 숲에서 시작되었다. 아버지는 삼림보전가셨다. 어머니는 1947년 인도가 비극적으로 분할되었을 때 난민이 되셨고, 그 뒤 농민의 길을 선택하셨다. 나의 생태학 공부 대부분은 히말라야의 숲과 생태계를 통해 이루어졌다.

히말라야의 숲에서 다양성에 대해 배웠다. 그때 내가 배운 교훈은 인도 농장의 생물다양성을 보호하는 운동으로 이어졌다. 1987년 생물다양성 보전 운동이자 유기 농업 운동인 나브다냐 Navdanya 운동을 시작했다. 나브다냐는 공동체 종자은행을 설립하고 종자를 보존하기 시작했다. 나브다냐는 농민들이 단작單作에서 벗어나 생태학적 농업 체계로 전환하도록 지원했다. 그럼으로써 농민들은 화석연료와 화학물질에 의존하는 농업이 아니라 태양과 토양으로부터 영양분을 공급받는 농업, 생물다양성을 유지할 수 있는 농업에 나설 수 있을 터였다. 생물다양성은 나에게 풍요와 자유, 협력과 상호 나눔을 가르쳐준 스승이었다.

칩코 운동은 1970년대에 일어났다. 그러나 인도에서는 그보다 더 이전에 이미 생태 운동이 있었다. 1730년 라자스탄에서 칩코 운동과 같은 운동이 일어났다. 당시 라자스탄 주민 363명이 신성한 케즈리 나무(가프Ghaf 나무. 학명: *prosopis cineraria*)를 보호하기 위해 목숨을 바쳤다. 케즈리 나무는 사막 지역인 라자스탄에서 사라는 나무다. 케즈리 나무를 노래한 시에서 표현한 것처럼 마치 보초와 같은 모습으로 서 있다. 연료, 땔감, 유기 비료의 원천인 케즈리 나무는 사막 생태계의 지속가능성을 유지하는 데 반드시 필요한 존재다. 케즈리 나무 열매인 상그리는 단백질이 풍부해 야채로 먹거나 피클을 만들어 먹는다. 케즈리 나무가 드리우는 그늘은 토양의 수분을 보존하고 뜨거운 태양으로부터 사람과 동물을 보호한다.

비슈노이Bishnoi 종파를 창시한 성聖 잠보지는 케즈리 나무를 신성한 나무로 선언했다. 비슈노이는 숫자 '29'라는 의미이다. 비슈노이 종파의 신앙은 연민과 보호에 관련된 스물아홉 가지 규칙을 바탕으로 성립되었다. 잠보지는 어느 제자에게 다음과 같이 말했다.

녹색 나무를 쓰러뜨리지 마라.

이것이 모두를 위한 헌장이니라.

항상 (나무를) 구할 준비를 하라.

이것이 모든 사람의 의무이니라.

2세기가 넘는 긴 시간동안 사람들은 이와 같은 교리를 지키면서 살아갔다. 덕분에 라자스탄 사막에는 나무가 우거진 숲이 조성되었고 그곳의 야생 동물은 보호받을 수 있었다. 조드푸르에서 남쪽으로 20킬로미터가량 떨어진 곳에 비슈노이 종파의 신앙을 지키면서 생활하는 케자리Khejarli 부락이 자리 잡고 있었다. 어느 날 조드푸르 왕궁 건축이 시작되었고 궁정관리인 기다르 다스에게 석회암을 태워 석회를 만들 때 사용할 땔감을 조달할 책임이 주어졌다. 그리고 땔감을 구하는 무리가 암리타 데비의 집으로 들이닥쳤다. 암리타 데비가 세 딸, 아수 바이, 라트니 바이, 바그니 바이와 함께 생활하는 집 앞에는 거대한 케즈리 나무가 자라고 있었다. 조드푸르 왕이 보낸 사람들이 케즈리 나무를 베기 시작했다. 데비는 케즈리 나무를 베려는 사람들의 앞을 가로막았다. 데비는 살아 있는 푸른 나무를 베는 것은 자신의 신앙 비슈노이 종파의 교리에 어긋난다고 말했다. 케즈리 나무가 베어지는 것을 볼 바에는 차라리 목숨을 내어 놓겠다고 말했다. 도끼가 암리타 데비의 목을 쳤다. 세 딸도 어머니의 뒤를 따라 참수 당했다. 네 모녀가 목숨을 잃었다는 소식은 들불처럼

누가 지구를 망치는가

번져나갔다. 케즈리 나무를 보호하기 위해 84개 부락에서 비슈노이 종파를 따르는 사람들이 케자리 부락으로 모여들었다. 무려 363명이 목숨을 바친 뒤에야 겨우 신성한 케즈리 나무를 죽음에서 구할 수 있었다.

조드푸르 왕은 363명의 희생에 대해 알게 되었다. 그 즉시 왕명을 내려 비슈노이 부락 사람들이 생계를 잇는 경계 안에서 살아 있는 푸른 나무를 베는 일과 동물을 사냥하는 일을 범죄로 규정했다. 오늘날에도 비슈노이 종파를 따르는 사람들은 케즈리 나무, 인도영양, 인도큰느시를 신성하게 여긴다. 그리고 이 세 생물종을 죽인 사람을 법정에 세운다. 라자스탄은 취약한 사막 지역에 자리 잡고 있다. 생명 보호라는 일상적인 규칙에 심어진 보존 윤리가 없었다면 생태학적인 방식으로 생존할 수 없었을 것이다.

따라서 숲은 자연과 가장 근본적인 조화를 이루는 생태 문명의 산실이다. 숲의 삶에 참여함으로써 얻은 지식은《아라니아카 Aranyaka》(또는《삼림서森林書》)의 핵심 내용이자 부족 사회와 농민 사회가 일상에서 실천하는 신념이다. 보크사이트 채굴로 위협받고 있는 신성한 니얌기리 언덕을 구하기 위해 오디샤주의 동그리아 콘드는 오늘도 투쟁하고 있다. 이와 같은 투쟁은 고대로부터 물려받은 전통의 일부이다.

오늘날 북극에서 산불이 일어나고 라다크 사막, 중국의 사막, 파키스탄의 사막에서 홍수가 일어나고 있다. 모두 생태 위기가 심화되고 있다는 증거다. 그럴수록 우리는 자연을 살아 있는 것으로 이해하고 인간 삶의 기초 그 자체로 이해하는 세계관에 기대야 한다. 거기에서 미래에 대한 새로운 영감과 비전을 발견할 수 있기 때문이다. 목숨을 바쳐 나무를 구한 암리타 데비와 363명의 선조들께 감사드린다. 그분들의 희생 덕분에 나무, 지구, 우리가 살아 숨 쉬고 있는 것이기 때문이다.

1퍼센트의 제국: 분리, 폭력, 식민화, 채굴주의, 멸종
—

하나됨은 한 가족인 지구 공동체와 인류 공동체 안에서의 통합을 의미한다. 하나됨은 '현상 유지'와 사뭇 다른 것이다. '현상 유지'는 1퍼센트(또는 0.01퍼센트나 0.001퍼센트)의 지배를 의미한다. '현상 유지'는 분리라는 이념을 내세워 채굴하고 생물종, 문화, 공동체를 멸종과 절멸로 몰아넣는다. 이와 더불어 '현상 유지'는 사회를 분할함으로써 인간 개개인을 인류로부터 소외시킨다. 1퍼센트의 지배의 바탕에는 인간을 지구와 사회로부터 분리하는 일이 자리 잡고 있다.

다른 존재와 다른 인간을 식민화하고, 정복하고, 착취하고, 분할하고, 지배한다는 생각은 권력자들, 즉 군림하는 사람들이 세운 가정, 그들이 구성한 범주와 담론, 그들이 만든 환상에 불과하다. 즉, 분리는 폭력이다.

분리는 세계관, 패러다임, 이념, 관점, 세계를 형성하는 방법이다. 분리는 폭력을 통해 우리의 정신 속에, 자연과 사회 속에 자리 잡는다. 분리는 지식, 과학과 기술, 경제, 생산과 소비, 민주주의와 자유에 대한 인간의 사고를 형성한다. 이와 더불어 우리가 누구인지, 우리의 정체성은 무엇인지, 우리의 목적은 무엇인지, 우리가 지상에 존재하는 이유는 무엇인지에 대한 사고도 형성한다.

인간이라는 생물종은 멸종 위기에 내몰려 있다. 분리는 인간이 멸종 위기에 내몰리게 되는 데 기여했다. 분리는 크게 세 가지로 나눠볼 수 있다. 첫째는 인간과 자연의 분리다. 둘째는 계급, 종교, 인종, 성별의 구분을 통한 인간과 인간의 분리다. 셋째는 통합적이고 상호연결적인 인간 존재와 **인간 자아**의 분리다.

첫 번째 분리인 인간과 자연의 분리로 인해 생태-아파르트헤이트가 등장했다. 인간과 자연의 분리는 인간의 몸과 정신을 토양과 지구에서 분리한다. 인간과 자연의 분리는 자연 속에서 서로 연결되어 있는 여러 측면을 서로 분리해 각각의 부분으로 파편화시켜 착취, 소유, 거래, 파괴, 낭비를 유발한다. 인간과 자연의 분리를 통해 1퍼센트는 그들을 제외한 나머지 모든 사람들로부터 분리되고, 권력자들은 자신들의 행동과 그 결과에서 분리된다. 그럼으로써 법적 책임과 도의적 책임을 전혀 지지 않아도 되는 상황이 창출된다. 인간과 자연이 분리된 탓에 한 줌도 안 되는 사람들은 자신을 우주의 주인이라고 제멋대로 상상할 뿐 아니라 우주의 자연과 사회를 정복, 소유, 조작, 통제하고 권력과 부를 무제한으로 축적해도 된다고 상상한다.

식민주의로 인해 사람과 토지, 자원, 영토가 폭력적인 방식으로 분리되었다. 식민주의는 오늘날에도 이어지고 있다. 토지와 물에 대한 탐욕, 목재와 광물에 대한 탐욕은 채굴 경제의 원동력이다. 한편 세계화의 여러 규칙은 규제 철폐를 통해 '사업하기 쉬운' 환경을 조성하고, 삶의 터전에서 지역 공동체의 뿌리를 쉽게 뽑아낸다.[12] 과거의 식민주의는 아프리카, 아시아, 남북 아메리카에 자리 잡은 사회가 지니고 있던 부와 자원을 유럽으로 옮겼다. 유럽인들은 신과 종교를 동원해 '문명화' 담론을 명분으로 내세웠다. 그럼으로써 자신들이 인류를 상대로 저지른 불법행위와 범죄를 유럽의 왕과 여왕, 도둑, 침략자와 상인의 권리로 바꾸었고 철저하게 보호했다.

과거 영국은 인도의 토지를 갈취하고 라가안lagaan이라는 토지세를 도입했다. 오늘날 1퍼센트는 '지식재산권'을 사용하여 우리의 종자와 식량, 커뮤니케이션, 금융 거래, 우정을 독점해 가고 있다. 악덕 자본가의 시대는 돈이 세상을 지배하는 석유 시대로부터 시작되었다. 오늘날의 경제, 정치, 기술 세계를 형성한 것은 다름 아닌 록펠러 가문이 설립한 스탠다드 오일Standard Oil이다.[13]

약탈 경제 체계는 해적질을 야기했다. 오늘날 해적질로 부를 쌓은 사람들은 법을 활용해 재산을 지키고 법적 책임을 회피한

누가 지구를 망치는가

다. 부를 축적하기 위해 환상을 창조하는 최전선에는 '디지털' 세계가 자리 잡고 있다. '디지털' 세계에서는 이윤을 얻기 위해 '데이터'를 채굴하고, (페이스북을 통해) 사회적 관계를 채굴하며, 실물 경제를 채굴한다. 한편 디지털 화폐는 민중의 실제 부를, 전자상거래는 실제 상거래를 대체하고 있다. 생태학적 비용과 사회적 비용이 점점 더 높아지고 있음에도 불구하고 상품은 여전히 생산되고 유통된다. 그러는 사이 지역 경제, 지역 기업, 지역 공동체는 서서히 사라지고 있다.

1퍼센트의 앞잡이인 금융은 기계론적 사고방식에 의해 더욱 촉진된다. 1퍼센트는 금융이라는 도구를 이용해 자연과 사회에서 부를 채굴한다. 이때 '채굴주의'는 과학의 '진보', 경제의 '진보', 인간의 '진보'로 정의된다. 1퍼센트는 자조自組, 지성, 창의력, 자유, 잠재력, 자기생산적 진화, 불가분성이 자연과 사회의 특징이 아니라고 부인한다. 그럼으로써 자연과 다양한 문화, 여성과 토착 원주민, 농민과 노동자에 대한 통치, 착취와 식민화, 노예화와 채굴을 정당화하는 기초로 삼는다. 이 과정에서 잔인한 권력과 폭력이 동원된다. 그 결과 생태 위기와 사회적 위기가 초래되었다. 덕분에 어디서나 기아와 빈곤, 불평등 심화, 배제와 소외, 뿌리 뽑기, 강탈, 난민과 마주치게 되었다. 경제적 불평등이 심화되어 1퍼센트와 99퍼센트로 양극화되는 현상의 근원에는 폭력을 바탕으로 하는 직선적 채굴 체계가 자리 잡고 있다. 직선적인 채굴 체계는 새로운 형태의 노예화, 전례 없는 규모의 처분과 절멸을 유발하는 토대가 된다.

오늘날 주된 체계는 1퍼센트가 강요하는 경제 패러다임을 바탕으로 구축된 체계다. 이러한 체계는 인식론적, 존재론적, 생태학적, 정치적, 경제적, 사회적, 문화적 폭력을 강화한다. 경제적 양극화는 1퍼센트와 99퍼센트 사이에 자리 잡은 깊은 불평등을 증폭시킬 뿐 아니라, 배제된 사람들에게 잔인한 폭력을 행사하고 삶의 터전에서 수백만 명의 뿌리를 뽑아낸다.

오늘날을 지배하는 체계는 삶의 터전에서 사람들의 뿌리를 뽑아내는 일을 진보의 길이라고 간주한다. 이와 같은 이유로 사람들을 삶의 터전에서 쫓아내는 일이 오늘날의 '발전' 모델에서 가장 폭력적인 측면으로 자리 잡았다. 모든 댐, 모든 고속도로, 모든 도시 확장의 바탕에는 토지를 폭력적으로 갈취하는 과정이 자리 잡고 있다. 그 결과 장기적인 분쟁이 초래되었다. 자원 채굴과 생태학적 저하의 결과로 전쟁이 벌어지는 일도 있다. 그리고 이러한 전쟁으로 인해 자신이 살던 집에서 강제로 분리되는 사람이 생겨난다. 바로 이것이 우리 시대의 주된 조건이다. 멕시코, 시리아, 아프리카에서 온 난민의 모습에서 잔인한 뿌리뽑기의 민낯을 짐작할 수 있다. 유엔 난민고등판무관UNHCR에 따르면 오늘날 삶의 터전에서 강제로 쫓겨난 사람은 전 세계적으로 무려 6560만 명에 달한다. 왜곡된 경제 '발전'과 자원 전쟁이 심화됨에 따라 이 숫자는 앞으로 계속 증가할 것으로 보인다.

두 번째 분리인 인간과 인간의 분리는 사회를 신중하게 분할하는 과정에서 나타났다. 사회를 분할하는 선은 성별, 인종, 종교, 부를 바탕으로 구성된 불평등의 선이다. 1퍼센트는 분할하여 지배하는 정책을 의도적으로 구현하여 경제권력을 유지한다. 인간이 지닌 풍부한 다양성은 갈등을 유발하는 원인으로 전락했다. 증오와 공포의 정치에서 태어난 탐욕의 경제는 인류와 민주주의를 위협하고 있다.

2016년 미국 선거에서 확인할 수 있었던 것처럼 1퍼센트는 선거민주주의를 통제한다. 1퍼센트는 우리의 지성과 자율성을 채굴하여 **빅데이터**로 만들고 인공 지능을 통해 이를 조작한다. 1퍼센트는 자신들이 구성한 범주와 담론을 통해 우리를 지배하고 우리의 정신과 마음을 통제한다. 한편 1퍼센트가 구성한 범주와 담론은 인간과 자연을 분리했고, 인간과 인간을 분리했으며, 인간 존재 자체와 인간을 분리했다.

세 번째 분리인 인간과 인간 자아의 분리는 인간 존재에 대한 그릇되고 조작된 인식을 갖게 한다. 그럼으로써 권력자들은 통제할 수 없는 탐욕을, 그리고 무제한의 규제되지 않은 권력을 아무런 거리낌 없이 추구할 수 있다. 조작된 인식은 억압받는 사람들의 정신에 자신과 다른 사람에 대한 불안, 공포, 증오를 심는다. 폭력은 우리의 사고방식, 경제와 정치 체계 구석구석에 스며들고 구조화되어 매일 반복된다.

본질적으로 1퍼센트는 분리를 활용하여 부를 채굴한 뒤 내부 결속을 더욱 다지면서 부의 집중을 제한한다. 더 깊고 더 넓게 통제하고 더 높은 이윤을 얻기 위해 여러 경제 부문이 합병되고 있다. 생명공학, 정보 기술, 금융 기술이 합병을 통해 하나가 되었다. 대기업 역시 합병을 통해 더 큰 카르텔을 형성하고 있다.

분리, 기계론적 사고방식, 기계론적 지능
—

> 우리가 창조한 세계는 우리의 사고방식의 산물이다. 우리의 사고방식이 바뀌지 않는 한 우리가 창조한 세계도 바뀌지 않는다.
>
> — 앨버트 아인슈타인

기계론적 사고방식은 앎을 측정하고, 예측하여 앎에 접근한다. 그러나 실제로 알지는 못한다. 본질적으로 지식은 다원적이기 때문이다. 하나의 체계를 다른 모든 체계보다 우선시하고 환원주의를 유일하게 정당한 지식 모델로 격상하는 일은 과학 자체에 폭력을 가하는 것과 다름없다. 오늘날 이와 같은 인식론적 폭력은 기업의 이익만을 앞세우는 폭력과 합세하여, 자기생산적이고 인식론적인 진화를 통해 기계론적이고 제한적인 세계관을 초월한 모든 과학 전통을 악랄하게 공격한다. 현재 지식으로서의 과학은 공격 대상이 되고 있다. **금융계의 큰손**과 부패한 정부는 '대안적 사실'과 '탈脫진실'을 토대로 **기업 과학**을 만들어냈으며, 자신들이 부리는 **선전** 도구를 활용해 이를 널리 알렸다. 이제 **기업 과학**은 식민화 도구가 되었다.

기계론적 사고방식의 바탕에는 다중 분리가 자리 잡고 있다. 예를 들면, 토양과 식물을 분리한다. 기계론적 사고방식에 따르면 토양은 화학비료를 받아들이는 빈 용기로 정의된다. 식물은 비료를 연료로 삼아 작동하는 기계로 정의된다. 기계론적 사고방식은 음식과 건강을 분리한다. 토지와 공기를, 토지 사용과 대기 오염 그리고 기후 변화를 분리한다. 지식 및 지성과 삶의 과정 및 생활 과정을 분리한 뒤 지식을 정보와 데이터로 환원한다. 유전자와 스스로를 조직하는 살아 있는 유기체를 분리한 뒤, 유전자를 조작하는 이들에게 부당한 창조 권한을 부여한다. 기계론적 사고방식은 생명을 '지식재산'으로 환원한 뒤 소유하고 독점한다. 심지어 생물종들이 멸종 위기에 내몰리고 농민들이 자살로 내몰리게 되더라도 아랑곳하지 않는다.

식량 및 농업의 미래에 관한 국제위원회가 발간한《지식 체계의 미래에 관한 선언문》[14]은 다음과 같이 언급한다.

의식적이든 무의식적이든 인간은 세계를 거대한 기계와 동일한 것으로 여기게 되었다. 이제 세계는 인간이 자유롭게 개선하고 수정할 수 있는 존재로 전락했다. 구성 요소를 조작하여 기계를 조립하는 것과 마찬가지로 인간은 생물과 무생물을 막론하고 온 세계에 대해서도 동일한 작업을 수행할 수 있다고 생각했다. 이로 인해 인간의 생존에 필수적인 취약한 생태학적 과정마저 방해를 받게 되었다. 인간은 개별 부분에 대한 지식을 확보하는 것만으로 전체에 대한 완전한 지식을 얻을 수 있다고 단순하게 가정했다. 전체를 부분의 집합으로 환원하는 사고방식은 일종의 실용적인 방법론에 불과했다. 그러나 오늘날에는 이론, 심지어 이념으로 격상되었다. '자연계는 기계에 **빗댈 수 있다**'는 은유는 급기야 '자연계는 곧 기계다'로 발전했다.

멕시코 농민 지도자 에르네스토 게베라는 기계론적 이념을 '인식적 인종차별'이라고 불렀다. 이것은 '인식적 성차별'이라는 표현으로 대체해 사용해도 무방할 것이다.

기계론적 사고방식은 서로 경쟁하고 반목하는 가운데 농업을 균일화하라고 강요한다. 인위적이고 고정적이며 협소하고 부정적인 '정체성'을 가지라고 강요한다. 기계론적 사고방식은 '객관적' 지식을 가진 '전문가'가 있다고 가정한다. 이 전문가는 평범한 남성, 여성, 농민, 노동자, 다른 지식 전통에서 인정받는 전문가(예: 아유르베다 의사, 농생태학자 등)보다 훨씬 우월한 존재다. 이와 같은 분리가 바로 '지식-아파르트헤이트'이다.

또한 기계론적 사고방식은 군사화된 사고방식이다. 기계론적 사고방식은 폭력을 바탕으로 성립되었고 폭력을 유발한다. 기계론적 사고방식은 존재론적으로 폭력적이다. 자연을 죽은 것이라고 선언하기 때문이다. 기계론적 사고방식은 인식론적으로 폭력적이다. 인간이 스스로를 자연의 일부로 생각하고 자연과 함께 공동 창조자가 되어 비폭력적인 방식으로 행동할 역량

누가 지구를 망치는가

을 파괴하기 때문이다. 기계론적 사고방식은 생태학적으로 폭력적이다. 유기체, 생태계, 지구 자체에 대해 무지한 탓에 유기체, 생태계, 지구 자체의 생명을 유지하는 과정을 방해하기 때문이다. 기계론적 사고방식은 사회적으로 폭력적이다. 여성, 농민, 토착 원주민 문화가 체화한 지식을 모른 체하면서 불법으로 만들기 때문이다. 그러나 오늘날 지구와 사회를 치유하기 위해서는 이와 같은 지식이 반드시 필요하다.

기계론적 사고방식은 사유화를 지향하는 사고방식이다. 그것은 자연의 공유지, 사회적 공유지, 지식 공유지를 봉쇄하고 생물해적질을 조장하는 데 기여한다. 전통 지식을 전유하고 해적질하며 전통 지식에 대한 특허를 취득하는 동시에 인위적인 벽 또는 '창조의 경계'를 구축한다. 해적질한 전통 지식은 '혁신'과 '발명'이라는 미명 아래 공개된 뒤 특허를 통해 사유화된다.

기계론적 사고방식은 인과관계를 직선적이고 기계론적인 원인과 결과로 국한하고, 접촉이라는 제한적 행동으로 국한한다. 그러나 살아 있는 체계의 인과관계는 전체론적이며, 그 속성과 행동은 맥락, 관계, 복잡성에 따라 달라진다. 살아 있는 체계의 인과관계는 4차원적이다. 즉 공간과 시간 속에서 이루어지는 생활 과정은 통합되어 있어 분리할 수 없다. 반면 직선적 인과관계는 특정 도구들을 복잡한 다중 인과관계 현상에 연계할 수 있다고 주장한다. **녹색혁명** 담론을 예로 들어보자. 노먼 볼로그는 앉은뱅이 밀을 개량한 '기적의' 밀 종자를 화학물질을 사용해 재배하여 인도의 식량 생산을 증가시켰다. 그러나 다른 연구에서 확인할 수 있듯이 쌀과 밀의 생산량 증가는 경작 면적 증가와 관개 시설 개선으로도 설명할 수 있다. 즉 **토지**와 **물**도 식량 생산 증가에 기여했다고 할 수 있다. 그러나 참으로 부당하게도 마치 **새로운 종자**와 **새로운 화학물질**만이 식량 생산 증가에 기여한 것처럼 호도되었다. 직선적 인과관계를 복잡계複雜界에 적용하면 유해 화학물질과 GMO를 생산하는 기업은 자신들이 생산하는 제품이 미치는 유해한 영향을 부인할 수 있다. 기계론적 사고방식은 그릇된 인과관계를 창출한다. 복잡하게 상호작용하는 생활 과정을 '하나의 원인, 하나의 결과'로 부당하게 환원하기 때문이다. 유해 화학물질과 GMO를 생산하는 기업은 이와 같은 방법으로 '안전' 문제를 조작하고 위험을 부인한다. 이 방법은 또한 체계 과학에 바탕을 두고 있는 패러다임에서 체계의 효율성을 무시하고 거부하는 방법이기도 하다.

기계론적 사고방식은 정복, 지배, 진보라는 직선적 구성 담론을 활용하여 사회와 자연에 지불해야 하는 비용을 편리하게 외부화한다. 그것은 구조적 폭력 체계라는 '원인'과 폭력을 당한 자연과 사람이 입은 피해라는 '결과'를 분리한다. 기계론적 사고방식은 권력자들이 그들을 제외한 나머지 모든 사람들을 통제하기 위해 만들어서 사용해온 도구이다. 그것은 권력자들을 위한 체계를 창조한다. 이와 같은 체계 속에서 권력자들은 절대적으로 무책임한 상태에서 절대적인 권리를 전유한다.

기계론적 사고방식의 또 다른 특징은 존재론적 정신분열이다. 제품을 만들거나 기술을 개발하는 방법에 대한 지식과 해당 제품이나 기술이 자연과 사회에 미치는 영향에 대한 자각이 분리되는 것이다. 즉, 권리와 책임이 분리된다. GMO는 존재론적 정신분열의 극치이다. 생물의 형태와 종자에 대한 지식재산권이라는 측면에서 GMO는 참신한 발명품으로 제시된다. 그러나 생물안전에 대한 책임이라는 측면에서 GMO가 환경과 건강에 미치는 영향에 대해 논할 때 GMO는 자연적으로 발생한 유기체, 기존 종자, 기존 유기체와 '사실상 동등한' 존재로 제시된다. 권리, 소유권, 로열티 징수를 주장할 때는 GMO가 참신하고 완전히 새로운 발명품이었다가 자연과 사람에게 미치는 피해에 대한 책임을 물을 때는 똑같은 GMO가 자연적인 존재로 탈바꿈된다. 더욱이 제품이나 기술을 성급하게 상품화하여 유통하는 행동은 전적으로 무지의 소치이다. 무지는 지식이 없다는 말이다. 즉 무지는 과학이 아니다. 진정한 과학이라면 체계에 대한 지식을 갖추고 있어야 한다.

오늘날의 대기업은 제1차 세계대전과 제2차 세계대전을 발판 삼아 성장한 **유독성 카르텔**에 뿌리를 두고 있다. 오늘날 우리는 이러한 대기업들이 합병하는 모습뿐만 아니라, 농생명공학에서 정보 기술과 금융 기술에 이르는 다양한 부문이 융합되어 하나의 단일한 연속체로 거듭나면서 파괴적이고 폭력적인 힘들이 통합되어가는 모습을 목도하고 있다. 식민 역사를 거치면서 토착 원주민 문화와 토착 원주민이 보유한 지식의 다양성은 강압적인 방법으로 말살되었다. 이와 같은 강압은 이제 전 세계 시민들을 노리고 있다. 자연의 지성과 사람의 지성은 감시로서의 '지능'으로 대체되고 있다. 몬산토Monsanto는 농민들이 종자를 저장하지 못하도록 감시하고, 페이스북과 구글은 우리의 일상생활을 감시한다. 기업화된 국가는 자유를 추구하는 시민을 감시한다.

최근 기계론적 사고방식은 세계를 정보의 파편으로 환원하고 파편화된 정보를 더욱 세분화하여 데이터로 만드는 데 몰두하고 있다. 그것은 데이터를 새로운 원료로 취급하는 동시에 데이터에 '지능'의 지위를 부여했다. 그러나 데이터는 지식이 아니며, 데이터 처리는 지능이 아니다.

기계론적 사고방식에서 벗어나는 일은 이제 생태학적으로, 그리고 정치적으로 꼭 필요한 일이 되었다. 보살핌의 의무를 이행하고 1퍼센트가 지구와 지구에 깃들어 살아가는 존재에게 미치는 피해를 막기 위해 일어서는 용기는 삶과 생활의 일부이다.

호피Hopi족은 사회를 지탱하는 모든 것을 파괴하는 현상을 포와카시powaqqatsi[기생寄生생활]라고 설명한다. 기업이 지금과 같은 길을 계속 걸어 나간다면, 가뜩이나 취약한 생명의 그물망은 중독되고 말 것이다. 다양한 생물종은 멸종될 것이다. 민중은 종자, 식량, 지식, 의사결정 등 모든 자유를 잃어버릴 것이다. 모든 사회적 관계는 파열될 것이다.

누가 지구를 망치는가

배제와 멸종 위기가 깊어지고 있다. 지금이야말로 모든 존재의 살아 있는 지성을 발휘하여 지구와 우리 스스로를 치유하고 활력을 되찾아야 할 때다. 이 책은 전 세계에 강요되고 있는 1퍼센트 경제의 탄생 과정과 1퍼센트 경제 모델을 탐구한다. 1퍼센트 경제 모델이 탄생한 결과 비인간적인 불평등이 등장했고 민주적 공간은 즉각적이고 심각하게 봉쇄되었다. 이 책은 지구, 자원, 돈, 생물다양성, 식량에 무슨 일이 일어나고 있는지 살펴볼 것이다. 그 과정에서 **금융계의 큰손**이 통제하는 체계가 작동하는 방식이 드러날 것이다. 아울러 **금융계의 큰손**이 **하나의 과학**, **하나의 농업**, **하나의 역사**, **1퍼센트**라는 비전을 바탕으로 만들어내려고 애쓰는 미래의 모습도 드러날 것이다. **금융계의 큰손**이 창조한 세계에 대한 대안 창출이 시급하다. 그러지 않으면 지구와 인류의 권리를 수호하고 되찾으며 심화하고 확대할 수 없을 것이다. 자유와 민주주의를 바탕으로 미래를 내다볼 수도 없을 것이다.

우리는 지구 시민이자 한 가족인 지구 공동체의 구성원이다. 바로 이것이 우리의 진정한 정체성이다. **진정한 지성**, **진정한 종자**, **진정한 식량**, **진정한 부**, **진정한 자유**의 **부활**은 우리가 우리의 진정한 정체성을 자각하는 데에서 비롯된다. 우리가 우리의 진정한 정체성을 자각할 때 우리의 상상력을 못 쓰게 만들고 우리를 노예로 전락시킨 1퍼센트의 지배로부터 해방될 수 있을 것이다.

2장

1퍼센트의 앞잡이:
금융

1퍼센트는 단순히 숫자가 아니다. 1퍼센트는 부자들과 권력자들이 형성한 경제 체계다. 1퍼센트 경제 체계에서는 억제되지 않은 탐욕과 축적을 미덕으로 여긴다. 사회적 과정과 민주적 절차를 통해 제한해야 하는 일탈로 여기지 않는다. 심지어 더 탐욕스러울수록 더 높은 사회적 보상이 주어져야 한다고 생각하기도 한다. 1퍼센트 경제 모델의 방정식에서는 누가, 무엇을 생산하는지 또는 실제로 생산된 것이 무엇인지와 같은 질문은 사라진다. 이 같은 질문은 돈 버는 도구는 무엇인지, 돈으로 돈을 버는 도구는 무엇인지와 같은 질문으로 대체되거나 아리스토텔레스가 '이재학理財學, chrematistics'이라고 부른 것으로 대체된다. 1퍼센트 경제 모델은 가진 자와 가지지 못한 자를 나누는 경제-아파르트헤이트에 영향을 미친다. 그리고 경제-아파르트헤이트는 생태-아파르트헤이트로 이어진다. 생태-아파르트헤이트는 인류 공동체뿐 아니라 지구 공동체 안에 깃들어 있는 존재를 생명이 있는 존재와 생명이 없는 존재로 나눈다. 오늘날 1퍼센트의 부상은 배제하려는 의지와 절멸하려는 충동을 드러낸다. 그리고 그 결과 생태학살과 대량학살이 자행되고 있다.

옥스팜Oxfam 보고서 〈1퍼센트 경제〉는 전 세계 인구 상위 1퍼센트가 가진 부가 전 세계 인구 하위 50퍼센트에 해당하는 36억 명이 가진 부와 맞먹는다고 밝혔다.[1] 2010년에서 2015년 사이 세계에서 가장 부유한 62명의 부는 45퍼센트(5000억 달러 남짓, 정확히는 5420억 달러) 증가해 1조 7600억 달러에 달했다. 같은 기간 전 세계 인구의 하위 절반이 가진 부는 38퍼센트 감소해 1조 달러를 겨우 상회했다. 전 세계 인구의 하위 절반이 소유한 부와 맞먹는 부를 소유한 억만장자는 2010년 388명이었다. 그리고 그 수는 매년 줄어들어 2011년 177명, 2012년 159명, 2013년 92명, 2014년 80명, 2016년 62명, 2017년에는 고작 8명이었다.[2]

오늘날 부자들은 금융 부문에서 돈으로 돈을 번다. 인도와 미국을 비롯한 전 세계 대부분의 국가에서 금융 부문이 GDP에서 차지하는 비중은 높아져, 15퍼센트에 달한다. 옥스팜 보고서에 따르면 2014년 1퍼센트 경제에서 활동한 대기업 가운데 437개는 금융 기업이었다. 그리고 금융 기업이 보유한 자산은 다른 분야 기업이 보유한 자산의 5배였다. 《월스트리트 저널》 보도에 따르면 2008년 금융 위기를 겪은 뒤 가장 부유한 1퍼센트가 전 세계 성장의 95퍼센트를 차지했다. 평범한 사람들이 일자리, 집, 연금, 담보를 상실하고 있을 때 금융시장에서 도박을 벌인

표1 1917~2012년 미국의 상위 10퍼센트 소득 비중

자료: 피케티와 사에즈, 2003~2012년 갱신. 실현 양도소득 포함, 정부 이전 제외, 세전 금융소득.
2012년 자료는 예비통계

사람들은 더 부유해졌다.

금융 규제가 철폐되면서 저축과 투자가 분리되었다. 그리고
투기에 바탕을 둔 경제가 등장했다. 금융 경제는 실물 경제를 추
월했으며, 여러 가지 방법으로 실물 경제를 말라붙게 만들었다.

대침체Great Recession가 공식적으로 종료된 2009년부터 2012년
사이 미국의 소득 증가분 1달러 가운데 95센트는 상위 1퍼센트
의 몫이었다. 토마 피케티와 이매뉴얼 사에즈가 분석한 미국 국
세청 데이터를 보면 (표1 참조) 미국에서 증가한 소득의 거의 3분
의 1이 고작 1만 6000 가구에게 돌아갔다. 이는 상위 1퍼센트 중
에서도 상위 1퍼센트에 불과한 수치다.[3] 그러는 사이 대다수 사

람들의 소득은 다음과 같았다. 1934년 하위 90퍼센트의 평균 소득은 전년 대비 8.8퍼센트 증가했다(1933년은 대공황에서 회복되기 시작한 해였다). 그러나 2012년에는 소득이 전년 대비 15.7퍼센트 적어졌다. 피케티는 1퍼센트가 자본 투자에서 더 많은 돈을 벌어들인 반면 1퍼센트를 제외한 나머지 사람들은 소득을 임금에 의존한다고 지적한다. 즉 자본 소득이 불평등하게 분배되었기 때문에 불평등이 증가했다는 의미다. 피케티는 자본에 세금을 부과하든 아니든 현재의 정책이 바뀌지 않는 한 불평등은 점점 더 커질 것이라는 사실을 보여준다. 현재의 임금과 급여 수준으로는 아무리 저축을 하더라도 기존의 부가 창출하는 수익을 따라잡을 수 없기 때문이다. 피케티에 따르면 "자본 수익률이 상승하고 (전체 경제) 성장률이 하락함에 따라 축적 과정의 속도는 더 빨라지고 불평등은 더 증가"한다.

1퍼센트 경제는 단순히 경제 불평등을 유발하는 데 그치지 않는다. 그것은 지구, 사회, 민주주의에 영향을 미친다. 1퍼센트 경제는 분리, 채굴, 절멸이라는 세계관을 토대로 한 사고 체계와 지적 패러다임을 상징하기 때문이다.

오늘날의 **악덕 자본가**는 주로 정보 기술과 금융, 농업, 생명공학 부문에서 찾아볼 수 있다. 그리고 이 세 부문은 디지털 도구를 통해 디지털 경제에 융합되고 있다. 자연은 적으로 탈바꿈한다. 인간은 자연과 경쟁하기 시작한다. 전 세계를 무대로 한 도박판에서 노름하는 사람들은 자연과 생명을 '독재'로 인식한다.

에릭 브리스와 프랑수아 드 바렌은 저서 《어부와 코뿔소: 국제 금융이 일상을 형성하는 방법》[4]에서 '실물 경제의 독재'에 대해 설명한다. 두 사람은 금융 경제를 통해 실물 경제의 독재에서 벗어날 수 있다고 주장한다. 두 사람에 따르면 파생상품을 활용해 투자 위험을 적절한 사람에게 옮길 수 있다. 그렇지 않으면 투자 위험을 미래로 옮긴 뒤 적절한 시기를 기다릴 수도 있다! 스와프 상품을 스와프 상품으로 거래하고, 부채를 묶어 자산으로 재판매하며, 이렇게 파생된 상품을 판매함으로써 시장이 결정한 적절한 위치에 도달할 때까지 투자 위험을 이리저리 옮길 수 있다. 브리스와 드 바렌은 '실물 경제의 독재'에서 벗어나는 데 성공한 두 가지 사례로 엔론Enron과 모기지 담보부 유가증권을 언급한다.

그러나 2008년 엔론은 무너졌다. 모기지를 유가증권으로 바꾸면서 촉발된 서브프라임 위기가 전 세계를 휩쓸었다. 전 세계는 금융 위기에 빠졌다. 저스틴 포두르는 《카운터 펀치Counter Punch》에 기고한 글에서 다음과 같이 언급했다. "사회는 다음과 같은 질문에 해답을 찾아야 한다. '터무니없이 큰돈이 걸려 있는 엄청난 권력의 도박판에서 엘리트를 구해내는 일에 헌신할 것인지, 아니면 존엄하게 생존할 방법을 찾는 과정에서 민중이 일상적으로 감수해야 하는 고만고만한 위험을 처리하는 일에 헌신할 것인지?' 심지어 여러 규칙을 변경하여 '실물 경제의 독재'를 재확인하더라도 이 같은 질문의 해답이 절로 나오지는 않을 것이다. 해답을 찾으려면 완전히 다른 종류의 실물 경제가 필요하다."[5]

불과 수십 년 전 처음 등장한 신생 경제 부문과 신생 기업이 오늘날 가장 빠른 속도로 이윤을 늘려가고 있다. 대부분의 **신흥 거물**도 바로 신생 부문에서 등장했다. 첫째, 지난 20년 사이 새롭게 등장한 억만장자와 악덕 자본가는 자체적인 투자 전략을 수립하여 임대 경제를 창조하고 있다. 신흥 억만장자와 악덕 자본가는 종자, 소프트웨어, **빅데이터**를 처리하는 알고리즘 특허에 대한 로열티 명목으로 임대료를 징수한다. 투기, 약탈, 임대료가 이들이 얻는 이윤의 주요 원천이다. 둘째, 불과 1퍼센트의 손에 부가 집중되는 비합리적인 현상이 나타났다. 1퍼센트에게 집중된 부는 '불로소득'이며, 그것은 실제 생산에 바탕을 두고 있는 실물 경제보다 훨씬 빠른 속도로 증가한다. 1퍼센트의 손에 부가 집중된 덕분에 1퍼센트가 소유한 투자 펀드는 대기업 주식의 대부분을 사들일 수 있게 되었고 합병을 추진해 이윤을 더욱 늘릴 수 있게 되었다. 바로 이것이 몬산토와 바이엘Bayer의 합병이 진행되는 방식이다. 마지막으로, 1퍼센트는 과거에는 분리되어 있었던 기술 영역을 합병하고 있다. 과거에는 정보 기술과 금융이 서로 분리되어 있었고 정보 기술과 농생명공학이 서로 분리되어 있었다. 그러나 오늘날 이와 같은 경계는 사라지고 없다. 오늘날 정보 기술은 디지털화를 통해 금융 세계와 경제를 주도하고 있다. 또한 정보 기술은 산업적 농업을 다음 단계로

이행시키려는 노력을 기울이고 있다. 바로 **디지털 농업**과 '농부 없는 농업'이다.[6]

과거 화폐는 실제 노동을 통해 생산되는 실제 상품과 서비스를 교환하는 수단에 불과했다. 그러나 이제 화폐는 부를 창출하는 신비한 힘인 '자본'이 된다. '자본'은 '투자'로 변형되고, '투자'는 다중 구성을 통해 '투자 수익'으로 변형된다. 이러한 과정을 통해 실제 노동을 하지 않는 사람들의 손으로 부가 흘러 들어간다. 이들은 자연과 인간을 착취하여 더 많은 부를 축적하고, 축적한 부를 활용하여 자연과 사회를 더 많이 착취한다. 바로 이와 같은 과정에서 생태 위기가 더 커지고 빈곤, 불행, 배제가 더 깊어진다.

많은 지식인들은 상황이 어쩌다가 이 지경에 이르렀는지 궁금해한다. 답으로 가장 많이 지목되는 것은 바로 '신자유주의'이다. 그러나 신자유주의는 경제 패러다임에 불과하다. 신자유주의 패러다임을 통해 기업 시배와 1퍼센트의 지배를 폭력적인 방식으로 강요하는 현실이 당연한 것으로 둔갑한다. 오늘날 기업의 세계화가 신자유주의 패러다임을 바탕으로 이루어진 것은 사실이다. 그리고 기업의 세계화로 인해 한 줌도 안 되는 기업이 막강한 권력을 주무르게 된 것도 사실이다. 그러나 기업이라는 존재가 태초부터 있었던 것은 아니다. 기업은 식민화의 도구로 만들어진 존재에 불과하다. 다만 '뜬금없이' 생겨난 것이 아니라, 민주주의가 자리 잡지 못한 곳에서 적절한 양의 권력과 돈이 결합되면서 태어났다.

신자유주의도 기업의 세계화도 새로운 것이 아니다. 그들은 이미 5세기 전에 시작되었다. 바로 인도를 목표로 출발했지만 아메리카 대륙에 도달한 콜럼버스의 시대이다. 콜럼버스의 여행은 약탈을 목표로 시작되었고 '미국의 발견'으로 이어졌다. 1600년에는 인도를 약탈할 목적으로 동인도회사가 특별히 설립되었다. 동인도회사는 오늘날의 기업 지배와 기업 세계화의 토대가 되었다. 인도는 기업 식민주의로 인해 빈곤해졌고, 이 빈곤은 점차 당연한 것으로 여겨지게 되었다. 그러는 사이 인도의 빈곤은 빈곤을 유발한 원인인 기업 식민주의와 분리되었고 급기야 주객이 전도되고 말았다. 이후 수세기에 걸쳐 빈곤을 유발한 근본 원인인 기업 식민주의가 오히려 빈곤의 해결책으로 제시되었다. 이러한 과정을 거치는 동안 기업만이 경제를 운영할 수 있고 기업만이 경제 규칙, 무역 규칙, 상업 규칙을 제정할 수 있다는 신화가 자리 잡게 되었다.

이제는 삶에서 상업과 무관한 측면까지 모조리 '자유무역'이라는 새로운 규칙에 따라 사유화되고 있다. 종자는 몬산토의 지식재산이 되었다. 몬산토는 이를 바탕으로 로열티와 임대료를 징수한다. 오늘날 식품은 카길Cargill 같은 곡물 상인에 의해 거래되는 상품이 되었고, 코카콜라, 펩시, 네슬레, 켈로그 같은 기업에 의해 허섭스레기로 전락했다.

대기업이 정의하는 자유는 '자유무역'이다. 즉, 기업의 세계

누가 지구를 망치는가

화다. 기업의 뒤에 숨어 모습을 감추고 있는 기업 소유자와 그들이 소유한 기업은 자유를 오용해 지구의 생태 구조를 파괴하고 민중의 경제와 사회 구조를 파괴하고 있다. 기업은 '자유무역' 규칙을 제정하여 무엇이든 상품화하고 사유화할 자유를 확대하고 있다. 마지막 토지 한 뼘, 마지막 물 한 방울, 마지막 씨앗 한 톨, 마지막 음식 한 접시, 마지막 정보 1바이트, 마지막 데이터 1비트, 마지막 지식, 마지막 상상력마저 쥐어짜 기어코 상품화, 사유화하고 말 것이다.

기업 규제를 철폐하는 한편 시민을 범죄자 취급하면서 감시하는 현실은 우리의 삶, 생계 수단, 자유에 막대한 영향을 미친다. 기업 권력이 통합되고 확산되면서 나타난 영향 가운데 하나는 사람들에게 영양을 공급하고 사람들의 삶을 지탱하는 실물경제가 약화된 것이다. 또 하나의 주요 결과는 정치에 돌연변이가 나타났다는 것이다. '국민의, 국민에 의한, 국민을 위한' 대의민주주의가 아주 빠른 속도로 '기업의, 기업에 의한, 기업을 위한' 대의민주주의로 바뀌고 있다. 설상가상으로 소수의 무책임한 개인으로 구성된 집단이 자신들에게 집중된 경제권력을 무기로 삼아 또 하나의 정치권력으로 부상하고 있다. 이들 집단은 선출된 정치인도 아니면서 정부, 법률, 정책에 영향을 미치고 우리의 식량, 건강, 지구의 미래를 형성하는 데 영향력을 행사하고 있다.

국가개혁위원회Niti Aayog는 인도 최고의 정책결정 기관이자 집행 기관으로, 기업이 추구하는 '자유무역'과 무역자유화에 대한 전문지식을 갖춘 사람만이 이 기관의 위원이 될 수 있다. 국가개혁위원회는 인도에 수입할 필요가 없는 수입품을 홍보하고, 비민주적인 행동을 일삼는다. 예를 들면 종자를 보유할 농민의 권리와 저렴하고 안전한 의약품을 누릴 민중의 권리를 보호하기 위해 헌법에 따라 일하는 정부 기관의 활동을 방해하고, GMO와 유해 의약품 유통을 적극적으로 추진한다. 이러한 국가개혁위원회의 활동을 통해 기업 지표가 실제 생활보다 우선시되는 현실을 확인할 수 있다. 글로벌 기업을 위해 일하는 로비 단체는 국가개혁위원회라는 편리한 도구를 활용해 인도 경제를 글로벌 기업의 사적 시장(뒤뜰)으로 전환하고 있다. 이처럼 철저하게 부패한 민주주의가 바로 민중의 경제를 파괴하는 비법이다.

경제권력이 집중되고 지역 경제가 체계적으로 말살되면서 일자리를 잃고 삶의 터전에서 쫓겨나는 사람들이 생겨나고 있다. 덕분에 경제가 불안정해지게 되었다. 그러나 권력자들은 이 같은 불안을 이용해 인종, 민족, 종교에 따른 사회적 분할을 강화한다. 사회가 파편화되고 분열되는 이유는 소수가 부를 축적하는 채굴 경제 모델과 밀접하게 연계되어 있다.

억만장자들이 실제 세계와 삶을 통제하면서
돈으로 돈을 버는 방법

—

1994년 조엘 커츠만은 다음과 같이 기록했다.

금융 경제는 실물 경제보다 20~50배 정도 크다. 금융 경제는 무역의 경제가 아니라 투기의 경제이다. 금융 경제에서는 금융 상품이 거래된다. 금융 경제가 보유하고 있는 초超첨단 기술 인프라는 전세계에 걸쳐 있다. 네트워크의 주요 노드와 하위 노드 사이에서 하루에 수조 달러가 이동하지만 대부분 규제되지 않는다. 전통적인 의미의 화폐가 소멸되었다는 것을 인지하는 사람은 거의 없다. 잠시 멈춰서 이와 같은 상황이 미치는 영향에 대해 깊이 생각해보는 사람은 더더욱 없다.[7]

기업의 세계화와 더불어 1980년대 세계은행과 국제통화기금이 주도한 구조조정 프로그램은 여러 국가에서 금융시장의 규제 철폐를 이끌어냈다. 소매금융에서는 투자은행과 증권중개업체가 합병하면서 '종합은행'이 탄생했다. 종합은행은 모든 형태의 금융서비스를 자유롭게 제공하고, 고객 회사에 대해 자유롭게 투자하며, 소매금융과 도매금융을 '한 자리에서' 자유롭게 제공할 수 있는 은행이었다. 금융서비스, 보험, 연금, 상호금융시장, 헤지 펀드, 대출, 신용, 유가증권 등 종합은행이 다루지 못하는 금융상품은 없다고 해도 과언이 아니었다. 2001년 말 전 세계에서 가장 큰 15개 금융서비스 제공업체에 포함된 비非은행은 네 곳에 불과했다. 1999년 빌 클린턴 미국 대통령은 '그램-리치-블라일리법Gramm-Leach-Bliley Act'에 서명했다. 그럼으로써 '글래스-스티걸법Glass-Steagal Act'의 일부 조항이 폐지되었다.[8] 세계화로 인해 전 세계 금융시장이 하나의 금융 체계로 통합되었고, 대부분의 금융시장이 국제무대에 오르게 되었다. 2000년대로 접어들면서 비은행 금융기업이 금융 부문에 군림하기 시작했다.[9]

각국의 중앙은행은 (무엇보다) 이자율을 결정하는 역할을 수행한다. 그럼으로써 경제를 억만장자들이 부리는 대리인이 원하는 방향으로 몰아간다. 각국의 중앙은행에 대한 연구 가운데 일부는 각국의 중앙은행의 성격이 기본적으로 민간 기업에 가깝다는 사실을 밝혀냈다. 이 연구에 따르면 각국의 중앙은행은 자신이 관리하는 사람들의 재정 상태에 대해 무책임하다. 지난 30년간 각국의 중앙은행은 1퍼센트가 내세운 의제를 전폭적으로 지원하는 역할을 수행해왔다. 따라서 각각의 중앙은행을 공개적으로 장악한 1퍼센트의 목표가 무엇인지 세심하게 검토해야 한다.

J. P. 모건과 존 D. 록펠러가 악덕 자본가 시대를 상징하는 인물이라면, 마이크로소프트의 빌 게이츠와 버크셔 해서웨이의 워런 버핏, 디지털 거물인 마크 저커버그와 제프 베조스는 오늘

날 1퍼센트의 지배 시대를 상징하는 인물이다. 예나 지금이나 갑부들은 정부를 이용하여 법률과 규칙을 제정해 무제한의 부를 축적할 수 있는 환경을 조성해왔다. 그리고 오늘날 갑부들이 1퍼센트 안에 들어가기 위해 세운 전략은 공유지를 봉쇄해 독점한 뒤 경쟁하지 않는 조건을 조성하는 것이다.

세계를 무대로 한 도박판에서 노름으로
민중의 부를 전유하는 방법: 버핏의 사례
—

하나의 경제는 빌 게이츠와 워렌 버핏, **금융계의 큰손**이 함께 건설한 것이다. 그 증거는 빌앤멜린다게이츠 재단 신탁Bill & Melinda Gates Foundation Trust이 가장 많은 돈을 투자한 기업이 미국 재벌 버크셔 해서웨이라는 사실에서 찾을 수 있다. 2014년 투자 금액은 무려 118억 달러였다. 워렌 버핏은 버크셔 해서웨이의 최고경영자이자 게이츠 재단의 이사로 재단에 수십억 달러를 기부했다(게이츠 재단 신탁은 '게이츠 재단의 투자 자산과 이전 수익'을 관리하여 '게이츠 재단의 자선 목표 달성에 기여'한다. 게이츠 재단 신탁의 가장 큰 투자 지분은 버크셔 해서웨이에 있다). 반대로 빌 게이츠는 버크셔 해서웨이의 이사이다. 버크셔 해서웨이는 주로 미국에 본사를 두고 있는 60개의 자회사를 거느리고 있다. 자회사는 농업, 에너지, 소매, 미디어, 운송, 전자, 화학, 보석, 가구, 보험 부문에 걸쳐 있다. 우리는 이와 같은 상황을 '이해 상충'이라고 부르지만, **금융계의 큰손들은** '혁신'이라고 부른다.

버핏은 어떻게 그렇게 큰 '부자'가 되었을까? 워런 버핏은 버크셔 해서웨이로 돈을 번 것이 아니다. 그는 공무원 보험 회사를 통해 부를 축적했다. 버핏은 공무원들에게 보험을 판매했다. 공무원들은 보험 약관을 선택할 수 없었다. 버핏이 제공하기로 한 보험 상품 가운데 계약할 상품을 고를 권한은 공무원을 고용한 고용주에게 있었다. 보험 상품을 선택하고 버핏이 제시한 보험료로 보험 계약을 체결하는 사람은 고용주였지만 보험료를 지불하는 사람은 개별 공무원이었다. 공무원들에게 지급되는 정부 급여에서 보험료가 자동 공제된 뒤 버핏의 계좌로 이체되었다. 버핏 랜드로서는 아주 효율적이고 자급자족적인 현금 흐름 모델이었다.

카지노와 보험 회사는 전 세계에서 수익성이 가장 높은 기업 가운데 하나다. 두 기업 모두 확률을 사용하여 이윤을 창출한다. 거의 발생하지 않는 사건을 정의하는 데 법률 용어가 동원된다. 보험 계약은 바로 이와 같이 개연성이 없는 사건을 취급한다. 드물게 발생하는 사건을 보장하여 이윤을 얻기 위해 확률이 동원된다. 드물지만 보험금을 지불하는 경우 워런 버핏은 보험가액을 잃게 된다. 그러나 비용을 충당하는 공제액은 유지되므로 손익분기점을 유지할 수 있다. 보험료 지급 요청이 없는 상태에서 보험계약이 만료되면 손익분기점을 넘어서게 된다.

누가 지구를 망치는가

시카고 상업거래소에서 1997년부터 1999년까지 3년에 걸쳐 수집한 데이터에 따르면 보험 상품 같은 옵션상품의 76.5퍼센트가 아무런 가치를 발생시키지 않고 만료된다고 한다.[10] 아울러 공무원 보험료 가운데 76.5퍼센트가 보험 회사에 직접 지급되는 것으로 나타났다. 나아가 보험 사고가 발생하여 보험금을 지불해야 하는 경우 지불할 보험금은 보험료에 이미 반영되어 있다. 따라서 보험 회사의 소득은 100퍼센트 확실하게 보장되어 있다고 할 수 있다.

옵션상품은 월스트리트의 엘리트, 고참 주식거래인이 판매한다. 옵션상품 거래에 매일 수십억 달러가 오간다. 워렌 버핏이 가장 좋아하는 '옵션 전략'은 분명 '풋옵션 매도'다. 풋옵션은 '결과에 따라 매수'하는 옵션(기본적으로 계약)이다. 분명하게 말하자면, 풋옵션은 다소간의 확률이 반영되는 예측 결과를 두고 내기를 하는 것이 아니다. 풋옵션은 '풋옵션'을 소유한 사람이 미래에 앉을 탁자를 예약한 것일 뿐이다. 미래가 되었을 때 그 탁자에 앉을 수도 있고 앉지 않을 수도 있다.

1993년 워렌 버핏은 5만 개의 풋옵션 계약을 판매하고 판매대금 750만 달러를 현금으로 선취했다. 이와 동시에 버핏은 (아마도 자기가 소유한 보험 회사를 통해) 코카콜라 주식 500만 주에 대한 보험을 들었다. 보험 가입 당시 코카콜라 주식 500만 주를 보유하고 있지도 않았다. 보험가액은 주당 35달러였다. 당시 코카콜라 주가는 보험가액보다 4달러 높은 39달러였다. 5만 개의 풋옵션 계약 만료일이 돌아왔을 때, 코카콜라 주가가 35달러보다 높으면 워렌 버핏은 750만 달러의 판매대금을 가지게 될 것이다. 보험에 가입한 버핏의 친구들은 시장 가치로 주식을 구매할 수 있는 옵션을 가지게 될 것이다. 반대로 코카콜라 주가가 갑자기 하락하면 버핏은 750만 달러의 판매대금을 유지한 상태에서 시장 가치보다 4달러 낮은 가격에 구입한 코카콜라 주식 500만 주를 보유하게 될 것이다.[11]

세계 경제가 붕괴되고 그리스와 포르투갈이 채무 상환으로 허덕이는 동안 2009년 11월 3일 워렌 버핏은 벌링턴 노던 산타페 Burlington Northern Santa Fe 철도회사를 인수하느라 바쁜 시간을 보냈다. 워렌 버핏은 철도회사의 지분을 확보하기 위해 550만 개의 풋옵션을 판매했다. 그런 다음 벌링턴 노던 산타페 철도회사를 인수하고 자회사로 삼은 뒤 자신의 계좌를 모두 현금화했다. 그 밖에도 버핏은 전 세계의 다양한 주가 지수에 대한 풋옵션을 판매하여 49억 달러를 벌어들였다.[12]

풋옵션 판매자들은 경제 붕괴의 유일한 생존자다. 정부가 이들의 자본과 이익을 경제로부터 격리하여 보호하기 때문이다. 2008년 금융위기로 경제가 붕괴할 때에도 마찬가지였다.

뱅가드와 새로운 투자 펀드 함대:
1퍼센트가 경제와 대기업을 통제하는 방법

———

"빌어먹을 EU!"

— 빅토리아 눌런드, 미국 국무부 유럽 및 유라시아 담당 차관보

2014년 1월 28일 빅토리아 눌런드 미국 국무부 차관보가 우크라이나 주재 미국 대사와의 전화 통화에서 내뱉은 말이다. 눌런드는 주요 민간 금융기관인 뱅가드 그룹Vanguard Group과 관련이 있는 인물이다. 그녀의 보좌관이 뱅가드의 직원이기 때문이다. 2014년 2월 22일 우크라이나에서 정권 교체가 이루어졌다. 눌런드는 우크라이나 정권 교체 작업을 지휘했으며, 무려 50억 달러를 들여서 우크라이나 정세를 불안정하게 만들었다. 눌런드의 보좌관은 뱅가드 그룹이 인쇄한 '수십억'어치 위조 화폐를 소지한 혐의로 2016년 독일에서 체포되었다.[13]

《월스트리트 저널》은 〈뱅가드, 자산 3조 달러 달성. 전체 헤지펀드 산업에 필적〉이라는 제목의 기사를 실었다. 기사를 작성한 커스텐 그라인드에 따르면 뱅가드 그룹은 "녹음이 우거진 필라델피아 교외에서 인덱스 펀드를 판매하는 자산 운용사"이다. "현재 운용하는 자산 규모는 전체 헤지펀드 산업과 맞먹는다." 이와 같이 큰 규모의 자산을 운용하는 뱅가드는 헤지펀드 산업을 주도하는 기업으로 성장했다. 뱅가드는 경제뿐 아니

라 정치에도 입지를 가지고 있다. 아카데미Academi, 그레이스톤Greystone(아카데미가 소유하고 있음)과 관계를 맺고 있기 때문이다. 아카데미(구舊블랙워터Blackwater)는 네이비씰 장교로 전역한 에릭 프린스가 1997년 설립한 미국 민간 군사 회사이다.[14] 규제를 받지 않는 그 밖의 대규모 금융기관으로는 피델리티Fidelity, 블랙록BlackRock, 스테이트 스트릿State Street을 꼽을 수 있다.

이 책을 쓰기 시작한 2016년에 뱅가드의 가치는 3조 달러였다. 2017년 이 책의 편집을 시작했을 때 뱅가드 그룹의 자산은 4조 3000억 달러로 증가해 있었다. 2018년 이 책을 인쇄할 무렵 뱅가드의 자산은 5조 1000억 달러로 급증했다〔2023년 현재 뱅가드가 운용하는 글로벌 자산 규모는 약 7조 7000억 달러〕.[15]

뱅가드는 투자자의 소유이다. 전 세계의 억만장자들이 뱅가드의 뒤에 숨어 모습을 감추고 있다. 월터 모건이 1만 달러를 가지고 1928년 12월 27일에 설립한 웰링턴 펀드Wellington Fund와 윈저 펀드Windsor Fund가 합병하면서 1958년 뱅가드가 세상에 모습을 드러냈다.[16] 오늘날 뱅가드는 118개 펀드를 거느리고 있다. 1974년 뱅가드 그룹이 결성되었고 투자자들은 창립 회원, 즉 소유주가 되었다.

존 보글 웰링턴 펀드 회장은 다음과 같이 말했다.

웰링턴 매니지먼트Wellington Management의 최고경영자 자리에서 '물러나' 있었지만 웰링턴 펀드와 자매 펀드의 회장이자 사장 자리는

누가 지구를 망치는가

계속 '유지'하고 있었습니다. 8개월간의 고된 연구 끝에 결실을 보았습니다. 웰링턴 펀드 이사들을 설득하는 데 성공한 것입니다. 저는 직책을 유지하고 펀드 회계, 주주 기록 보관, 법률 업무를 관리할 소규모 팀을 구성하게 되었습니다. 이를 책임지고 처리할 새로운 기업을 설립했습니다. 웰링턴 펀드가 100퍼센트 소유하고 원가 기반으로 운영되는 회사입니다. 헤지펀드 업계에서 유일무이한, 진정한 상호 구조를 갖춘 기업입니다. 새로운 회사의 이름은 이미 짐작하고 계시겠지만, 뱅가드입니다.

뱅가드 그룹이라는 명칭은 나일 해전에서 허레이쇼 넬슨 제독이 탑승한 기함 'HMS 뱅가드'의 이름을 따서 명명되었다.

2003년 뱅가드 웰링턴Vanguard Wellington의 자산은 2만 9985달러였다. 오늘날 뱅가드 그룹이 운용하는 자산은 5조 1000억 달러가 넘는다. 이것이 바로 금융화가 부리는 마법이다. 1978년에서 2003년 사이 투자사가 누린 연간 수익률은 13퍼센트였고 누적 수익률은 2058퍼센트였다. 이와 같은 수익률은 경쟁 관계에 있는 여러 펀드 대비 연간 2.6퍼센트, 누적 950퍼센트 더 높은 수치이다.

뱅가드의 웹사이트에는 다음과 같이 나와 있다.

당사는 다른 투자 회사와 다릅니다. 당사는 외부 소유자가 아닌 당사 고객만을 위해 **부를 창출**합니다. 이와 같은 이유로 당사는 **낮은**

수수료를 계속 유지하고 있습니다. 현재 업계 평균의 5분이 1도 채 안 되는 수준입니다. 덕분에 당사 펀드 투자자는 시간이 흐를수록 수익을 더 높일 수 있습니다.

당사는 2000만 명이 넘는 고객의 자산을 운용합니다. 전 세계에 지사를 두고 있는 당사는 다음과 같은 고객을 지원합니다.

개인 직접 투자자
회사 운용 퇴직연금 가입자
재정 자문가
기관 투자자
해외 투자자(미국 외)[17]

어떤 대기업을 들여다보든 그 회사의 주식 지분을 가장 많이 보유한 회사는 뱅가드이다.

표2 뱅가드가 보유한 주요 기업 주식 지분[18]

기업명	주식 가치 (1000달러)	주가 변동 (1000달러)	변동률 (퍼센트)	보유주식 수
애플	30,242,730	-596,557	-1.93	322,968,066
마이크로소프트	24,562,846	1,048,513	4.46	485,335,822
엑손모빌	23,347,894	497,351	2.18	261,953,264
존슨앤존슨	19,775,571	414,993	2.14	175,393,093
제너럴 일렉트릭	17,042,195	-725,248	-4.08	551,705,886
페이스북	15,458,036	507,463	3.39	130,370,552
아마존	15,052,087	418,924	2.86	22,010,802
버크셔 해서웨이	14,507,552	366,781	2.59	98,764,735
AT&T	14,029,589	314,841	2.30	358,813,013
피앤지	13,944,831	348,792	2.57	172,222,198
웰스파고	13,893,080	247,574	1.81	274,621,069
JP 모건	13,875,209	266,636	1.96	217,513,853
알파벳	12,328,470	398,867	3.34	17,256,856
버라이즌 커뮤니케이션	12,298,730	296,279	2.47	239,647,897
셰브론	12,209,953	320,205	2.69	118,187,525
화이자	12,058,983	272,069	2.31	367,651,919
코카콜라	11,786,160	283,303	2.46	262,031,119
홈디포	10,033,299	90,890	0.91	73,747,144
펩시코	9,789,526	57,398	0.59	94,648,806

표3 세계 부자 상위 100인[19]

순위	이름	순가치 (달러)	연령	부의 출처	국적	상품
1	빌 게이츠	750억	60	마이크로소프트	미국	
2	아만시오 오르테가	670억	80	자라	스페인	의류
3	워렌 버핏	608억	85	버크셔 해서웨이	미국	의류
4	카를로스 에즐림엘루	500억	76	텔맥스텔레콤	멕시코	식품
5	제프 베조스	452억	52	아마존	미국	
6	마크 저커버그	446억	31	페이스북	미국	
7	래리 엘리슨	436억	71	오라클	미국	
8	마이클 블룸버그	400억	74	블룸버그 LP	미국	
9	찰스 코흐	396억	80	여러 출처	미국	석유
9	데이비드 코흐	396억	75	여러 출처	미국	석유
11	릴리안 베탕쿠르	361억	93	로레알	프랑스	
12	래리 페이지	352억	43	구글	미국	
13	세르게이 브린	344억	42	구글	미국	
14	베르나르 아르노	340억	67	LVMH	프랑스	
15	짐 월튼	336억	67	월마트	미국	식품
16	앨리스 월튼	323억	66	월마트	미국	식품
17	S. 롭슨 월튼	319억	71	월마트	미국	식품
18	왕지안린	287억	61	부동산	중국	
19	호르헤 파울로 레만	278억	76	맥주	브라질	식품
20	리카싱	271억	87	여러 출처	홍콩	
21	베아테 하이스터, 칼 알브레히트 2세	259억	-	슈퍼마켓	독일	식품
22	셸든 애델슨	252억	82	카지노	미국	
23	조지 소로스	249억	85	헤지펀드	미국	
24	필 나이트	244억	78	나이키	미국	

순위	이름	순가치 (달러)	연령	부의 출처	국적	상품
25	데이비드 톰슨	238억	58	언론	캐나다	
26	스티브 발머	235억	60	마이크로소프트	미국	
27	포레스트 마스 2세	234억	84	사탕	미국	식품
27	재클린 마스	234억	76	사탕	미국	식품
27	존 마스	234억	79	사탕	미국	식품
30	마리아 프랑카 리솔로	221억	98	누텔라	이탈리아	식품
31	리자오지	215억	88	부동산	홍콩	
32	스테판 페르손	208억	68	H&M	스웨덴	의류
33	마윈	205억	51	알리바바	중국	
34	테오 알브레히트 2세	203억	65	알디, 트레이더 조	독일	식품
35	마이클 델	198억	51	델	미국	
36	무케시 암바니	193억	58	석유화학, 석유 및 가스	인도	석유
37	레오나르도 델 베키오	187억	80	안경	이탈리아	
38	주자네 클라텐	185억	53	BMW, 제약	독일	자동차
39	게오르크 섀플러	181억	51	볼 베어링	독일	자동차
40	폴 알렌	175억	63	마이크로 소프트, 투자	미국	
41	알왈리드 빈 탈랄 알사우드 왕자	173억	61	투자	사우디 아라비아	
42	조셉 사프라	172억	77	은행	브라질	
43	칼 아이칸	170억	80	투자	미국	
44	로렌스 파월 잡스	167억	52	애플, 디즈니	미국	
45	딜립 샹비	167억	60	제약	인도	제약
46	마화텅	166억	44	인터넷 언론	중국	

순위	이름	순가치 (달러)	연령	부의 출처	국적	상품
47	디터 슈바르츠	164억	76	소매	독일	식품
48	레이 달리오	156억	66	헤지펀드	미국	
49	슈테판 크반트	156억	49	BMW	독일	자동차
50	제임스 시몬스	155억	77	헤지펀드	미국	
51	알리코 단고테	154억	59	시멘트, 설탕, 밀가루	나이지리아	식품
52	마이클 오토	154억	73	소매, 부동산	독일	
53	렌 블라바트닉	153억	58	여러 출처	미국	
54	도널드 브렌	151억	83	부동산	미국	
55	아짐 프렘지	150억	70	소프트웨어 서비스	인도	
56	세르지 다쏘	147억	91	항공	프랑스	
57	야나이 다다시	146억	67	소매	일본	의류
58	청위통	145억	90	여러 출처	홍콩	은행
58	힌두자 가족	145억	-	힌두자 그룹	영국	은행
60	레오니드 미헬손	144억	60	가스, 화학	러시아	석유
60	데이비드 루벤, 사이먼 루벤	144억	73	투자, 부동산	영국	자산
62	스테파노 페시나	134억	74	약국	이탈리아	제약
63	미하일 프리드만	133억	51	석유, 은행, 통신	러시아	
64	디트리히 마테쉬츠	132억	71	레드 불	오스트리아	
65	애비가일 존슨	131억	54	자산 관리	미국	은행
66	켈 커크 크리스찬센	131억	68	레고	덴마크	
67	류롼슝	131억	64	부동산	홍콩	자산
68	제럴드 카벤디시 그로스베너	130억	64	부동산	영국	자산
68	궈빙장, 궈빙렌	130억	-	부동산	홍콩	자산

순위	이름	순가치 (달러)	연령	부의 출처	국적	상품
68	마르셀 허먼 텔레즈	130억	66	맥주	브라질	식품
89	토마스 피터피	111억	71	할인 중개	미국	
90	리옌훙	110억	47	인터넷 검색	중국	
90	알랭 베르타이머	110억	67	샤넬	프랑스	의류
90	제라르 베르타이머	110억	65	샤넬	프랑스	의류
93	알렉세이 모르다쇼프	109억	50	철강, 투자	러시아	광산
94	일론 머스크	107억	44	테슬라 모터스	미국	자동차
94	짜런 시리와타나팍디	107억	71	음료	태국	식품
96	페트르 켈네르	106억	51	은행, 보험	체코 공화국	
96	루퍼트 머독	106억	85	언론	미국	
98	빅토르 벡셀베르크	105억	59	금속, 에너지	러시아	광산
99	루카스 월튼	104억	29	월마트	미국	식품
100	에릭 슈미트	102억	60	구글	미국	

3장

1퍼센트의 앞잡이:
기술

악덕 자본가와 유독성 카르텔이 일용할 양식과
지구를 독으로 물들이는 방법

—

아름다운 지구는 지난 40억 년에서 50억 년에 걸친 진화의 산물이다. 그 가운데 인류가 지구에 깃들어 살아온 시간은 약 20만 년가량이다. 농업이 시작된 것은 1만 년쯤 전이다. 당시 농업은 독소나 독성 물질을 사용하지 않았다. 먹을 수 있는 식물의 종류는 1만 종이 넘었다. 작물은 생물다양성, 영양소, 맛, 품질, 회복력을 고려하여 재배되었다. 오늘날 지구, 농장, 일용할 양식은 오염되었을 뿐 아니라 유독하다. 지구와 지구에 깃들어 살아가는 생물의 복리를 위협한다. 생물다양성은 해적질당하고, 약탈당하면서 멸종 위기에 내몰리고 있다. 멸종의 속도는 인간이라는 생물종의 생존 자체를 위협하는 수준이다. 로즈메리 A. 메이슨은 다음과 같이 언급했다. "인류가 유발한 대규모 멸종이 진행 중이다. 지구의 모든 생명이 대규모 멸종의 영향을 받게 될 것이다. 인간 역시 멸종되지 않기 위해 애써야 하는 날이 올 것이다."[1]

산업 농업은 유독성 물질과 화석연료를 바탕으로 이루어진다. 산업 농업은 여섯 번째 대멸종과 기후 변화를 부추기는 주요 동인이다. 화학물질을 사용하는 농업에는 많은 비용이 소요된다. 따라서 농민들은 빚에 사로잡히고 농촌은 텅 비어간다. 30만 명이 넘는 인도 농민이 빚을 갚지 못해 스스로 목숨을 끊었다.[2] 힐랄 엘버 식량권 특별조사위원과 바스쿠트 툰칵 유독성 물질 특별조사위원이 유엔 인권위원회에 제출한 보고서에 따르면, 살충제로 인해 "환경, 인간 건강, 사회 전체가 파괴되고 있다. 매년 20만 명이 급성 중독으로 목숨을 잃는다. (…) 만성 살충제 노출과 알츠하이머, 파킨슨병, 호르몬 교란, 발달장애, 불임 사이에는 연관성이 있다".[3] 인간은 멸종과 기후 변화를 유발했다. 그것은 생태학살, 자연을 상대로 자행하는 범죄다. 농민에게 빚을 지워 죽음으로 내몰고 암에 걸리게 만들거나 살충제에 중독되게 만들어 민중의 생명을 빼앗는다. 그것은 대량학살, 인류를 상대로 자행하는 범죄다.

한 세기 전 악덕 자본가들이 보유한 자금과 석유가 금융과 유독성 기술을 만났다. 살인 도구를 진화시킨 유독성 카르텔이 등장한 것이다. 독성 물질과 유독성 화학물질을 통한 생태학살과 대량학살의 세기가 열렸다. 제2차 세계대전이 치러지는 동안 IG 파르벤IG Farben 실험실에서 유독성 화학물질이 개발되었다.

히틀러가 운영한 강제수용소에 수용된 사람들의 목숨을 빼앗기 위한 것이었다. 제2차 세계대전이 끝난 뒤 이 유독성 화학물질은 농화학물질로 탈바꿈됐고 산업 농업에 사용되었다. 그때부터 세계의 모든 농민은 산업 농업 방식으로만 농사를 지을 수밖에 없게 되었다.

1927년 스탠다드 오일과 IG 파르벤이 손잡고 스탠다드 IG 파르벤을 설립했다. 두 회사는 서로 특허를 교환하면서 대서양 양쪽에 자리 잡은 두 대륙의 경제를 쥐락펴락했다.[4] 스탠다드 오일과 IG 파르벤은 아우슈비츠 강제수용소 개설에 참여했다. 그리고 그곳에서 석탄을 이용해 인공 고무와 합성 가솔린을 생산했다. 두 회사는 자본과 기술을, 히틀러는 강제수용소의 노동력을 제공했다.[5]

오랜 역사를 자랑하는 몬산토와 바이엘의 합병이 진행 중이다. 제2차 세계대전이 치러지는 동안 두 회사는 기술을 공유하여 폭발물과 치명적인 유독성 가스를 만들었고 연합군과 추축국에 팔아먹었다. 당시 바이엘은 IG 파르벤 산하 기업이었다. 제2차 세계대전이 일어나기 전 IG 파르벤은 독일에서 외화를 가장 많이 벌어들이는 기업이자 히틀러가 지닌 경제력의 원천이었다. IG 파르벤은 미국과 스위스에서 해외 사무소를 운영하면서 해외 정보수집 기관으로도 기능했다. IG 파르벤 사장은 헤르만 슈미츠였고 이사는 헤르만 슈미츠의 조카 막스 일그너였다. 막스 일그너의 형제 루돌프 일그너는 켐니코Chemnyco 부사장으로서 VOWI 네트워크의 뉴욕 지부를 담당했다. VOWI는 나치의 해외 정보수집 기관이었다.[6] IG 파르벤은 켐니코의 운영비용을 지원했고 켐니코는 IG 파르벤의 미국 내 비용을 처리했다.[7] 이와 같은 방식으로 IG 파르벤은 미국 회사인 켐니코를 통제했다. 켐니코가 귀중한 해외 정보를 제공하는 공급원이었기 때문이다. 제2차 세계대전이 시작되자 미국 법무부는 켐니코 조사에 착수했다.[8]

파르벤 감독위원회 위원인 파울 바르부르크는 미국 중앙은행체계인 연방준비제도를 설립한 인물이다. '연방준비제도법'이 제정되면서 1918년 12월 23일 연방준비제도가 실시되었다. 1907년 파울 바르부르크는 《뉴욕타임스 파이낸셜 리뷰》에 〈중앙은행 개선 계획〉이라는 제목의 기사를 기고해 연방준비제도 설립에 기여했다.[9] 파울 바르부르크의 형제 막스 바르부르크는 헤르만 슈미츠와 함께 IG 파르벤 제국의 중심 기둥이었다. IG 파르벤 이사회에 속한 그 밖의 '임원급' 인사로는 카를 보쉬, 프리츠 테르 메어, 쿠르트 오펜하임, 게오르크 폰 슈니츨러를 꼽을 수 있다. 파울 바르부르크를 제외한 나머지 인물들은 모두 제2차 세계대전이 끝난 뒤 전범 판결을 받았다.

1954년 몬산토와 바이엘은 합작투자를 통해 모베이MOBAY를 설립했다. 모베이는 유독성 카르텔인 IG 파르벤 산하 기업이었다. 두 회사의 지분은 같은 사모펀드 회사가 관리했다. 몬산토와 바이엘은 전쟁을 통해 전문지식을 쌓았다. 그 과정에서 몬산토는 IG 파르벤과 협력 관계를 구축했다. 홀로코스트가 자행되는 동안 강제수용소에서는 시안화물 기반 살충제 '치클론 B Zyklon-B'를 사용했다. IG 파르벤이 히틀러에게 공급한 물질이었다. 치클론 B 살충제는 뉘른베르크 재판에 증거로 제출되었다. IG 파르벤, 바이엘, 바스프BASF, 훼히스트Hoechst(현 아벤티스 Aventis)를 비롯한 협력업체들은 전쟁 범죄를 저지른 죄로 유죄판결을 받았다.[10]

모베이 역시 베트남 전쟁(1961~71) 기간 동안 고엽제 원료를 공급했다. 모베이 고엽제와 제초제 2000만 갤런이 남베트남에 뿌려졌다.[11] 수십 년 동안 몬산토와 바이엘은 고엽제 내성 물질을 교차 개발하여 교차 라이선스 계약을 맺었다. 전쟁이 일어나고 수많은 생명이 사라졌다. 각국의 영토는 식민화와 자원 갈취에 적합한 형태로 인위적으로 조정되었다. 전쟁의 한복판에서 몬산토와 바이엘은 폭탄과 독성 물질이라는 형태로 화학물질을 팔아먹었다.

전쟁에서 활약했던 **유독성 카르텔**이 최근 다시 한 번 합병을 추진하고 있다. 오늘날 세계의 종자 산업, 살충제 산업, 생명공학 산업은 6대 살충제 기업과 GMO 기업이 주무르고 있다. 바로 바스프, 바이엘, 듀퐁DuPont, 다우 케미컬Dow Chemical Company, 몬산토, 신젠타Syngenta이다. 몬산토는 신젠타 인수를 추진했지만, 결국 켐차이나ChemChina가 신젠타와 합병했다. 신젠타를 430억 달러에 인수한 켐차이나는 2018년 시노켐Sinochem을 합병할 계획이다. 다우 케미컬은 유니언 카바이드Union Carbide를 인수했다(유니언카바이드는 보팔Bhopal 가스 누출 참사를 일으킨 회사다. 보팔 가스 누출 참사로 지금까지 수백만 명이 장애를 입었고 아직도 사망자가 나오고 있다). 다우 케미컬은 듀퐁 합병을 추진하고 있는데 규모는 1300억 달러에 달한다. 이에 뒤질세라 바이엘은 660억 달러에 몬산토 인수를 추진하고 있다. 추진되고 있는 기업 인수가 모두 성사되어 합병이 완료되면 세계 농화학 산업의 70퍼센트가 불과 3개 회사의 손아귀에서 좌지우지될 것이다(다우 케미컬: 2017년 9월 듀퐁 합병, 바이엘: 2018년 6월 몬산토 합병, 켐차이나: 2021년 4월 시노켐 합병). 이와 같은 기업들은 교차 라이선스 계약을 맺어 왔다. 따라서 주도권을 쥐게 될 회사는 기업 이미지 구축, 법적 책임 축소, 세금 감면, 비非발명 특허 취득을 통한 독점권 확대 같은 요인을 토대로 결정될 것이다.

몬산토 웹사이트에 따르면 몬산토와 바이엘 크롭사이언스 Bayer CropScience AG는 "농업을 지원하는 주요 기술과 관련된 일련의 장기 사업 계약과 장기 라이선스 계약을 체결"했다. 그럼으로써 몬산토와 바이엘은 서로의 기술(제초제 기술, 특정 제초제와 짝을 이루는 제초제 내성 기술)에 자유롭게 접근할 수 있게 되었다. 생명공학 산업은 인수합병을 통해 현대판 IG 파르벤이 되었다. 주도권은 몬산토가 쥐고 있다. 몬산토가 신젠타를 인수했다면 농화학 기업과 생명공학 기업을 한데 모아 규모를 훨씬 더 크게 키우면서 재벌의 반열에 올랐을 것이다. 그랬다면 몬산토는 회계를 비롯한 각종 법적 책임을 지금보다도 더 축소할 수 있었을 것이다. 몬산토가 신젠타를 인수하려고 시도한 일은 그저 각종 법적 책임을 회피하려는 시도에 불과하다. 대규모 농화학 기업과 생명공학 기업은 서로 경쟁하지 않는다. 인도의 경우 바이엘과 몬산토는 동일한 경로로 화학물질과 종자를 유통한다. 심지어 인도 농민들이 이와 같은 독소를 구입하기 위해 두 회사로부터 자금을 빌리는 경로조차 동일하다.

우리 시대의 화학-군사-산업 복합체인 생명공학 산업은 독특한 산업이다. 종자와 화학물질을 팔아먹는 데만 급급할 뿐, 자신들이 판매한 종자와 화학물질이 농작물에 미치는 영향 따위는 아랑곳하지 않는다. 단, 종자를 구입하지 않은 농민의 농장에서 우연히 해당 종자가 자라나면 사정이 달라진다. 해당 농장을 소유한 농민에 대한 소송도 불사할 것이다! 일례로 몬산토는 호주에서 유기농업을 영위하는 스티브 마쉬를 고소했다. 소송의 근거는 마쉬가 경작하는 농장에서 이웃 농민이 구입하여 파종한 GM 카놀라가 자라났다는 것이었다(카놀라: 겨자과 식물, 겨자에 비해 약성藥性이 약하다). 몬산토가 이웃 농민을 매수하여 벌인 자작극이라는 사실은 나중에야 밝혀졌다.

전쟁이 치러지는 동안 생명공학 산업에 속한 기업이 여럿 등장했다. 그리고 이 산업에 속한 여러 기업은 지금도 여전히 서로 별개의 독립적인 기업인 것으로 알려져 있다. 그러나 이 기업들이 과거에 맺었던 협력 관계와 현재 맺고 있는 협력 관계를 감안할 때 그리고 현재의 공동 소유권을 감안할 때 이 기업들은 하나의 기업이나 다름없다. 현재 이 기업들에게 자금을 지원하는 가장 큰 투자자는 오늘날 새롭게 부상하고 있는 금융 대기업들이다. 그리고 그 선두에는 뱅가드 그룹이 자리 잡고 있다(192~193쪽 그림1, 그림2 참조).

합병은 의자 뺏기 놀이와 비슷하다. 합병이라는 의자 뺏기 놀이는 실제 소유자와 투자 펀드가 조직한다. 놀이에 참여하는 대표적인 투자 펀드로는 뱅가드 그룹, 블랙록, 캐피털 그룹Capital group, 피델리티, 스테이트 스트릿 글로벌 어드바이저스State Street Global Advisors, 노지스 뱅크 인베스트먼트 매니지먼트Norges Bank Investment Management 등을 꼽을 수 있다. 놀이의 목표는 시장 확대와 책임 축소다. 예를 들어 몬산토는 피상적인 합병을 통해 유럽 기업으로 변신했다. 이름을 버리는 대신 법적 책임에서 자유로워졌다. 그러는 사이 몬산토가 지구와 지역 공동체에 입힌 피해 비용은 눈에 띄게 커졌다. 2016년 민중의회는 '몬산토 재판'을 열었다. 몬산토가 법적 책임을 벗어버린 문제를 필수 의제로 재판에 부쳤다. 겉으로 몬산토는 문제가 있다고 지목된 살충제 라운드업Roundup 같은 제품의 판매를 중단했지만, 유럽 기업이라는 허울을 쓰고 유럽 시장에서의 입지를 얼마든지 확장할 수 있었다. 심지어 바이엘은 유럽 납세자가 알지도 못하고 그들의 허락도 받지 않은 상태에서 그들로부터 몬산토 인수 자금을 조달할 수 있었다.[12] 세계의 민중운동 단체가 공동으로 조직한 몬산토 재판은 2016년 10월 14일부터 16일 사이 헤이그에서 열렸다. 그리고 지난 한 세기 동안 자연과 인류를 상대로 자행된 범죄, 즉 생태학살과 대량학살의 책임이 유독성 카르텔에 있다고 판결했다.[13]

지난 20년 동안 종자 산업에 관한 연구개발과 수많은 인수합병이 이루어졌고 로비 활동에 수십억 달러가 투자되었다. 이 과정에서 종자 산업의 세 가지 특성이 명확하게 드러났다. 하나는 1990년대 후반에 불법으로 선언된 터미네이터(종결자) 기술이다. 나머지 두 가지는 제초제 내성과 Bt-독소이다.

그동안 인도 경쟁위원회는 전 세계 수준에서 이루어지는 몬산토-바이엘 합병에 대해 조사를 벌여왔다. 그리고 2016년 3월 25일 인도 경쟁위원회는 몬산토-바이엘 합병을 막았다. 인도 내 유전자 변형 시장의 경쟁에 부정적인 영향을 미칠 것을 우려했기 때문이다. 바이엘은 인도 경쟁위원회의 결정에 불복해 항소했고 2018년 1월 인도 경쟁위원회는 두 회사의 합병 문제를 공공에 공개했다. 공공의 의견과 이의를 청취하겠다는 취지였다('합병이 경쟁에 상당한 악영향을 미치거나 미칠 수 있다'고 확인되면 인도 경쟁위원회는 공공협의 절차를 개시한다). 나는 2018년 1월 21일 몬산토-바이엘 합병에 이의를 제기했다. 내가 제기한 이의에 대한 세부적인 내용은 내가 운영하는 웹사이트(vandanashiva.com)의 '몬산토-바이엘 '합병': 인도 경쟁위원회에 제출한 의견'에서 확인할 수 있다. 인도 경쟁위원회의 조치는 큰 의의를 지니지만 여기에 만족해서는 안 된다. 민중 운동을 지속적으로 추진해 나가야 한다. 비자 스와라지Bija Swaraj 운동, 아나 스와라지Anna Swaraj 운동을 강화하고 비자 사티아그라하Bija Satyagraha 운동을 계속해 나가야 한다. 그래야만 종자와 일용할 양식에 대한 기업의 통제가 더 이상 커지지 않도록 억제할 수 있다.

몬산토, 바이엘, 다우, 듀퐁, 신젠타 같은 기업들은 자유무역, 신자유주의 정책, 상업 부문의 규제 철폐를 발판 삼아 대규모 인수를 거듭하면서 제국을 확대하고 있다. 일례로, 바이엘은 유럽 중앙은행의 지원을 받아 몬산토 인수에 나섰다. 사실상 지구상의 모든 생명과 민중의 권리를 파괴하는 기업의 독점을 강화하는 데 공공의 자금을 투입하는 일이나 다름없다. 그런데도 2018년 3월 21일 유럽연합은 몬산토-바이엘 합병을 승인했다. 조건은 "광범위한 제약 부문을 매각하여 종자, 살충제, 디지털 농업 부문에서 두 기업의 사업 영역 중복을 해소"하는 것이었다.[14]

전 세계에서 이와 같은 현실에 반대하는 민중들이 분연히 떨쳐 일어나고 있다. 각국의 민주 정부들도 이러한 생태학살과 대량학살을 멈추기 위해 대응에 나서고 있다. 민중의회는 앞서 언급한 몬산토 재판뿐 아니라 다우듀퐁 재판도 열었다.[15] 2016년 11월 29일에 열린 다우듀퐁 재판은 나브다냐가 주도한 것이다. 2017년 4월 바이엘은 쾰른에서 정기주주총회를 열었다. 민중의회는 바이엘-몬산토 합병 문제를 다루는 회의를 개최하여 맞불을 놓았다.[16] 대기업들은 지구와 민중의 권리를 보호하라는 요구에 부응하는 법과 정부 정책을 공격하는 방법으로 민중 운동에 대응하고 있다. 구체적인 사례는 수도 없이 많다. 유해 약물인 넥사바Nexavar의 독점권을 유지하기 위해 바이엘이 인도 정부를 상대로 제기한 소송도 그 가운데 하나이다.[17]

오랜 역사를 이어온 **유독성 카르텔**의 행보는 대규모 합병과 같은 재결합을 통해 새로운 기업으로 거듭나는 데 그치지 않는다. 오늘날 **유독성 카르텔**은 종자, 살충제, 화학비료의 융합을 넘어 농기구 및 정보 기술 부문과 기후 데이터, 토양 데이터 및 보험 부문까지 손아귀에 넣으려 하고 있다. 모두 우리의 일용할 양식을 완전히 통제하기 위한 노력이다. 어떤 대가를 치르더라도 무조건 이윤만 추구하는 폭력적인 패러다임은 이처럼 무자비한 기업 인수를 부추긴다. 오늘날 과학은 오용되고 진실은 침해당하고 있다. 그러나 이 순간에도 전쟁을 토대로 성장한 이런 기업들은 (실무가 아니라) '과학'이라는 미명 아래 유독성 제국을 확장하고 있다. 이 기업들은 "독성 물질과 **유독성 카르텔**이 없으면 세계는 굶주림에 빠질 것"이라고 으름장을 놓는다.

독성 물질을 활용해 일용할 양식을 제공하겠다는 실패한 전략이 인류의 미래가 달린 전략인 양 포장된다. 이 전략이 1퍼센트가 정의한 '진보', '통제', '기술'이라는 직선적 담론의 중심에 자리 잡고 있기 때문이다. 바로 이것이 1퍼센트가 '창조자'인 동시에 문명화라는 우리 시대의 임무를 수행하는 주체라는 그릇된 담론을 강요하는 토대다. 1퍼센트는 생태와 사회가 붕괴하고 있는 오늘날 위험과 취약성을 더 높여서 이윤을 창출한다. 한편 이처럼 실패한 전략은 '발명가', '창조자'로 가장한 1퍼센트가 생명에 대한 특허를 주장하는 토대로도 활용된다. 1퍼센트의 최종 목표는 특허 취득, 수익 쓸어 담기, 독점이다.

정보 기술과 생명공학은 새로운 '녹색' 골드러시에 통합되고 있다. 그 선두에 빌 게이츠와 몬산토가 있다. 정보 기술은 유전 데이터를 '채굴'하는 데 사용된다. 빌 게이츠나 몬산토가 창조하지 않은 식물에 대한 특허를 주장하는 데도 정보 기술이 이용된다. 사실 빌 게이츠나 몬산토는 자신들이 특허를 주장하는 식물에 대한 지식을 가지고 있지 않다. 그들이 가진 것은 오직 '데이터'뿐이다.

기후 위기의 50퍼센트가 화석연료를 기반으로 이루어지는 산업적 농업에 기인한 것이다. 빌 게이츠는 기후 위기를 이용해 새로운 불량 벤처기업을 출범시켜 지구공학에 투입하고 있다. 농민들이 기후 회복력이 뛰어난 종자를 길러내면 몬산토는 기술을 사용하여 그 종자를 해적질한다. 또한 몬산토는 기술을 사용하여 기후 데이터와 토양 데이터를 새로운 상품으로 탈바꿈한 뒤 독점하고, 그 상품을 보험에 연결한다. 오늘날 농업 부문에는 데이터, 보험, 종자, 화학물질이 융합되어 있다. 몬산토가 내다보는 농업 부문의 시장 가치는 무려 3조 달러 규모이다.[18]

민중에게는 종자를 소유할 자유, 식량을 누릴 자유, 지적 자유, 지역을 기반으로 생태학적 방식으로 생산하고 소비할 자유가 있다. 그리고 민중에게는 이와 같은 자유를 바탕으로 종자, 식량, 정신과 지성, 경제를 직접 소유할 권리가 있다. 1퍼센트는 민중의 자유와 권리를 '야만'으로 치부하면서 빼앗지 못해 안달이다. 내가 몸담고 있는 단체를 비롯한 다양한 사회 운동 단체들은 이러한 민중의 자유와 권리를 수호하기 위해 헌신하고 있다.

유전자 결정론, 유전자 환원주의, 유전공학
—

유전자 결정론과 유전자 환원주의는 생명 자체를 기계론적 틀에 집어넣으려는 시도이다. 인간 사회는 자신이 속해 있는 세계를 이해하기 위해 지적 탐구를 계속 이어왔다. 그러나 유전자 결정론과 유전자 환원주의는 이러한 지적 탐구가 자연스럽게 진화한 결과가 아니다. 오히려 유전자 결정론과 유전자 환원주의는 통치와 통제라는 목적을 달성하기 위한 정치적 기획이다. 유전공학 패러다임은 진화의 결과물이 아니다. 유전공학 패러다임은 자신의 시대에 가장 부자였던 인물, 록펠러가 큰돈을 들여 인위적으로 구성한 구성물에 불과하다.

1938년 록펠러 재단 소속 워렌 위버는 '분자생물학'이라는 용어를 만들었다. 1932년부터 1959년까지 록펠러 재단은 분자생물학 프로그램에 2500만 달러를 쏟아 부었다. 록펠러 재단 전체 지출의 4분의 1에 해당하는 금액이었다. 록펠러 재단의 지원 덕분에 유전공학의 기반이 자리를 잡았다. 록펠러 재단이 지원한 자금은 스탠다드 오일이 벌어들인 이윤에서 나온 것이었다. 당시 유전공학 부문에서 록펠러 재단이 수행했던 역할은 오늘날 빌앤멜린다게이츠 재단이 이어받았다.

릴리 케이가 《생명에 대한 분자적 접근》에서 언급한 것처럼 분자생물학의 목표는 "산업자본주의라는 사회적 틀에 맞게 인간관계를 재구조화"하는 것이었다.[19] 분자생물학의 원래 명칭은 사회심리학이었다. 즉 '적절한 힘'을 바탕으로 사회를 통제하는 '과학'이었다. '유전자'가 사회 통제를 구현하는 심리학적 장場으로서 사회적으로 구성되는 과정에서 앵글로색슨족의 교환과 퇴보로 인식된 선발육종選拔育種이라는 교정 수단은 구체적인 목적을 찾게 되었다. 이제 유전자와 선발육종은 정확한 목표를 가지게 되었다.[20]

우생학은 '유전자'를 구성하는 기획에서 중요한 부분을 차지했다. '유전자' 구성 기획을 주도한 록펠러 재단은 "나약한 사람들의 번식을 제한하는 일을 중요하게 여겼다. (…) (또한) 사회 역기능은 기술 변화가 야기한 혼란에 사회가 적응하지 못하여 초래된다. 사회를 통제함으로써 이와 같은 문제를 해결할 수 있을 것이다."[21] 즉 사람과 사회의 욕구에 맞게 도구와 기술을 조정하는 것이 아니라 사회를 조작하여 도구에 적응하도록 만들 수 있다는 생각이었다. 오늘날의 유전공학은 1930년대의 인간

누가 지구를 망치는가

공학, 유전자 환원주의, 유전자 결정론에 그 뿌리를 두고 있다.

예나 지금이나 당면 과제는 통제이다. 지금과 마찬가지로 예전에도 여성, 빈민, 이민자, 유색인종에 대한 갑부들의 편견과 공포가 있었고, 그 편견과 공포가 갑부들 자신이 '과학'이라고 부르는 것을 궁극적이고 객관적인 진리의 반열에 올려놓게 했다. 그러나 그들이 '과학'이라고 부르는 것은 사실 주관적 편견, 타인에 대한 공포, 타인 위에 군림하려 하는 통제할 수 없는 충동에 불과하다.

1953년 이후 10여 년 동안, 단 한 번을 제외하고는 생리학 분야나 의학 분야 노벨상을 모두 록펠러 재단이 후원한 연구를 수행한 연구자들이 휩쓸었다.[22] 록펠러 재단이 추진한 유전공학 기획은 인공 과학과, 생명의 작동 방식에 대한 그릇된 가정에 바탕을 두고 있다. 따라서 록펠러 재단이 추진한 유전공학 기획의 실패가 드러나기 시작했다는 사실은 그리 놀라운 일이 아니다. 구체적으로는 지난 20년 동안 무려 107명의 노벨상 수상자가 옹호하고 나섰음에도 불구하고 아직까지 보급하지 못하고 있는 황금쌀Golden Rice을 꼽을 수 있다. 2016년 6월 29일, 유전자 조작 작물 사용에 반대하는 캠페인을 적극적으로 펼치고 있는 그린피스와 기타 단체에 지지 서한이 발송되었다. 2018년 7월 현재 총 134명이 이 서한에 서명했다.

유전공학 패러다임은 생명 자체를 침범한다. 그런 뒤 사람과 살아 있는 유기체를 가공하고 조작해야 하는 기계로 재정의한다. 유전공학 패러다임에서는 '유전자'를 생명의 구성 요소로 정의한다. 그러나 과학적으로 볼 때 이와 같은 정의에는 결함이 있다. 리처드 르원틴은 《DNA 독트린》에서 다음과 같이 언급했다.

DNA는 죽은 분자다. 세계에서 가장 반응성 없고 불활성한 화학 분자 가운데 하나다. DNA는 자신을 재생산할 수 있는 능력이 없다. 오히려 DNA는 기본 물질을 바탕으로 단백질의 복잡한 세포 체계를 통해 생산된다. 흔히 DNA가 단백질을 생산한다고 말한다. 하지만 사실은 단백질(효소)이 DNA를 생산하는 것이다.

유전자를 자기 복제라고 지칭하는 바람에 유전자가 신비하고 자율적인 역량을 지닌 존재처럼 여겨지게 되었다. 덕분에 유전자는 신체에서 보편적으로 찾아볼 수 있는 일반적인 물질보다 더 높은 위치에 자리 잡게 되었다. 그러나 우리 세계에서 자기 복제가 가능한 존재가 있다고 한다면 그것은 유전자가 아니라 복잡한 체계이자 하나의 전체인 유기체 그 자체다.[23]

유전자 환원주의는 유전공학과 GMO의 기초다. 유독성 카르텔은 유전공학과 GMO를 치켜세운다. 이것은 농업을 전환할 수 있는 기적의 도구라고 주장하는 것이다. 그러나 우리 시대의 가장 중요한 미생물학자 가운데 한 사람인 칼 R. 우즈의 경고에 귀를 기울일 필요가 있다.

누가 지구를 망치는가

사회는 생물학을 용납할 수 없다. 시대에 뒤처진 형이상학적 기반을 바탕으로 하고 있어 사람을 호도하기 때문이다. 사회는 살아 있는 나머지 세계와 조화를 이루면서 살아가기 위해 안간힘을 써야 한다. 세계를 왜곡되고 불완전하게 반영하는 생물학에 관심을 가져서는 안 된다. 그러나 사회가 과학의 위계질서를 받아들이도록 훈련되면서 생물학은 문제를 해결하고 살아 있는 세계를 변화시킬 수 있는 존재로 인정받기에 이르렀다. (…) 생물학은 세상을 바꾸기 위해 존재하는 것이 아니다. 생물학은 인간이 세상을 이해하는 데 필요한 존재일 뿐이다. 사회는 이 사실을 깨달아야 한다. 생물학의 주된 임무는 우리에게 지식을 제공하는 것이다. 이와 같은 사실을 깨달을 때만이 지구와 조화롭게 사는 법을 배우고자 하는 사람들에게 희망이 있을 것이다.[24]

유전자 결정론과 유전자 환원주의는 항상 서로를 동반한다. 그러나 유전자가 일차적인 것이라고 말한다면 그것은 과학이 아니라 이념에 가까운 것이다. 유전자는 독립적인 개체가 아니다. 전체에 종속되어 있는 부분으로서 전체의 영향을 받는 존재다. 세포의 모든 부분은 상호작용한다. 개별 유전자가 유기체를 생성하는 데 미치는 영향만큼이나 유전자의 조합도 중요하다. 보다 광범위하게 말하자면 특정 유전자가 특정 단백질을 생성하고, 여러 유전자가 생성한 수많은 단백질이 유기체를 생성한다고 단순하게 생각해서는 안 된다. 유전자는 다중 효과를 가진다. 그리고 대부분의 형질은 다중 유전자에 따라 달라진다. 그러나 유전자 결정론의 특징은 직선적이고 환원주의적인 인과 관계라는 것이다. 그것이 '마스터 분자'라는 개념과 유전공학의 '중심에 자리 잡은 신조'를 탄생시킨 원흉이다. 그리고 이와 같은 특징은 사라지지 않고 있다. 문제는 유전공학의 존재를 가능하게 만드는 과정은 마스터 분자라는 개념과 정반대되고 유전공학의 중심 신조와도 정반대되는 과정이라는 점이다.

유전공학은 우리의 삶, 건강, 환경의 물질적 조건에 인식론적이고 윤리적인 의미를 지닌다. 유전공학은 '벡터'를 사용하여 한 생물종의 유전자를 다른 생물종으로 이동시킨다. 벡터란 암 및 다양한 동식물 질병 유발 바이러스를 비롯한 다양한 출처의 자연 유전 기생충을 재조합한 모자이크 유전자를 말한다. 다양한 출처에는 암을 유발하는 바이러스를 비롯해 그 밖의 동식물 질병을 유발하는 바이러스가 포함된다. 벡터에는 하나 이상의 항생제 내성 '표지' 유전자라는 태그가 지정된다. 이와 같은 벡터가 유전자 오염의 주요 원인으로 작용하여 생태계와 공중보건에 심각한 결과를 초래할 것이라는 우려가 이어져 왔다. 그리고 지난 몇 년 동안 축적된 증거를 통해 이러한 우려가 근거없는 공포가 아니라는 사실을 확인할 수 있다. 벡터를 매개체로 사용하여 수평적으로 유전자를 전달하고 재조합하는 일은 박테리아 병원체가 새로운 유행성 균주를 생성하는 일과 관련이 있는 것으로 밝혀졌기 때문이다.

생명공학 기술자들은 유전자 생태학에 관련된 과학적 전문 지식을 가지고 있지 않다. 또한 환경과 공중보건이라는 맥락에서 GMO의 위험을 평가하기 위해 필요한 다양한 분야의 전문 지식도 가지고 있지 않다.

더 심층적인 윤리적 과학 연구는 후성유전학의 출현으로 이어졌다. 유전자 환원주의는 유전자가 생명의 형질을 통제한다는 그릇된 가정으로 이어진다. 반면 후성적 통제를 주장하는 새로운 과학은 생명이 유전자를 넘어서는 무언가에 의해 통제된다는 사실을 드러낸다. 멤브레인 스위치를 통해 작동하는 환경 신호는 유전자 활동을 제어한다. 환경적으로 유도된 신호는 멤브레인 스위치를 활성화하여 세포핵으로 2차 신호를 보낸다. 핵내에서 2차 신호는 유전자 청사진을 선택하고 특정 단백질의 제조를 제어한다. 후성유전학 메커니즘은 유전자 판독 값을 편집하여 동일한 유전자 청사진에 대해 3만 개가 넘는 서로 다른 단백질 변형을 생성할 수 있다. 후성유전학은 유전자 활동과 세포 발현이 DNA 내부에 존재하는 물질이 아니라 환경이 제공하는 정보에 의해 조절되는 방식을 설명한다.

체계의 수준이 더 높아질수록 제한은 훨씬 더 심각해진다. 예를 들어, Bt 가지는 해충 방제 방법으로 제시되고 있다. 독소를 생산하는 유전자를 항생제 내성 표지, 바이러스 촉진자와 함께 식물에 삽입하는 것이다. 이와 같은 행위는 JCB 중장비를 사용하여 집 벽에 구멍을 내는 것과 같다. JCB 중장비가 벽을 뚫는 것처럼 유전자 이식을 통한 유전자 변형은 유기체의 물질대사와 자기 조절 과정을 방해한다. 유전공학은 JCB 중장비와 같은 '첨단 기술'이다. 그러나 농업의 생태학적 구조를 유지하면서 해충을 방제하는 민감한 작업을 수행하기에는 매우 조잡한 기술이다. 해충은 생물다양성을 통해 방제할 수 있다. 해충은 해충과 질병에 대한 회복력을 구축하는 유기적 농법을 통해 방제하는 것이 바람직하다. 나브다냐에서는 살충제를 사용하지 않는다. 그러나 해충도 없다. 안드라프라데시주 정부는 살충제를 사용하지 않는 농업 관리 사업을 추진하고 있다. 그리고 지금까지 140만 에이커에서 사업이 성공을 거뒀다.

유독성 유전자를 식품에 넣는 조잡한 기술을 대체할 과학적인 대안은 농생태학이다. 동료 연구 검토인 '국제농업지식과학개발기술평가IAASTD'가 전 세계를 대상으로 조사한 내용에 따르면, 농생태학을 토대로 한 농업 체계의 성과가 유전공학에 바탕을 둔 농업 체계의 성과보다 더 우수한 것으로 나타났다. 후생유전학과 농생태학은 미래를 위한 과학이다. 환원주의 생물학은 과거의 원시 과학이다.

독성 물질 판매, 사기 과학, 생명 강탈

—

20여 년 전 몬산토는 GMO Bt(바실러스 튜링겐시스Bacillus thuringiensis) 목화를 들고 인도에 상륙했다. 그 뒤 몬산토는 여러 법을 어겼고, 비과학적이고 엉터리인 주장을 펼쳐 농민들을 기만했다. 인도의 특허법과 지식재산권법을 위반하고 불법적으로 로열티를 징수하여 막대한 이익을 편취했다. 이로 인해 농민들은 막대한 빚에 허덕이다가 자살로 내몰렸다. 농민들은 살충제 중독으로도 목숨을 잃고 있다. 목화다래벌레bollworm를 방제하는 Bt 목화의 해충 방제 기술이 실패함에 따라 새롭게 등장한 여러 '강력한 해충'을 방제하려면 살충제를 과도하게 사용하는 수밖에 없기 때문이다.

몬산토가 Bt 목화를 불법적인 방법으로 인도에 들여온 것은 1995년이었다. 인도에서는 GMO가 규제 대상이다. '환경(보호)법'(1986)의 하위 규칙인 '유해 미생물, 유전자 조작 유기체 또는 세포의 제조, 사용, 수입, 수출, 저장에 관한 규칙'(1989)의 적용을 받는다. 1995년 3월 10일 인도에서 몬산토를 지원하는 협력업체 마히코Mahyco는 Bt 목화 종자 100그램을 수입했다. 마히코는 생명공학부 산하 유전자 조작 검토위원회RCGM의 허가를 받았다. 그러나 인도에서 유전자 조작 물질(이 경우에는 종자)의 수입을 허가하고 현장 시험 및 상업적 출시를 승인할 수 있는 기관은 환경, 삼림 및 기후변화부 산하 유전공학 승인위원회GEAC가 유일하다.

1998년 마히코-몬산토는 인도의 9개 주, 40개 지역에서 40에이커가 넘는 대규모 다중심多中心 노지露地 시험을 시작했다.[25] 이와 같은 현장 시험 역시 유전공학 승인위원회의 허가를 받지 않고 진행되었다.

2002년 유전공학 승인위원회는 마침내 Bt 목화의 상업적 재배를 승인했다. 승인 근거는 Bt 목화가 해충인 목화다래벌레 방제 기술을 갖추고 있다는 것이었다. 인도는 '특허법'(1970) 제3조 H항과 J항에 따라 종자 특허를 금지하고 있다. 그럼에도 불구하고 몬산토는 엉터리 주장을 퍼뜨리면서 종자를 독점했다. 몬산토는 종자 독점으로 인해 농민들이 막대한 빚을 지게 될 것이라는 사실을 알고 있었다. 그러나 마하라슈트라주에서 농민 자살이 전염병처럼 번지기 시작했을 때도 몬산토는 약탈 정책을 멈추지 않았다(자살로 생을 마친 농민은 30만 명이 넘는다. 그 가운데 약 85퍼센트가 마하라슈트라주에서 발생했다. 마하라슈트라 주에서는 몬산토의 종자 독점 비율이 99퍼센트에 달한다[26]).《아웃룩》(2017년 3월)의 기사에 따르면 Bt 목화가 합법화된 이후 몬산토는 농민들로부터 700억 루피에 달하는 로열티를 징수한 것으로 나타났다.

종자를 독점하는 행위와 높은 종자 가격으로 인해 몬산토에 맞서는 사람들이 나타났다. 2005년 8월 30일 안드라프라데시 주 리오투 상함 지역에서 활동하는 어느 농민단체는 독점 및 제한 무역 실무위원회MRTPC(현재 인도 경쟁위원회)에 문제를 제기했다. 안드라프라데시 주정부가 이 사건에 뛰어들었고 우리도 개입했다. 독점 및 제한 무역 실무위원회는 마히코-몬산토 바이오테크(인도)MMBL가 사실상 Bt 목화 기술의 로열티를 마음대

누가 지구를 망치는가

로 청구할 수 있는 지위에 있고 패킷당 1250루피라는 형질 가치를 산출한 합리적인 근거를 제시할 수 없다는 사실을 확인했다. 2006년 5월 11일자 잠정 명령에서 독점 및 제한 무역 실무위원회는 다음과 같이 언급했다. "기본적으로 로열티와 형질 가치 사이에 격차가 있다. (…) 그리고 (로열티와 형질 가치는) 동의어가 아니다. (…) 어떠한 경우에도 일시금으로 지불하는 500만 루피는 로열티로 간주될 수 있지만, 향후 판매에 따른 지불금은 로열티로 간주될 수 없다. (…) 독점 및 제한 무역 실무위원회는 가처분에 의거 이 사건이 계류 중인 동안 Bt 목화 종자 450그램당 900루피라는 형질 가치를 부과하지 말고 합리적인 형질 가치를 정하도록 명령한다."

2015년 인도 정부는 인도 경쟁위원회를 통해 몬산토의 목화 종자 독점에 반대하는 소송을 제기했다(사건번호 02/2015, 107/2015). 인도 경쟁위원회는 독점의 증거를 확인하고 조사에 착수했다. 조사 결과 인도 경쟁위원회는 몬산토가 과도한 형질 수수료를 부과하고 있을 뿐 아니라 2차 라이선스 계약에 부당한 조항을 추가하여 목화 종자를 독점하고 있다는 사실을 확인했다. 몬산토는 즉시 델리고등법원(2016년 사건번호: WP[C]1776)에 인도 경쟁위원회가 부과한 가격 규제와 '특허법' 제3조 J항에 이의를 제기했다. 그 조항은 종자, 식물, 동물을 특허 대상에서 제외하는 조항이다.

Bt 목화가 상업화되고 14년이 지났다. 인도 정부는 GMO 품종이 근본적으로 실패했다는 사실을 인정했다. 2016년 1월 23일 델리고등법원에 제출된 진술서에는 다음과 같이 명시되어 있다.

분홍 목화다래벌레는 목화 작물에 발생하는 주요 해충으로, 지난 2~3년 사이 내성을 가지게 되었다. 높은 가격에 구입한 Bt 목화 씨앗을 파종한 농민들에 대한 우려가 크다. (…) 분홍 목화다래벌레가 발생하여 작물이 피해를 입고 있다. 세월이 흐를수록 기술의 효용성이 떨어지므로 기술에 대한 로열티도 줄어드는 것이 자연스러운 현상이다. (…) 현재 마히코-몬산토 바이오테크가 목화 종자에 부과하는 로열티는 인도 농민들이 감당할 수 없을 만큼 높은 수준이다. 마히코-몬산토 바이오테크가 Bt 목화 종자를 거의 독점해온 탓에 시장 실패가 나타났다.

2002년 목화다래벌레에 Bt 독소 내성이 생겼다는 사실이 세상에 알려졌다. 그 뒤 목화다래벌레가 Bt 독소 내성을 지녔다는 사실을 입증하는 과학적 증거가 추가 수집되었다.[27]

Bt 목화의 방제 효과가 사라지면 Bt 내성 싹벌레budworm와 목화다래벌레가 출현하여 목화 재배 농민에게 실질적인 위험을 안긴다. Bt 독소는 식물 구석구석에 자리 잡은 모든 세포에 퍼져 있다. 따라서 해충은 차츰 Bt에 내성을 가지게 되고 결국에는 '초강력 해충'이 발생하여 더 많은 살충제를 사용할 수밖에 없게 된다. Bt 목화는 목화다래벌레 방제에 실패했을 뿐만 아니라 새로운 해충 출현에 기여했다. 따라서 인도에서 목화를 재배하는 농민들은 더 많은 살충제를 구입해서 사용할 수밖에 없었다. 농민들은 빚을 지게 되었고 빚을 감당하지 못한 많은 농민들은 스스로 목숨을 끊었다.

농민들은 살충제 중독으로도 목숨을 잃고 있다. 마하라슈트라 정부는 농업 위기에 대응하기 위해 바산트라오 나이크 셰트카리 스와발람반Vasantrao Naik Shetkari Swavalamban 태스크포스 팀을 운영하고 있다. 이 팀의 키쇼르 티와리 팀장에 따르면 2017년 9월 비다르바 지역에서 9명의 농민이 살충제 중독으로 사망했다. 다른 4명은 시력을 잃었다. 또 다른 70명은 야바트말에 자리 잡은 바산트라오 나이크 정부 대학병원에서 치료를 받고 있다. 이 모든 일은 유독성 살충제를 살포한 후 벌어진 것이다.[28] 불과 며칠 만에 사망자는 35명으로 늘어났다. 정부는 살충제 회사를 과실치사 혐의로 기소했다.[29] 티와리 팀장은 살충제 중독으로 인한 사망에 몬산토의 법적 책임이 있다고 분명하게 언급했다. Bt 목화가 방제에 실패하면서 더 많은 살충제를 사용하게 되었고 그것이 사망 원인을 제공했기 때문이다.

2017년 10월 데벤드라 파드나비스 마하라슈트라주 총리는 특별조사팀SIT을 구성하고 조사를 명령했다. 살충제가 해충을 방제할 것이라고 주장한 살충제 제조업체를 과실치사 혐의로 기소하기 위해서였다. 그러나 Bt 목화가 해충을 방제할 수 있으므로 살충제를 사용하지 않아도 될 것이라는 주장을 처음 내민

것은 몬산토이다. 따라서 몬산토부터 과실치사 혐의로 조사해야 한다.[30]

몬산토: 라운드업 레디 Bt 목화 불법 재배

몬산토는 인도에서 Bt 기술의 처참한 실패를 맛보았다. 그럼에도 불구하고 몬산토는 또 다른 유독성 제품인 라운드업 레디 Bt 목화를 인도 시장에 들이밀고 있다. 이번에도 역시 상업적 출시 승인을 받지 않았다. 라운드업은 글리포세이트 기반 제초제다. 세계보건기구는 글리포세이트를 '2등급 발암물질'로 선언했다. 포장에는 볼가드-IIBollgard-II로 표시되어 있지만 내용물은 라운드업 레디 Bt 목화가 들어 있다. 모두 불법이다. 2017년 처음으로 라운드업 레디 Bt 목화 오염이 보고되었다. 그 뒤 비다르바 지역의 농민들은 여러 지역에서 샘플을 수집하여 나그푸르에 자리 잡은 '중앙목화연구소'에 연구를 의뢰했다. 경작지 여섯 곳에서 수집한 목화 다래에서 라운드업 레디 플렉스 양성 반응이 나왔다. 라운드업 레디 Bt 목화가 존재한다는 증거였다. 라운드업이 잡초 방제 기술로 홍보되는 국가, 라운드업과 짝을 이루는 라운드업 레디 작물을 널리 재배하는 국가에서 라운드업 레디 Bt 목화는 건강을 위협하는 주요 요인으로 자리 잡았다. 미국의 경우 암 환자 수천 명이 몬산토를 고소한 상태다. 유럽에서는 라운드업을 금지하려는 강력한 움직임이 일고 있다.

몬산토는 비다르바 지역과 (인도의 또 다른 주요 목화 생산지인)

누가 지구를 망치는가

안드라프라데시주에서 허가도 받지 않고 라운드업 레디 Bt 목화를 퍼뜨려왔다. 2017년 10월 안드라프라데시 주정부는 공무원들에게 라운드업 레디 Bt 목화의 불법 확산을 감시하라고 명령했다. 그러나 그 명령은 어느 날 갑자기 철회되었다.[31]

마히코-몬산토는 유전공학 승인위원회에 접수한 라운드업 레디 Bt 목화 품종 승인 신청을 철회했다. 2007년부터 진행해온 작업이었다. 규제 당국인 유전공학 승인위원회에 보낸 서한에서 몬산토는 Bt 목화가 인도 농민들의 삶을 변화시켰다고 밝혔다. 그러면서 인도의 '필수상품법', '종자가격통제명령'과 더불어 '특허법' 제3(J)조에 규정된 특허와 로열티 징수 배제를 공격했다. 이와 같은 법과 규정은 모두 신뢰할 수 있고 저렴한 종자를 사용할 농민의 권리를 보호하기 위해 존재하는 것이다.

2001년 구자라트주에서 Bt 목화의 불법 재배가 발견되었을 때 유전공학 승인위원회가 취한 조치를 라운드업 레디 Bt 목화의 불법 재배에도 적용해야 한다. 2001년 구자라트주의 아메다바드에 자리 잡은 기업인 나브바라트 시드는 나브바라트 151Navbharat 151이라는 상표를 내세워 Bt 목화의 불법 재배를 조장했다. 당시 유전공학 승인위원회는 재배 중인 목화를 제거할 것을 명령했다. 전례 없는 강력한 대응이었다. 나브바라트는 델리고등법원에 이의를 제기했다. 규제 당국인 유전공학 승인위원회는 법원에 제출한 문서에서 다음과 같이 언급했다.

재배 중인 목화만 제거하는 것이 아니라 이 목화에서 수확한 종자도 없애야 한다. (…) 유전자 변형 목화가 생산되기 때문이다. 유전자 변형 목화가 미칠 수 있는 다양한 영향(예: 포유류에 대한 알레르기 유발 가능성 등)에 대한 시험이 이루어지지 않았다. 사전예방원칙에 따르면 효과가 알려지지 않은 제품은 시장에 출시되지 않아야 한다. 이 목화는 겉보기에 다른 목화와 다를 바 없기 때문에 일반 목화와 뒤섞이게 될 것이고 역효과를 억제하기 어려워질 것이다. 이 문제를 해결하는 유일한 방법은 이러한 방식으로 재배되는 목화를 제거하고 종자를 없애버리는 것이다. 농민들이 피해를 보고 있는 만큼 본인의 의사와 관계없이 본 제품을 사용하게 된 농민들에게 보상금을 지급해야 한다. 따라서 피해 농민들에게 지급할 배상금 수준을 결정하기 위한 추가 절차가 필요하다. 이 문제가 해결되지 못한 상태로 하루하루 지나가는 것이 환경에 큰 위협이 된다는 사실을 문서로 기록하여 존경하는 재판장님께 제출하는 바이다. (유전공학 승인 위원회 명령에서 발췌)

라운드업과 암 확산

라운드업이 질병, 그 가운데에서도 특히 암의 확산을 초래하고 있다는 세계적인 증거가 있다. 유럽과 미국에서는 이 발암물질의 사용을 금지할 것을 요구하는 목소리가 높아지고 있다.[32] 실제로 유럽의 토양 가운데 45퍼센트가 라운드업에 오염된 것으로 밝혀졌다.[33]

유엔 기관과 독립적인 과학자들은 연구를 통해 특정 화학물질이 암을 유발한다는 사실을 밝혀냈다. 그러나 농산업계는 계속해서 이 화학물질을 홍보하고 있다. 몬산토는 라운드업을 2등급 발암물질로 선언한 세계보건기구를 대대적으로 공격하고 있다. 라운드업과 라운드업 레디 GMO가 암 유발에 기여한다는 연구 결과를 발표한 다른 과학자들도 몬산토의 공격 대상이다.

의학 저널인 《랜싯》에 따르면 글리포세이트에 노출된 쥐에게서 유선乳腺 종양이 유발된다는 연구 결과가 있다. 국제암연구기관도 글리포세이트 노출이 암과 관련이 있다고 밝혔다. 그런데 라운드업은 글리포세이트가 단독으로 존재할 때보다 몇 배 더 유독하다.[34]

미국에서는 혈액암의 일종인 비非호지킨 림프종non-Hodgkin lymphoma 환자 수천 명이 몬산토를 고소했다. 소송을 제기한 사유는 제초제 노출로 인한 부상과 불법행위로 인한 사망이었다. 미국에서 진행되고 있는 소송 가운데 100건 이상이 광역소송으로 통합되어 캘리포니아주 샌프란시스코 연방법원에서 다뤄지고 있다. 미주리주, 델라웨어주, 애리조나주, 그 밖의 주 법원에도 이와 유사한 소송이 개별적으로 진행되고 있다.

몬산토 페이퍼는 내부 이메일, 문자 메시지, 회사 내부 보고서, 연구 메모, 그 밖의 기타 메모를 포함하는 문서 모음을 지칭한다. 이것이 재판 전 조사 단계인 디스커버리Discovery(소송 당사자의 직접 증거 확보를 허용하는 미국식 민사소송 절차) 단계에서 입수

되었다. 몬산토 페이퍼는 몬산토가 라운드업이 발암물질이라는 사실을 인지하게 된 경로를 폭로하는 계기가 되었다. 몬산토 페이퍼에는 몬산토가 라운드업과 암 사이의 연관성을 입증하는 연구 결과를 발표한 과학자들을 공격한 방법과 과학자와 언론인을 매수하여 우호 세력으로 만든 방법이 담겨 있었다. 이에 따르면 몬산토는 과학자와 언론인을 우호 세력으로 포섭하는 것으로도 모자라 '하나도 남김없이Let Nothing Go'라는 내부 프로그램을 통해 인터넷 댓글 부대를 운영하고 있었다. 몬산토가 프랑스 과학자 길에릭 세랄리니를 조직적으로 비방하는 캠페인을 벌인 사실도 드러났다. 세랄리니는 몬산토의 유전자 변형 옥수수와 몬산토의 제초제를 먹인 쥐에서 종양이 증가한다는 획기적인 연구를 발표한 인물이다. 또한 2015년 몬산토가 미국 비즈니스 잡지 《포브스》 기자 헨리 밀러에게 넘겨준 기사 '초안'이 밀러가 《포브스》에 기고한 기사 내용과 동일한 것으로 나타났다. 《포브스》는 기사를 삭제하고 밀러와의 계약을 해지해야 했다.[35]

바움 헤드룬드 아리스테이 골드먼Baum Hedlund Aristei Goldman은 암 환자들을 대변하는 회사다. 이 회사 소속인 브렌트 위스너 변호사는 몬산토 페이퍼에 대해 다음과 같이 말했다.

바로 이것이 커튼 뒤에서 남들의 눈에 띄지 않을 때의 본 모습입니다. 몬산토는 자신에게 불리할 것 같은 연구를 고의로 중단시켰습니다. 기사도 대신 써주었습니다. 몬산토 페이퍼를 보면 그동안

누가 지구를 망치는가

몬산토가 얼마나 많은 불법행위를 저질렀는지 적나라하게 드러납니다. 몬산토는 사람들에게 자사 제품들이 안전하다고 말했습니다. 그와 같이 주장하는 근거로 규제 당국이 안전하다고 보장했다는 사실을 들었습니다. 하지만 몬산토 페이퍼를 통해 몬산토가 미국 규제 당국과 손잡았고 유럽 규제 당국을 호도했다는 사실이 만천하에 드러났습니다.

몬산토는 전 세계 과학자와 규제 당국에 영향력을 행사해 왔고,[36] 독립적인 과학자와 언론인들을 조직적으로 공격했다. 그럼으로써 몬산토는 GMO가 세계를 먹여 살리는 기적의 만병통치약이라는 그릇된 정보를 계속 퍼뜨릴 수 있었다. 더불어 GMO를 하나의 발명품으로 인정받아 특허를 독점하는 일을 계속 정당화할 수 있었다. 몬산토가 주무르는 미디어와 몬산토가 내미는 광고는 '과학'으로 치켜세워졌다. 정부를 장악한 기업은 반대되는 과학적 증거를 외면한 채 GMO 판매를 계속 밀어붙였다. 물론 종자와 생명에 대한 특허를 배제하는 국제적 의무를 준수하면서 시민을 보호하고 생물다양성을 보호하며 생물해적질을 방지하는 법을 제정하고 시행하는 정부도 있다. 그러나 이러한 정부들은 몬산토 같은 기업의 집중 공격을 받는다. 경쟁은 자유무역협정이 내세우는 수사에 불과하다. 현실 세계에서는 독점이 판을 친다.

기후 변화, 빅데이터, 디지털 농업:
1퍼센트가 주장하는 농업의 미래

——

농업에서 세 가지 유형의 융합이 일어나고 있다. 첫 번째는 몬산토와 바이엘 같은 기업의 합병이다. 두 번째는 억만장자가 투자 펀드를 통해 대기업을 인수하는 일이다. 세 번째는 생명공학과 정보기술의 통합이다.

2013년 몬산토는 세계 최대의 기후 데이터 기업 가운데 하나인 클라이밋 코퍼레이션Climate Corporation을 10억 달러에 인수했다. 2014년에는 세계에서 가장 큰 토양 데이터 회사인 솔룸Solum, Inc.을 인수했다.[37] 두 회사 모두 몬산토가 특허를 취득한 GMO 종자를 독점 플랫폼과 결합한다. 이와 같은 플랫폼은 종자와 마찬가지로 몬산토에게 로열티와 초과 이윤을 안겨줄 원천이다.

산업 농업은 기후 불안정에 기여한다. 그러나 클라이밋 코퍼레이션은 농민들에게 이와 관련된 깊은 통찰력을 제공하지 않는다. 클라이밋 코퍼레이션은 기후 변화에 대한 해결책이 우리가 딛고 서 있는 토양에 있다는 사실도 농민들과 공유하지 않는다. 농장에서 재활용하는 유기물이 기후 변화를 가장 효과적으로 완화하고 적응하는 방법이라는 사실을 알려주지 않는다. 대신 클라이밋 코퍼레이션은 '데이터'를 판매한다. 클라이밋 코퍼레이션이 운영하는 웹사이트에는 다음과 같은 내용이 수록되어 있다.

누가 지구를 망치는가

클라이밋 테크놀로지 플랫폼Climate Technology Platformtm™은 이 회사의 독점 기후 기술입니다. 이 기술은 초정밀 지역 기상 관찰, 작물 재배 모델링 및 고해상도 기상 시뮬레이션을 결합하여 농민에게 도움이 되는 도구 모음을 제공합니다. 이 도구 모음을 활용하는 농민은 정밀 농업 제품과 농업 서비스를 통해 위험을 관리할 수 있습니다. 도구 모음에는 정밀 농업 제품과 소프트웨어, 농업 기술 관행, 보험 상품이 포함됩니다. 클라이밋 코퍼레이션의 모바일 SaaS 솔루션인 클라이밋 베이직Climate Basic™과 클라이밋 프로Climate Pro™를 사용하는 농민은 더 나은 정보를 토대로 운영 관련 의사결정을 내려 수익성을 개선할 수 있습니다.[38]

솔룸은 농민들과 함께 일하면서 박테리아, 곰팡이, 지렁이와 같은 토양의 풍부한 먹이사슬을 이해해 나가려는 의지가 없다. 클라이밋 코퍼레이션의 모회사인 몬산토가 인수한 자산에는 솔룸 상표, 토양 시험 지식재산, 아이오와주의 에임스에 자리 잡은 토양 시험 실험실, 솔룸의 노-웨이트 니트레이트No-Wait Nitrate™ 플랫폼이 포함된다. 몬산토가 인수한 솔룸의 자산은 앞으로도 계속해서 화학적 재산과 지식재산으로 기능하면서 토양을 파괴하고 농민들의 목숨을 앗아갈 것이다. 클라이밋 코퍼레이션은 농민들이 하루에도 수백 번씩 의사결정을 한다는 사실을 알고 있다. 또한 자발적이고 자율적인 결정은 스스로 사고하고 자신의 정신을 다스릴 줄 아는 농민만이 할 수 있는 일이라는 사실도 인식하고 있다.

또한 몬산토는 세계 3대 농업장비 회사와 협력해왔다. 바로 디어앤코Deere & Co, CNH 산업CNH Industrial, AGCO이다. 몬산토는 디어앤코와 협력하여 '스파이웨어'를 농장 기계에 포함시키려고 애쓰고 있다. 그러면 농장에서 데이터를 수집할 수 있게 될 것이다. 몬산토는 정보 기술 기업도 사들이고 있다. 그럼으로써 농민들이 몬산토에 더 의존하게 만들 뿐 아니라 농민들을 더 많이 감시할 수 있게 될 것이기 때문이다. 몬산토에게 데이터란 단순히 또 하나의 상품이 아니다. 몬산토에게 데이터는 '인텔리전스'이다.

존 하머는 몬산토 그로스 벤처Monsanto Growth Ventures 전무이사이다(몬산토의 자회사인 몬산토 그로스 벤처는 실리콘밸리 기업 12개를 인수한 벤처 캐피털이다). 존 하머는 허심탄회하게 말한다. "생각해보면 원격 감지(기술)에 대해 많이 알아야 하는 기관은 두 곳인 것 같습니다. 바로 몬산토와 미국 중앙정보국CIA입니다."[39] 존 하머는 위성과 드론 같은 기술을 사용하면 특정 농장에서 일어나는 일을 실시간 동영상으로 제공하여 농장을 감시할 수 있다고 언급한다. 몬산토는 디지털 농업, 데이터 과학, 유전공학을 결합하여 통합농업 시스템 플랫폼을 구축했다. 덕분에 관념과 도구가 더 고차원적인 수준에서 통합되어 식량 안보의 기초로 사용되는 것이 아니라 식량 통제에 활용된다.

생태 농업을 실천하는 농민들은 경험이 풍부하기 때문에 기후 변화와 관련된 문제에 가장 실질적으로 대응할 수 있는 중요한 위치에 있다. 그러나 몬산토가 인수한 클라이밋 코퍼레이션의 설립자 데이비드 프리드버그는 이와 같은 사실을 꿈에도 모른다. 생태 농업을 실천하는 농민들이 지니고 있는 진정한 지식이 진정한 식량과 진정한 영양분을 생산한다는 사실도 전혀 모른다. 프리드버그는 농민을 식량 생산자로 보지 않는다. 프리드버그의 눈에는 농민이 상품을 구입하는 소비자로만 보인다. 그리고 이제 그 농민은 프리드버그의 지원을 받아 몬산토가 판매할 예정인 '기후 데이터'까지 구입해야 하는 소비자로 전락했다.[40]

이제 몬산토에 인수된 클라이밋 코퍼레이션은 전 세계적으로 3조 달러 규모로 추정되는 농산업에 집중하고 있다. 또한 산업 농업에 지원되는 4000억 달러 규모의 보조금이 창출하는 시장과 내부시장 강화를 지원하는 정부 정책에도 눈독을 들이고 있다. 예를 들어, 클라이밋 코퍼레이션은 미국 연방 작물보험 프로그램 제공업체로 공인받았다고 밝히고 있다.

데이비드 프리드버그는 농민들로부터 수집한 방대한 데이터를 독점 프로그램을 사용하여 '빅데이터'로 가공한다. 그런 다음 빅데이터를 토대로 무슨 작물을 재배하면 좋은지, 그 작물을 어떻게 재배하면 되는지 농민들에게 알려줄 수 있다고 생각한다. 이런 생각을 하는 프리드버그가 전 세계의 생물다양성이 얼마나 풍부한지 알 턱이 없다.

최근 독립 과학은 토양과 인간의 장腸에 서식하는 미생물에게도 지능이 있다는 사실을 파악했다. 미생물이 지니고 있는 지식은 이제 막 파악되기 시작한 단계다. 그럼에도 불구하고 1퍼센트의 앞잡이인 금융은 기계론적 사고방식을 발휘하여 미생물이 지니고 있는 지식을 벌써부터 가져다가 마구잡이로 사용하고 있다. 미국 정부 산하 국립 미생물군집 개발사업단NMI은 게이츠 재단과 협력하여 "특정 미생물의 전체 유전체遺傳體 분석 기법, 세포 사이 또는 세포 내 분자 움직임 추적 기법, 특정 생물종을 정밀하게 추가·제거·편집·자극·차단하는 기법을 연구한다. 덕분에 미생물학자는 미생물군집을 정확하게 시뮬레이션하여 시간이 지남에 따라 어떻게 변할 것인지 예측한 다음 그에 따라 수정할 수 있게 될 것이다."[41]

신흥 악덕 자본가와 그들이 세운 디지털 제국

—

빌 게이츠는 현대판 콜럼버스다. 게이츠의 제국은 콜럼버스가 처음으로 식민지를 건설한 뒤 500년 동안 이어져 온 식민 전통의 맥을 잇고 있다. 콜럼버스는 교황, 왕, 여왕의 지원을 받으면서 비非유럽 사회, 비非기독교권 사회의 정복에 나섰다. 명분은 문명화의 임무를 이행한다는 것이었다. 문명화를 통해 "가톨릭 신앙과 기독교의 이름을 드높여 어디로나 확장되고 확산될 수 있도록 지원하고 영혼의 건강을 보살피며 야만족의 나라를 전복하여 가톨릭 신앙을 갖도록 개종시키려 하노라."[42] 과거의 문명화 임무, 즉 비기독교권 문화에 기독교를 전파하는 임무는 오늘날 전 세계의 소규모 농민과 소규모 기업에 GMO와 디지털 독재를 강요하는 문명화 임무로 탈바꿈했다. 빌 게이츠는 유전공학과 디지털 도구를 찬양하고 강요하는 종교의 교황이다. 게이츠 교황이 군림하는 종교는 생물다양성, 다양한 농업, 다양한 경제, 다양한 기술, 다양한 언어, 다양한 지성으로 이루어진 다원주의적 세계에서 생활하는 사람들을 '디지털 야만인'으로 폄하한다. 그리고 이와 같은 사람들을 '문명화'되어야 할 대상, 개종시켜야 할 대상, 1퍼센트의 제국으로 끌어들여야 할 대상으로 지목한다.

기술은 도구 자체보다 더 높은 수준의 목적을 달성하기 위해 물질, 에너지, 정보의 질서를 세우고 변환하는 수단을 창출하는 과정이다. 도구와 도구로서의 기술은 필요에 따라 진화하고 평가되며 수단으로 사용된다. 도구와 도구로서의 기술은 그 자체로 목적이 아니다. 그것들은 선택의 대상이지 강요의 대상이 아니다.

오늘날은 화석연료를 기반으로 하는 산업자본주의 시대이자 '디지털 데이터' 시대다. 이러한 시대에 데이터는 새로운 석유, 즉 1퍼센트의 앞잡이인 금융을 활성화할 새로운 윤활유로 거듭나고 있다. 오늘날 기술은 단순한 도구 그 이상의 의미를 지니게 되었다. 기술은 권력과 통제의 도구이자, 자연 세계와 인간의 관계, 사회와 인간의 관계에 대한 그릇된 담론을 구성하는 수단이다. 이처럼 그릇된 담론 속에서 자연의 창조력과 생산력 그리고 식민 지배를 받는 사람들(여성, 노예, 노동자, 농민)의 기여 는 빛을 잃는다. 오늘날 기술 근본주의는 기술을 폭력적인 산업 도구라는 협소한 틀 안에 가두고 수단과 목적을 뒤바꾸어 주객 을 전도시킨다. 오늘날에는 기술이 고귀한 생태적, 윤리적, 사 회적, 인간적 목적을 달성하기 위한 하나의 수단으로 사용되는 것이 아니라, 산업 기술의 배치와 사용 그 자체가 목적이 된다. 즉 수단에 불과한 기술이 목적이 되는 새로운 종교가 탄생한 것 이다. 한때 산업 농업과 유전공학이라는 수단은 평가 대상이자 선택의 대상이었지만 이제는 종교로 격상되었다. 생태 농업을 실천하는 사람들은 '야만인'이다. 그리고 '야만인'은 문명화시켜 야 한다. 이러한 문명화 임무를 달성하기 위해서는 '야만인'을 산업 농업과 유전공학으로 강제 개종시켜야 한다. 산업 농업과 유전공학은 생태적 기준과 사회적 기준 같은 다른 도구에 의해 평가받지 않는다. 그 대신 기술에 대한 과학적 평가가 필요하다는 사람들의 요구를 '반反과학'이라고 선언한다. 이러한 담론은 합 리적인 과학적 논쟁에서 비롯된 것이 아니라 종교적 근본주의 에서 비롯된 것이다.

오늘날 사회의 입지가 점점 좁아지고 있는 모습에서도 기술 과 관련된 환원주의를 확인할 수 있다. 99퍼센트는 경제적 안전 을 잃었다. 그들이 지닌 다양한 기술, 사고방식, 잠재력, 지성은 디지털 데이터 관리로 환원되었다. 사람들은 기계와 기술의 부속품으로 전락한다.

1퍼센트 경제는 민주주의에 대항한다. 지난 20년 동안 세계화가 진행되었다. 그리고 그 사이 경제적 의사결정이 이루어지는 너른 영역은 사람들의 통제와 의회의 민주적 통제에서 벗어났다. 게임의 규칙은 회사를 소유한 부자들이 정한다. 따라서 경제의 대부분이 기업의 손아귀로 넘어간다. 이처럼 강력해진 기업은 정부를 우회하거나 정부를 부패하게 만들거나 민주주의를 매수한다. 이와 같은 현실은 2010년 미국 시민연합이 제기한 소송 결과에서 극명하게 드러난다. 미국 대법원은 기업이 선거 자금을 지원하는 행위는 기업의 표현의 '자유'를 구성한다고 판결했다. 경우에 따라 1퍼센트는 자신의 재산을 사용하여 필요한 기관들을 매수한 뒤 전 세계의 정책 형성에 개입하고 공공의 우선순위를 왜곡하기도 한다. 그 과정에서 1퍼센트는 민주적으로 검토하지도 않고 공공에 대한 도의적 책임도 지지 않는다. 1퍼센트는 99퍼센트의 부를 통제할 수 있다. 이러한 현실은 경제민주주의와 정의가 무너졌다는 사실을 명확하게 알려준다.

2013년 세계에서 가장 부유한 사람으로 등극했고 2017년 8월 은행에 890억 달러의 자금을 보유한 것으로 알려진 빌 게이츠의 여정을 따라가 보면 1퍼센트가 진행하는 새로운 식민화에 대해 알 수 있다. 2015년 빌 게이츠가 보유한 자금은 816억 달러였다. 이는 2014년 3월의 760억 달러에서 약 60억 달러 가까이 증가한 것이었다. 2014년 3월의 760억 달러는 2013년 3월에 비해 약 90억 달러 가까이 증가한 것이었다. 빌 게이츠는 인류의 50퍼센트가 지니고 있는 부와 맞먹는 부를 통제하는 5명의 남성 가운데 한 명이다. 빌 게이츠는 1퍼센트의 앞잡이인 금융을 창조하고 운영하는 방법을 알고 있다.[43]

빌 게이츠는 재산을 몽땅 기부한 자선가로 자신을 포장했다. 그러나 그는 개인 투자 회사인 캐스캐이드 인베스트먼트Cascade Investment LLC를 소유하고 있다. 오직 빌 게이츠 혼자 투자한 자금으로 구성된 캐스캐이드 인베스트먼트의 운영은 미국 자산 관리 분야에서 가장 영향력 있는 인물 가운데 한 명인 마이클 라슨이 맡고 있다. 이 외에도 캐나다국영철도, 미국 자동차 소매업체 오토네이션AutoNation Inc., 폐기물 관리업체 리퍼블릭 서비스Republic Services Inc. 같은 부동산 회사와 비기술 회사에 막대한 지분을 보유하고 있다. 빌 게이츠는 기부하는 돈보다 더 많은 돈을 벌어들이고 있다.[44]

빌 게이츠와 그가 수행한 역할을 따라가 보면 우리 시대의 거부巨富와 금융계의 큰손에 대해 알 수 있다. 빌 게이츠는 자연과 사회의 자조自組 역량을 파괴한 뒤 지배, 정복, 침략, 독재를 통해 독점 구조를 창출한다. 이때 게이츠는 자신이 소유하고 통제하는 임대료 징수 도구를 활용한다. 게이츠는 이러한 도구를 '혁신'이라는 이중화법으로 표현한다.

빌 게이츠는 기술이라는 종교가 추진하는 새로운 문명화 임무의 중심에 서 있다. 그러나 정작 그가 발명한 것은 아무것도 없다. 마이크로소프트의 베이직BASIC은 초보자용 범용 기호명령 코드Beginner's All-purpose Symbolic Instruction Code를 토대로 탄생한 것이다. 베이직은 1964년 다트머스대학교(미국 뉴햄프셔 주 소재)의 존 G. 케머니와 토마스 E. 커츠가 비과학 분야 학생과 비수학 분야 학생도 쉽게 사용할 수 있도록 설계한 프로그래밍 언어다. 베이직이 도입되기 전에는, 컴퓨터를 사용하려면 맞춤형 소프트웨어를 작성해야 했다. 그리고 그것은 과학자와 수학자만이 할 수 있는 일이었다. 따라서 마이크로소프트 베이직은 세계 최고의 응용프로그램 가운데 하나가 되었지만, 심지어 운영체제조차 다른 사람들이 개발한 것이었다.[45] 빌 게이츠는 소프트웨어의 공유지를 봉쇄한 뒤 특허를 독점함으로써 수십억 달러를 벌었다. 오픈 소스 소프트웨어 운동은 특허 독점에 대응하는 과정에서 시작되었다. 종자 자유 운동이 특허 받은 독점 종자에 대응하는 운동인 것처럼 자유 소프트웨어 운동은 특허 받은 독점 소프트웨어에 대응하는 운동이다.

이제 빌 게이츠는 자신의 경제권력을 활용하여 특허 제국을 확장하고 있다. 그는 특허 취득과 생물해적질을 활용하여 생물 및 지식 공유지를 봉쇄한다. 그는 세계의 생물다양성이 저장된 유전자은행을 통제하여 종자를 통제하려 한다. 농민들이 기후 회복력이 뛰어난 종자를 길러내면 그는 그 종자를 해적질하여 특허를 취득하려 한다. 생물다양성과 농업 부문에서 유전체 특허를 취득하기 위해 디지털 도구를 이용하고 있다. 그는 GMO 식품을 강요하여 식량 공유지를 장악하려 한다. 그는 실패한 GMO를 지원할 뿐 아니라 효과가 없다고 알려진 새로운 GMO를 추진하고 있다. 특히 코넬 과학동맹Cornell Alliance for Science을 통해 Bt 가지, 황금쌀 같은 실패한 GMO 품종을 홍보하고 있다.

소프트웨어 제품은 면세 품목이므로 마이크로소프트는 세금 면제 혜택을 누릴 수 있다. 여기에서 더 나아가 마이크로소프트는 독점의 손길을 전 세계로 뻗치고 있다. 빌 게이츠의 무기는 다이브시크DivSeek, 유전자가위CRISPR, 플로리다주의 유전자 조작 모기이다. 이제 게이츠는 우리의 음식, 우리의 다양성, 우리가 물려받은 유산을 통제하려 한다. 무엇보다도 빌 게이츠는 지구공학이라는 가장 비과학적이고 무책임한 실험에 자금을 지원하고 있다.

1퍼센트의 비전: 하나의 농업, 하나의 과학, 단작, 독점
—

빌 게이츠는 **하나의 농업**을 추진하고 있다. 이에 따라 멕시코 통신왕 카를로스 슬림과 손잡고 스마트폰을 이용하여 농민을 바보로 만드는 일에 나섰다. 스마트폰의 지시를 기다리는 사이 농민은 자신이 짓는 농사, 토양, 종자에 대해 학습할 역량을 잃고 스마트폰의 노예가 되고 만다.[46]

이와 비슷하게 페이스북의 마크 저커버그는 (과거 페이스북이 추진한 무료 인터넷 사업인 인터넷닷오르그internet.org를 재포장한) 프리 베이직스Free Basics 서비스를 활용해 인도 농민들에게 빅데이터를 판매할 방법을 모색해왔다. 프리 베이직스는 페이스북이 여러 통신사업자를 통해 사용자에게 기본 인터넷을 무료로 제공하는 서비스다. 프리 베이직스를 통해 무료로 제공할 정보는 페이스북이 결정한다. 즉 사용자에게 중요한 정보를 사용자가 아니라 페이스북이 결정하는 것이다.

인도에서는 릴라이언스 인더스트리Reliance Industries가 마크 저커버그와 손잡고 프리 베이직스 서비스를 도입했다. 릴라이언스 인더스트리는 통신, 에너지, 식품, 소매, 인프라, 토지 부문에서 사업을 영위하고 있는 인도의 대기업이다. 릴라이언스는 인도 정부로부터 토지를 제공받아서 시골에 휴대폰 기지국을 설치했고 농민들의 토지를 갈취한 뒤 특별경제구역을 조성했다. 결과적으로 릴라이언스는 추가 비용을 들이지 않고도 광대한 농촌, 준도시, 교외에 막대한 사용자 기반을 보유하게 되었다. 농민은 그 가운데에서도 큰 비중을 차지한다. 저커버그는 프리 베이직스 서비스를 홍보하기 위해 10억 루피라는 엄청난 비용을 광고에 쏟아 부었다. 그럼에도 불구하고 인도 통신규제당국은 프리 베이직스 서비스를 당분간 차단하기로 결정했다. 그러나 릴라이언스는 자사 통신망을 통해 프리 베이직스 서비스를 계속 제공하고 있다.

몬산토는 종자에 대한 지식재산 관련법을 제정하고 특허 취득을 추진하여 인도 농업 분야의 종자를 독점했다. 인도의 농업 부문에서 몬산토가 걸어간 길을 인도의 인터넷 자유 부문에서 마크 저커버그가 따라가려고 시도하고 있다. 몬산토와 마찬가지로 저커버그도 사회에서 가장 배제된 인도인을 목표로 삼고 있다. 프리 베이직스 서비스는 인터넷 사용량을 제한하고 통신회사가 제공하는 각종 서비스에 부정적인 영향을 미칠 수 있다는 이유로 처음부터 동영상 콘텐츠 스트리밍을 차단했다. 인도 통신규제당국은 다양한 인도인이 더 쉽게 동영상 콘텐츠에 접근할 수 있도록 서비스를 구성하라고 권고한 바 있다. 따라서 페이스북이 동영상 스트리밍을 차단한 일은 인도 통신규제당국의 권고사항을 무시한 처사다.

인도 통신규제당국으로부터 프리 베이직스 서비스 재개를 허가 받으려면 여러 통신회사가 각자의 이익과 각 협력업체의 이익에 부합하는 방식으로 인터넷을 재정의하는 일은 없어야 할 것이다. 인도 통신규제당국이 금지 명령을 내렸음에도 불구하고 릴라이언스는 대부분 농민으로 구성된 대규모 사용자 집단에게 프리 베이직스 서비스를 계속 제공하고 있다.

펀자브주의 농민이 접근해야 하는 정보를 마크 저커버그가 결정하는 이유는 무엇인가? GMO 기술은 전 세계 곳곳에서 실패하고 있지만 불공정한 시장 정책과 무역 정책의 지원을 받아 여전히 유통되고 있다. 농민이 인터넷을 이용하여 이와 같은 사실을 더 잘 이해하기를 바라서인가? 아니면 인터넷을 통해 농민에게 새롭게 특허를 취득한 화학 분자를 구입해서 작물에 뿌리라고 종용하기 위해서인가?

몬산토와 페이스북도 서로 깊이 연결되어 있다. 종자 기업인 몬산토에 투자한 상위 12개 투자자와 페이스북에 투자한 상위 투자자가 거의 비슷하다는 사실을 보면 알 수 있다. 두 기업에 투자한 상위 투자자 가운데 뱅가드 그룹이 빠질 수 없다. 뱅가드 그룹은 몬산토가 '스마트 트랙터' 부문에서 협력하고 있는 디어앤코의 주요 투자자이기도 하다. 따라서 '몬산토 반대 행진 March Against Monsanto' 안내 페이지가 페이스북에서 삭제된 사실은 그리 놀라운 일이 아니다. 몬산토 반대 행진은 GMO 라벨 부착과 규제를 지지하는 미국의 주요 풀뿌리 운동이고, 행사 안내 페이지를 통해 2013년 8월 몬산토 본사가 자리 잡은 세인트루이스에서 열릴 예정인 집회를 홍보하고 있었다.

식량권은 먹을 것을 선택할 권리다. 식품에 무엇이 들어 있는지 알고, 영양가 있고 맛있는 음식을 선택할 권리다. 기업에서 우리에게 소비하라고 내미는 몇몇 포장 제품 가운데 선택할 권리가 아니다. **인터넷 접근권**은 미디어와 정보를 선택할 권리다. 인간을 풍요롭게 만드는 생태적, 정치적, 경제적, 사회적, 지적 공간을 선택할 권리다. 기업이 우리에게 '기본'이라고 권하는 정보에 접근할 권리가 아니다. 우리가 먹는 것이 무엇인지 알 권리만큼이나 모든 정보에 접근할 권리도 똑같이 중요하다.

1퍼센트는 전형적인 전체주의적 이중화법을 구사한다. 마크 저커버그에게 '무료'는 '민영화'를 의미한다. 기술 기업가인 그가 생각하는 '자유'는 개인정보보호와 거리가 멀다. 그는 개인정보보호를 중요하게 생각하지 않는다. 기업이 창조한 '자유'무역협정과 마찬가지로 프리 베이직스도 시민에게 '무료'로 제공되는 것이 아니다. 진정한 지식은 경험, 상호 연결, 참여에서 나오는 것이다. **빅데이터**는 지식이 아니다. 식품의 미래에 관한 국제위원회의 지식 선언문에 따르면 **하나의 기업**이 생산한 **빅데이터**는 '정보 비만'에 기여한다. 즉 통제 수단에 불과하다는 것이다.

이와 마찬가지로 아프리카의 사막과 열대우림, 산과 해안 같은 다양한 생태계, 다양한 문화에 걸쳐 있는 42개 대학도 **하나의 농업, 하나의 과학** 프로그램을 채택했다. 안타깝게도 이와 같은 행보는 아프리카를 지적으로, 그리고 경제적으로 궁핍하게 만들고 노예로 만드는 길이다.

하나의 농업, 하나의 과학 프로그램은 농업 문제를 해결하는 것이 아니라 악화시킬 것이다. 이와 같이 생각하는 근거는 크게 세 가지다. 우선 **하나의 농업, 하나의 과학**이라는 결과물을 만들어낸 활동 그 자체가 실패작이다. '전문가'라면 모름지기 서로 다른 기후, 다른 생태계, 다른 문화가 안고 있는 문제를 '하나'의 해결책으로 해결할 수 없다는 사실을 잘 알 것이다. 따라서 **하나의 농업, 하나의 과학**을 옹호하는 이들은 인도 북동부에 자리 잡

누가 지구를 망치는가

은 체라푼지의 강우량이 멕시코 오악사카주의 강우량과 다르다는 사실이나 오리건주보다 마하라슈트라주가 더 뜨겁다는 사실을 모르는 사람들이다. 심지어 그들은 농민들이 농작물 재배에 실패하든 성공하든 신경 쓰지 않는다. 그들은 그저 생산자들이 가진 마지막 1달러, 마지막 1루피, 마지막 1랜드까지 쥐어짜는 데에만 관심을 보인다.

농업 대기업이 추진하는 **하나의 농업**은 유엔 산하의 여러 기관이 밝혀낸 사실을 무시한다. 구체적으로는 국제농업지식과학개발기술평가를 꼽을 수 있다. 이 평가는 400명의 과학자로 구성된 팀이 전 세계의 농업 과학과 농업 기술의 역할을 평가하여 기아와 빈곤을 줄이고 사회적·경제적으로 지속 가능한 개발을 촉진하기 위해 기획된 것이다. 이들이 작성한 보고서는 다음과 같은 내용을 언급하고 있다. "제3세계에서 식량 안보를 계속 유지하기 위해서는 지속가능한 체계인 농생태학을 실천하는 소규모 전통 농업을 일으켜야 한다. 정부는 반드시 소규모 전통 농업에 투자해야 한다. 이것이 분명한 증거다."

하나로 똘똘 뭉친 기업들이 전 세계 곳곳에서 공격에 나서고 있다. 빌 게이츠 같은 왕년의 미국 기업 거물들이 앞장서는 가운데 마크 저커버그 같이 자선가인 척 하는 차세대 기업 제국주의자들이 속속 대열에 합류하고 있다. 빌 게이츠와 마크 저커버그의 행보는 소름끼칠 정도로 유사하다. 두 사람 모두 선전 전문가의 도움을 받아 사전에 완벽하게 연습한 뒤 재산을 '기부'

한다고 선전전을 펼쳤다. 저커버그는 '인간의 발전이라는 대의'를 위해 450억 달러를 기부하기로 약속했지만 막대한 자금을 운영할 단체는 아직 구성되지 않았다. 어떤 단체가 구성되든 그 단체는 빌앤멜린다게이츠 재단과 같은 길을 걷게 될 가능성이 매우 높다. 게이츠 재단은 '2017 원 플래닛 서밋2017 One Planet Summit' 회의가 시작되었을 때 기후 협상에 영향을 미칠 만큼 강력한 힘을 지녔지만 아무것도 책임지지 않았다.

2017년 파리기후변화협정 2주년을 기념하기 위해 파리에서 열린 '2017 원 플래닛 서밋'에서 빌 게이츠와 마크 저커버그는 기후 정상회의에 참석한 각국 정부에게 이런 저런 조건을 주문했다. 그럼으로써 두 사람이 얻으려 한 것은 무엇일까? 빌 게이츠가 '획기적 에너지 연합Breakthrough Energy Coalition' 출범을 발표하자 저커버그는 자신의 페이스북 페이지에 다음과 같은 언급을 남겼다. "획기적 에너지 연합은 우리가 에너지를 생산하고 소비하는 방식을 변화시킬 잠재력을 지닌 발상에 투자할 것입니다." 획기적 에너지 연합은 세계 에너지의 생산과 소비 방식에 영향을 미칠 수 있는 28명의 개인 투자자가 수천억 달러를 투자한 단체다.

이와 동시에, 록펠러 재단과 게이츠 재단은 아프리카 녹색혁명 동맹Alliance for a Green Revolution in Africa을 공동으로 설립했다. 아프리카 녹색혁명 동맹은 화학물질과 화석연료에 의존하는 농업으로의 이행을 추진하는 동시에 특허를 취득한 GMO의 사용을 강제하려는 움직임을 보이고 있으며, 그 뒤에는 빌 게이츠가 자리 잡고 있다. 이러한 움직임은 아프리카 농민들이 지하에 남겨둬야 할 화석연료에 대한 의존도를 높이고, 몬산토가 공급하는 종자와 석유화학 제품에 대한 의존도를 높이려는 시도다. 2017년 세계식량상World Food Prize은 아킨우미 아데시나 박사에게 수여되었다. 아데시나 박사는 나이지리아 농업부 장관으로서 아프리카 녹색혁명 동맹 설립에 중요한 역할을 한 인물이다. 시상식은 2017년 6월 27일 미국 농무부에서 거행되었다. 과거 미국 정부와 록펠러 재단은 힘을 모아 인도에 **녹색혁명**을 강요했다. 오늘날에는 빌 게이츠, 록펠러 재단, 미국 정부가 힘을 모아 아프리카에 **녹색혁명**을 강요하고 있다. 1퍼센트의 세계에서 정부는 1퍼센트의 확장을 지원하는 영업사원일 뿐이다.

인도에서 **녹색혁명**이 시작되고 50년이 흘렀다. 그동안 생태과학은 우리에게 지속가능성, 식량 생산 증가, 회복력 개선을 보장하는 데 있어 다양성이 지니는 가치에 대해 알려주었다. 인도 농민들은 20만 가지에 달하는 쌀 품종과 수천 가지에 달하는 밀, 콩류, 유지油脂 종자 품종을 발전시켰고, 수천 가지에 달하는 가지, 바나나, 망고 품종을 발전시켰다. 그러나 결함투성이인 **하나의 과학**을 기반으로 한 **하나의 농업**에서는 인도 농민들이 지니고 있는 다양한 지식이 설 자리가 없다. **하나의 농업**은 다양성에 대해 이해하지 못하고 농생태과학의 기초를 이루는 농민의 지식을 존중하지도 않는 '전문가'에 의해 주도되기 때문이다.

"화학물질과 GMO로 세계를 먹여 살린다"는 그릇된 담론에 부합하도록 생산성과 산출물 데이터가 조작된 결과 지구에 폭력이 가해졌다. 하천의 75퍼센트가 파괴되었고 토양의 75퍼센트가 사막화되고 황폐화되었다. 식물다양성의 93퍼센트가 사라졌고, 수분受粉에 관여하는 곤충의 생물다양성이 위협받게 되었다. 이는 기후변화의 40퍼센트가량에 기여했다. 이처럼 그릇된 담론을 토대로 성립한 산업 체계는 우리가 먹는 음식의 30퍼센트밖에 제공하지 못한다. 우리의 식량 체계에서 산업 농업이 차지하는 비중이 지금보다 더 높아진다면 우리에게는 곧 죽은 행성만 남게 될 것이다. 당연히 식량도 바닥날 것이다.

그들은 말한다, 우리가 아무것도 모른다고.

그들은 말한다, 우리가 후진적이라고.

그들은 말한다, 우리의 머리를 더 나은 것으로 교체해야 한다고.

그들은 말한다, 어떤 학식 있는 사람들이 우리에 대해 이렇게 말한다고.

학식 있다는 그 사람들은 스스로를 재생산한다.

우리의 삶을 바탕으로.

박사님, 이 강독에 무엇이 있을까요?

쌍안경을 꺼내고

안경을 쓰고

볼 수 있다면 보세요.

누가 지구를 망치는가

500가지 꽃,

500가지 감자가

밭에서 자란답니다.

심연 위

그곳은 눈길이 닿지 않는 곳.

그 500가지 꽃은

나의 두뇌,

나의 살.

— 호세 마리아 아르구에다스, 안데스 산맥 케추아족 시인

황금쌀: 맹목은 과학이 아니다

—

황금쌀은 수선화 유전자 2개와 박테리아 유전자 1개를 활용한 유전자 조작 쌀이다. 황금쌀은 노란 빛을 띠고 있다. 쌀에 비타민A의 전구체前驅體인 베타카로틴을 증가시킨 결과 노란 빛을 띠게 되었다고 한다. 이와 같은 이유로 비타민A 결핍을 치료할 기적의 치료제라고 알려졌다.

설령 황금쌀이 성공하더라도 여성이 제공할 수 있는 대안 식품에 비해 비타민A의 제공 효율이 400퍼센트 떨어진다. 다음 가운데 하나만 섭취하면 비타민A의 일일 권장량을 채울 수 있다.

- 시금치 또는 콜라이(비름속屬 식물) 또는 무 잎 2테이블스푼
- 겨자 또는 명아주 잎 4테이블스푼
- 고수 처트니 소스 1테이블스푼
- 민트 처트니 소스 1.5테이블스푼
- 당근 1개
- 망고 1개

이와 같은 대안 식품은 황금쌀에 비해 더 낮은 비용으로 더 많은 비타민A를 제공한다. 게다가 다른 영양소도 제공한다.

황금쌀이라는 신기루를 옹호하고 그럼으로써 GMO 기술의 실패까지 한꺼번에 감추기 위해 2016년 무려 107명의 노벨상 수상자가 동원되었다(그 가운데 한 명은 유령이다. 알프레드 G. 길먼은 2015년 12월 23일 사망했기 때문이다). 모두 황금쌀의 주장에 동조하는 서한에 이름을 올렸다. 이것은 '과학'과는 아무런 상관이 없는, 서툴고 조잡한 선전 행사에 불과했다.

2016년 6월 29일 발표된 노벨 서한이 황금쌀 홍보에 동원되었고, '그린피스와 그 지지자들에게' 다음과 같이 촉구했다. "생명공학을 통해 개선된 작물과 식품에 대한 전 세계 농민과 소비자의 경험을 재검토하고, 권위 있는 과학 기관과 규제 당국에서 밝혀낸 사실을 인정하십시오. 그리고 'GMO' 일반에 대한 반대 캠페인, 특히 황금쌀에 반대하는 캠페인을 그만두기 바랍니다."

하필이면 노벨 서한은 미국 상원에서 GMO 라벨 부착을 막

누가 지구를 망치는가

는 법안이 투표에 부쳐진 날 발표되었다. 비평가들은 이 법을 "미국인들의 알 권리 거부법"이라고 비꼬았다. 이 법은 마이크 폼페이오 하원의원이 발의해 하원을 통과했다. 폼페이오는 도널드 트럼프 미국 대통령 행정부에서 미국 중앙정보국 국장을 지냈고 현재는 국무장관이 된 인물이다.

이미 사망한 과학자의 서명을 도용하는 일은 비과학적일 뿐 아니라 사기의 극치다. 이것이 첫 번째 사기 행각이다. 두 번째 사기 행각은 전문지식을 노벨상 수상자의 '권위'로 대체하려는 시도다. 캘리포니아대학 버클리캠퍼스 필립 스타크 수학·물리과학부 부학장이자 통계학 교수는 서명인으로 이름을 올린 사람들의 전문 분야를 직접 분석한 뒤 트위터에 다음과 같은 말을 남겼다. "노벨평화상 수상자 1명, 경제학자 8명, 물리학자 24명, 화학자 33명, 의사 41명." 그는 과학은 "권위가 아니라 증거에 관한 것"이라고 덧붙였다. "서명인으로 이름을 올린 사람들이 농업에 대해 알기는 할까? 농업 관련 연구를 했을까? 과학은 '믿음'이 아니라 '증명'을 요구한다. (…) 노벨상을 탔어도 여기에서 자유로울 수 없다."

세 번째 사기 행각은 제이 번을 비롯한 몬산토 선전 담당자들이 노벨상 수상자 동원을 조율했다는 사실이다. 제이 번은 몬산토에서 기업 홍보 책임자를 역임한 인물이다. 선전 행사를 과학 논쟁과 담론으로 격상시키려는 행위는 과학 사기다.

네 번째 사기 행각은 근거와 증거를 내미는 대신 인신공격을 벌인 것이다. 진정한 과학이라면 인신공격이 설 자리는 없을 것이다.

다섯 번째 사기 행각은 실패한 과학 실험을 기적으로 포장하고 GMO 기술의 실패를 그린피스 탓으로 돌리는 행위이다. 위싱턴대학교(미주리주 세인트루이스 소재)에서 벼를 연구하는 과학자 글렌 스톤은 다음과 같이 말했다. "쉽게 말해 24년 동안 연구하고 육종育種했음에도 불구하고 황금쌀이 출시되려면 아직 몇 년을 더 기다려야 한다는 것입니다."[47]

글렌 스톤은 다음과 같이 언급했다. "필리핀의 벼 육종 연구소들이 마련한 시험장에서 황금쌀을 재배하는 데 실패했습니다. 필리핀 연구소들은 이 분야의 연구를 선도하는 곳입니다. 심지어 규제 당국인 필리핀 식물 산업국에 승인신청서조차 제출하지 않았습니다." 2015년 필리핀 대법원은 국제쌀연구소IRRI에서 진행 중인 GMO 작물 실험을 잠정 중단할 것을 명령했다.

앨리슨 윌슨 박사는 〈황금쌀과의 작별? 급격한 수확량 손실과 '물질대사 붕괴'를 유발하는 유전자 조작 형질〉이라는 논문에서 다음과 같이 지적했다.

황금쌀은 단 한 번도 상품화되지 못했다. '과잉 규제'와 'GMO 반대 세력'의 격렬한 반대 탓에 시장 진출에 실패했다고 한다. 그러나 최근 인도 과학자들이 수행한 연구를 통해 황금쌀 이식 유전자를 도입하면 예기치 못한 해로운 효과가 나타난다는 사실이 밝혀졌다. 수확

누가 지구를 망치는가

량이 높고 농경학적으로 우수한 인도 쌀 품종이 파리해지면서 발육 이상을 보였다. 수확량이 크게 감소하여 재배에 적합하지 않을 정도였다(볼리비디Bollinedi 외, 2017). 이 연구는 황금쌀 재배, 나아가 우수한 영양성분을 갖춘 GMO 황금쌀 재배는 불가능할 수도 있다는 사실을 시사한다.[48]

모든 식물은 다양한 영양소를 지니고 태어난다. 그러나 산업 농업은 영양가 없는 상품을 생산한다. 산업 농업은 토양의 영양분을 빼앗기만 할 뿐 유기물을 통해 다양한 영양소를 되돌려주지는 않아 토양에 영양분이 부족하기 때문이다. 또 다른 이유는 산업적 농업이 추구하는 단작單作 관행이다. 단작으로 인해 다양한 영양소를 생성하는 생물다양성이 사라졌기 때문이다. '생물 강화'는 작물의 영양을 '증가'시키는 유전공학이다. 구체적으로는 비타민A가 '강화'된 쌀(황금쌀)이나 철분이 '강화'된 바나나 같은 작물을 꼽을 수 있다.

빌 게이츠는 실패한 황금쌀, 거부당한 GMO 가지, 쓸모없는 GMO 바나나를 지원하고 있다. 그는 호주의 어느 과학자에게 자금을 지원하여 철분 강화 바나나를 만드는 데 몰두하고 있다. 명분은 출산 도중 철분 결핍으로 사망하는 여성들을 구한다는 것이다. 그러자 인도 여성들은 'GMO 바나나 거부' 캠페인을 시작했다. 인도 여성들은 현재 재배하고 있는 바나나 섭취에 비해 GMO 바나나의 철분 공급 효율이 7000퍼센트 떨어질 것이라는 사실을 널리 알리고 있다. 인도에서 철분 강화 바나나 기획이 무산되자 빌 게이츠는 우간다에서 비타민A 결핍 문제를 해결하겠다는 기획을 새로 시작했다.

황금쌀이 이른바 '기적의 비타민A 결핍 치료제'로 홍보된 지 어언 20년이 넘었다.[49] 황금쌀 신화가 마지막으로 부활한 것은 '당장 황금쌀을!Golden Rice Now!' 캠페인 소속의 패트릭 무어가 아시아로 파견되어 황금쌀이라는 실패한 약속을 홍보하고 다닐 때였다. 세계 여성들은 '다양성을 추구하는 다양한 여성Diverse Women for Diversity'의 이름 아래 모여들었다. 그리고 2015년 세계 여성의 날에 선언문을 발표했다. 선언문 제목은 〈세계는 여성과 생물다양성이 먹여 살린다. 기업과 GMO가 먹여 살리는 것이 아니다〉였다.[50]

빌 게이츠는 코넬 과학동맹을 설립했다. 코넬 과학동맹의 설립 목적은 실패한 생명공학을 촉진하는 것이다. 그 방법은 실패한 GMO와 관련된 현장의 과학적 증거를 지우고 이를 선전물로 대체하여 지역 농민, 언론인, 과학자를 '반反과학'이라고 공격하는 것이다.

빌 게이츠는 진정한 과학을 감추고 GMO가 실패했다는 현실을 사람들이 모르게 할 목적으로 과학 기관으로 가장한 선전 기관에 자금을 지원한다. 2014년 8월 게이츠 재단은 코넬 과학동맹에 560만 달러를 기부했다. 그리고 2017년에 다시 640만 달러를 '갱신 기부'했다. 빌 게이츠는 코넬 과학동맹에 무려 1200만

달러를 기부한 것이다.[51]

코넬 과학동맹은 GMO 이야기를 날조하기 위해 마크 라이너스를 활용했다. 언론인이자 작가인 마크 라이너스는 과거 GMO 반대를 목청껏 외쳤던 인물이다. 라이너스는 코넬 과학동맹에 새로 합류한 뒤 민중의 목소리를 배제하고 생명공학 산업을 선전하기 위해 세계에서 가장 가난한 나라로 파견되었다. 방글라데시에서 Bt 가지가 실패했을 때 라이너스는 방글라데시로 향했다. 《뉴욕타임스》에 미리 심어놓은 이야기를 활용해 Bt 가지의 실패를 다룬 지역 신문 기사를 감출 목적이었다. 필리핀 농민들이 GMO 황금쌀 실험을 방해했을 때도 라이너스는 필리핀으로 향했다. GMO에 대한 농민의 관점과 목소리에 재갈을 물릴 목적이었다.

확장일로에 있는 빌 게이츠의 특허 제국

생물해적질: 농민들이 길러낸 기후 회복력이 뛰어난 종자의 강탈

빌 게이츠는 입으로는 '혁신'을 부르짖으면서 소프트웨어에서 종자까지 이르는 해적질에 관여해왔다. 2015년 밀라노 엑스포에서 엠마 보니노(이탈리아 전 외무장관)가 주최한 '여성 포럼'에 내가 기조연설자로 초청받았을 때였다. 내가 기조연설을 마친 뒤 패널토론이 이어졌다. 그 자리에서 게이츠 재단을 대표하여 나온 패널은 게이츠 재단이 신기술을 통한 기후 회복력이 뛰어난 작물의 발명에 투자를 아끼지 않고 있다고 말했다. 그에게 어느 농민이 재배하는 품종을 사용하는지 묻자 그는 침묵했다.

기후 회복력은 복잡한 형질이다. 한 유기체에서 다른 유기체로 단일 유전자 형질을 옮기는 조잡한 도구를 통해 '조작'될 수 없다. 농민은 기후 회복 형질을 지닌 종자를 길러낸다. 그리고 그 종자는 공공 유전자은행에 보관된다. 기업과 게이츠 재단이 하고 있는 일은 공공 유전자은행에서 기후 회복 형질을 지닌 종자라고 알려진 품종을 가져다가 유전체 지도를 작성하는 일이다. 그런 다음 유전체의 어느 부분이 기후 회복 형질에 기여하는지 짐작하고 추측한 뒤 특허를 취득한다.

인도 해안 지역에서 농사를 짓는 농민들은 분디, 칼람방크, 루나바카다, 산카르친, 날리두리아, 라바나, 세울라푸니, 도사라쿠다 같은 벼 품종을 진화시켰다. 모두 홍수에 잘 견디고 염분에 잘 견디는 품종이다. 물이 부족한 지역과 물이 부족한 해에도 식량 안보를 유지하기 위해 기장 같은 작물은 가뭄에 잘 견디도록 진화시켜왔다.

나브다냐는 오디샤주에서 사라져가고 있는 다양한 벼 품종을 보존하기로 결정했다. 보존을 위해 생체 내 실험in situ 방법과 생체 외 실험ex situ 방법을 모두 사용하는 생식질生殖質 보존 체계를 활용했다. 아울러 다양하게 개량한 토양, 급격한 기후 변화, 수확량 잠재력, 다양한 생태 기후 조건 등을 고려하여 각 품종의

누가 지구를 망치는가

지속가능성에 대한 실험을 수행했다. 각 품종이 보이는 거동과 반응을 기록으로 남기고 있다. 1999년 5등급 사이클론이 오디샤주 에라사마 지역을 휩쓸고 지나갔다. 이와 같은 지역의 농업을 재건하여 지역 공동체에 힘을 불어넣으려는 노력의 일환으로 특정 쌀 품종의 종자를 선별하게 되었는데, 이때 나브다냐가 진행해온 벼 품종 보존 노력이 큰 도움이 되었다. 2005년 인도양 지진해일이 휩쓸고 간 타밀나두주 나가파티남, 2007년 재난을 겪은 벵골의 난디그람 같은 지역에서도 나브다냐의 벼 품종 보존 노력이 큰 도움이 되었다.

쓰나미 파도가 바닷물을 육지로 끌어올리면서 해저 퇴적물이 육지에 쌓이게 되어 농업에 큰 영향을 미쳤다. 나가파티남에서는 5203.73헥타르가 넘는 농경지가 피해를 입었다. 나브다냐 팀은 나가파티남 지역 공동체의 농업 회복을 촉진하기 위해 재난을 겪은 부락에서 연구를 수행했다. 나브다냐 팀은 염분 내성 벼 품종 세 가지(분디, 칼람방크, 루나바카다)를 피해가 가장 심한 지역의 농민들에게 나눠주었다. 오디샤주의 나브다냐 농민들로부터 총 100퀸들의 종자가 모였고, 이 종자들은 '희망의 씨앗' 프로그램을 통해 발라소르에서 나가파티남에 이르는 1500킬로미터 남짓한 지역에 보급되었다. 이와 같은 세 가지 벼 품종의 수확량은 수확량이 높은 것으로 알려진 다른 어떤 벼 품종보다 훨씬 높은, 무려 세 배의 수확량을 보였다. 2006년 1000킬로미터 남짓 떨어진 인도네시아에서 독일 호엔하임대학교의 프리드

헬름 골텐 교수가 동일한 벼 품종을 재배했을 때는 훨씬 더 우수한 성과가 나타났다.

유전공학을 통해 생명에 특허를 취득하는 방식은 유전체 지도화를 통해 생명에 특허를 취득하는 방식에 빠르게 자리를 내어주고 있다. 오디샤주에 자리 잡은 나브다냐 공동체 종자은행에는 800가지가 넘는 벼 품종이 보존되어 있다. 나브다냐는 필요에 따라 홍수 내성 품종 또는 염분 내성 품종을 증식한 뒤 나눠주었다.

이와 같이 특정 품종의 기후 회복 형질을 진화시키는 데 필요한 '혁신'은 수천 년에 걸쳐 누적적으로 그리고 집합적으로 이루어진 것이다. 따라서 기후 회복력 같은 형질과 해당 형질을 보유한 작물은 공유지다. 그러나 오늘날 이들 형질과 작물은 '과학자'의 '발명품'으로 제시되고 있다. 그 과학자가 한 일은 다음과 같다. 오랜 시간에 걸쳐 농민이 진화시켜온 품종(예: 오디샤주에서 진화된 둘라푸티아 품종)이 지닌 홍수 내성 속성을 Sub1A 또는 침수 내성 유전자로 이름을 바꾼다. 그런 다음 간접선발間接選拔(유전형질 전환이 아님)을 사용해 침수 내성 유전자 Sub1A를 분리하고, 이를 스와르나라고 알려진 벼 품종으로 옮긴다. 이 스와르나는 인도와 방글라데시의 500만 헥타르에서 재배된다. 대부분의 벼 품종은 불과 며칠밖에 홍수를 못 견디지만 스와르나-Sub1은 2주 동안 침수를 견딜 수 있고 수확량도 변함없었다고 발표한다.

유전적 환원주의에 근거한 이러한 주장은 과학적으로 결함이 있는 주장이다. 왜냐하면 홍수 내성은 염분 내성과 가뭄 내성 같은 다른 기후 회복 형질과 마찬가지로 다중 유전 형질이기 때문이다. 기후 회복 형질은 '하나의' Sub1A는 유전자로 식별할 수 없다. 기후 회복 형질은 '유전자'가 아니다. 그렇기 때문에 침수 내성 1(Sub1) 양적형질자리Quantitative Trait Locus(QTL)라고 지칭해왔다.

간접선발이 하는 일은 다음과 같다. 형질을 공유하는 품종에 항상 연계된 유전자 서열을 확인한다.[52] 그런 다음 이와 같은 품종을 선택하여 스와르나 같은 품종과 전통적인 방식으로 교배한다. 여러 형질들을 길러낸 농민들은 기후 회복 형질을 길러내기 위해 시장지향적인 선택을 할 필요가 없었다. 바로 이것이 지식 체계의 다양성과 다원성을 인식하고 과정과 유기체를 설명하고 명명하는 언어의 다양성을 인식해야 하는 이유다.

농화학 산업과 생명공학 산업은 농민들이 길러낸 기후 회복력이 뛰어난 작물을 유전체 매핑에 사용한다. 그리고 특허를 취득한 뒤 농민들이 길러낸 형질을 발명품이라고 주장한다. 그러나 이것은 육종育種이 아니라 해적질, 즉 생물해적질이다. 바로 이와 같은 방법으로 게이츠 재단은 인도 농민들이 길러낸 홍수 내성 쌀에 대한 생물해적질을 빌 게이츠가 자금을 지원한 '혁신'으로 재정의한다.

기업들은 작물과 관련하여 1500개가 넘는 기후 회복력 특허를 취득했다. 2014년에 인도 특허청은 몬산토의 특허 출원을 거부했다. 몬산토가 농민들이 수천 년에 걸쳐 쌓은 육종 지식을 적용하여 진화시킨 작물 품종이 지닌 추위 내성, 염분 내성, 가뭄 내성 같은 기후 회복 형질에 대해 특허를 출원했기 때문이다. 몬산토는 이러한 형질을 유전적으로 조작해서 얻은 것이라고 주장하지만 현실은 생물해적질에 불과하다. 특정 형질을 선택하여 기르는 농민은 자신이 무슨 일을 하고 있는지 정확하게 알고 있다. 그러나 기업은 자신이 무슨 일을 하고 있는지 전혀 모른다. 기업은 컴퓨터 프로그램을 활용하여 유전체의 어느 부분이 어떤 특성에 기여하는지를 짐작한 뒤 유전체 매핑을 수행한다. 오늘날 '민영화를 수행하는 주체'에는 합병을 통해 수를 줄이면서 몸집을 더 불리는 기업뿐 아니라 빌 게이츠 같은 개인도 포함된다.

디지털 해적질: 다이브시크를 이용한 유전자 데이터 '채굴'

2015년 농민이 길러내어 유전자은행에 보관한 다양한 품종의 유전 데이터를 매핑하기 위해 전 세계적인 기획이 시작되었다. 바로 다양성 찾기Diversity Seek(약칭 '다이브시크')이다. 이는 공유지를 '검열'하여 종자 데이터를 '캐내는' 채굴 기획이다.[53]

　다양한 조직이 다이브시크와 협력 관계를 맺고 있다. 대표적으로는 국제 농업 연구를 위한 자문 그룹Consultative Group for International Agricultural Research, CGIAR이 운영하는 여러 센터와 생명공학 산업과 빌 게이츠에 의해 점점 민영화되고 있는 공립대학교(예: 코넬주립대학교와 아이오와주립대학교)를 꼽을 수 있다. 공공 종자은행에는 700만 계통의 작물이 있다. 다이브시크는 이처럼 다양한 종자를 5개의 기업만 소유할 수 있게 만들었다. 게이츠 재단은 코넬 과학동맹을 통해 선전 도구인 코넬 주립대학교에 자금을 지원한다. 빌 게이츠는 아이오와주립대학교에 자금을 지원하여 GMO 바나나를 인간에게 강제로 먹이는 비윤리적인 실험을 수행하고 있다. 또한 게이츠 재단은 다이브시크에 협력하는 다른 조직에도 자금을 지원한다. 구체적으로는 아프리카 농업기술재단과 아프리카-브라질 다이브시크 협력기관에 자금을 지원한다.[54] 이와 같은 유전 식민주의는 유전 공유지를 봉쇄하는 것과 다르지 않다. 대규모 서열화 기획이 진행되고 있다. 예를 들면 G2P-SOL은 가지과科 식물 종자 5만 개를 심층 서열화할 계획이다. 그 밖에도 콩-적응Bean-Adapt 기획, 3000가지 병아리콩 유전체 연구사업3000 Chickpea Genome Initiative이 진행되고 있다. 서열화 대상 식물은 주로 개발도상국, 특히 라틴아메리카와 아시아에서 유래한 식물이다.

수천 년 동안 농민들은 종자를 진화시켜왔다. 과거의 식민주의가 지도를 이용해 남의 영토를 훔친 것처럼 농민들이 직접 진화시킨 종자에 대한 권리는 유전체 데이터베이스를 통한 생물 해적질에 노출될 것이다. 과거의 식민주의가 공동체의 권리를 모두 삭제하고 현지의 모든 법률을 무시하고 위반한 것처럼 다이브시크는 '생물다양성협약'과 일부 식물의 경우 '식품과 농업에서 식물 유전자원에 관한 국제조약'에 따라 정해진 모든 접근과 이익 공유 규정을 우회하려고 하고 있다. 2015년 10월에 개최된 '식품과 농업에서 식물 유전자원에 관한 국제조약 제6차 이사회'는 다이브시크 기술의 정책적 함의에 대한 보고를 요청하는 내용을 담은 결의안을 채택했다. 그러나 주요 다이브시크 회원은 이 결의안의 요청을 무시하려는 경향을 보인다.

다이브시크는 농민의 권리를 무시한다. 다이브시크는 생물다양성을 보호하고 접근에 대한 의무를 부과하는 조약을 무시한다. 그러면서 신젠타로부터 얻은 영감을 바탕으로 계략을 꾸미고 있다. 그들의 속셈은 국제 유전자은행에서 농민들이 길러낸 종자의 서열 데이터에 접근할 권한을 판매하는 것이다.

이스라엘 기업인 에보진Evogene Ltd.은 식물 유전체를 읽는 컴퓨터 프로그램에 대한 특허를 취득했다. 에보진이 보유한 독점 컴퓨터 가상실험in silico 방법인 '유전자 발견 기술'의 이름은 애슬리트ATHLETE™이다(컴퓨터 가상실험은 생체 내 실험 또는 생체 외 실험과 다르게 컴퓨터 또는 컴퓨터 시뮬레이션을 사용하여 조사를 수행한다). 컴퓨터 데이터베이스이자 컴퓨터 분석 프로그램인 애슬리트의 목적은 최대한 많은 식물종, 식물 조직, 식물 기관, 식물 성장 조건에 관련된 유전자 서열을 비교하여 유전자 기능을 찾아내는 것이다. 에보진은 애슬리트에 발현된 서열 800만 개, '독점 유전자 클러스터' 40만 개, 식물종 30종이 포함되어 있다고 주장한다. 애슬리트는 다양한 기준에 따라 서열을 몇 개 집단으로 나눈 다음 추가 조사할 유전자 후보를 결정한다. 정보에 입각한 선별 과정인 셈이다.

ETC그룹은 〈'기후 유전자' 포착〉이라는 보고서에서 다음과 같이 설명한다.

애슬리트는 방대한 양의 유전체 데이터(대부분 공개된)를 사용할 수 있다. 이와 같은 가용 유전자를 사용하면 선택한 표적 형질과 관련성이 높은 핵심 유전자 후보 목록을 빠르게 추려낼 수 있다. 비유하자면 애슬리트 플랫폼은 수십만 장의 복권 중에서 50~100장의 복권을 추려낼 수 있는 '기계'이다. 그리고 추려낸 복권 가운데에서 당첨 복권이 나올 가능성이 높다.

또한 에보진은 몬산토와도 협력한다. 두 회사가 체결한 계약 내용은 다음과 같다. 몬산토는 에보진이 식별한 다수의 유전자에 대한 독점권을 갖는다. 소문에 따르면 에보진이 식별한 유전자는 작물이 질소를 더 적게 사용하면서도 수확량을 안정적으로 유지할 수 있도록 지원하는 유전자라고 한다. 이들은 가뭄 내성 형질에 대해서도 협력한다. 몬산토와 바스프(세계 3위의 농화학 회사)는 가뭄 같은 불리한 환경 조건에 더 잘 견디면서 수확량이 높은 작물의 공동 연구개발에 15억 달러를 투자하고 있다.

애슬리트와 마찬가지로 다이브시크의 기반은 농민들이 길러낸 종자를 디지털 매핑하는 것이다. 세계 작물다양성재단의 마리 하가는 다음과 같이 언급했다.

농업 생물다양성은 그 어느 때보다 중요하게 되었다. 식량 안보의 전제 조건이기 때문이다. (…) 식물이 자라는 위치에 대한 정보, 식물의 물리적 특성에 대한 정보, 서열화 데이터 또는 식물의 DNA 정보를 결합하여 육종 과정을 가속화할 수 있어야 한다.

코넬주립대학교의 옥수수 유전학자인 에드워드 버클러는 "우리 시대의 가장 큰 문제는 생식질生殖質의 '비물질화'"라고 주장한다. "항상 그랬던 것처럼 생식질은 정보 기술이 되고 있다."

생물해적질 문제를 다루기 위해 국제 수준과 국가 수준의 법률이 제정되고 있다. 일반적으로 생물해적질이란 다국적 기업과 다국적 연구기관이 개발도상국의 생물다양성과 개발도상국 지역 공동체가 보유한 전통 지식을 불법적으로 전유하는 것을 말한다. 이 같은 생물해적질의 정의는 주로 두 가지 측면을 다룬다. ① 생물학적 물질 또는 전통 지식을 보유하고 개발하는 원산지 국가와 토착 원주민 공동체의 승인 없이 이와 같은 자원에 접근하고 사용하는 행위 및/또는 ② 이와 같은 자원을 제공한 국가, 지역 공동체와 이익을 나누지 않거나 이익을 부당하고 불공정하게 나누는 행위. 1992년 생물다양성협약 제15조와 제8(j)조는 이러한 형태의 생물해적질을 명시적으로 금지했다. 보다 최근인 2010년 10월 29일 생물다양성협약 제10차 당사국총회에서 접근과 이익 공유에 관한 '나고야 의정서'가 채택되었다. 나고야 의정서 역시 생물다양성협약 제15조와 제8(j)조가 금지하는 생물해적질을 금지하고 있다. 국가 수준의 경우, 많은 개발도상국이 생물다양성협약의 원칙에 따라 유전적 자원에 대한 접근을 규제하고 이익 공유를 요구하는 법률을 채택하고 있다. 예를 들어 2002년 인도에서는 '생물다양성법'이 통과되었다. 사실 인도는 전 세계적으로 기록된 생물종의 7.8퍼센트를 차지하는 세계 10대 다양성 국가 중 하나이다.

2016년 11월 28일~12월 1일에 이탈리아에 자리 잡은 록펠러재단 벨라지오센터에서 다이브시크 세미나가 열렸다. 세미나에 참석한 전문가 18명은 "판을 뒤엎을 수 있는 파괴적인 잠재력을 갖춘 DNA 서열화 기술, 빅데이터 플랫폼, 고성능 컴퓨팅, 영상 기반 표현형 방법, 유전자 편집 기법, 합성 생물학 개념"에 대해 논의했다. 이 세미나에서 도출된 개념은 〈TWN 요약 보고서-2016〉에 공개되었다.

유전자가위의 사례

유전자가위는 "컴퓨터 사용자가 문서의 단어를 편집할 수 있는 것처럼 유기체의 DNA를 비교적 쉽게 변경하는 방법"이라고 소개되어왔다. 2015년 《포브스》 잡지에 실린 기사에서는 다음과 같이 설명한다. "4년 전만 해도 박테리아가 자신을 감염시키는 바이러스를 공격하는 데 사용하는 효소인 크리스퍼 캐스9 CRISPR-Cas9라는 단백질은 인간에게 알려지지 않았다. 그러나 이제 크리스퍼 캐스9는 어느 과학 연구실에서나 찾아볼 수 있을 만큼 보편적인 것이 되었다. 크리스퍼 캐스9는 지금까지 발명된 DNA 절단과 붙여넣기 방법 가운데 가장 효율적인 방법이다."《와이어드》잡지는 숨이 멎을 것 같은 표지 기사에서 크리스퍼 캐스9를 '창조 엔진The Genesis Engine'이라고 표현했고, 독자들에게 '안전벨트'를 매라고 조언했다. "손쉽게 DNA를 편집할 수 있는 유전자가위가 (…) 세상을 바꿀 것"이기 때문이다.[55]

그러나《네이처 메소드》에 게재된 새로운 연구에 따르면 유전자가위는 쥐의 유전체에 의도하지 않은 수백 가지 돌연변이를 유발했다.[56] 연구에 따르면 1500개가 넘는 단일 염기 돌연변이와 100개가 넘는 더 큰 결실缺失과 삽입이 발견되었다. 연구자들은 컴퓨터의 알고리즘을 이용해 유기체의 유전체를 검사하여 표적 이탈 효과가 나타날 가능성을 찾았다. 그러나 연구자들이 널리 사용하는 컴퓨터 프로그램은 연구에서 밝혀진 DNA 돌연변이 가운데 어느 것도 예측하지 못했다.

현재의 기술 수준으로는 유전체에 단일한 (그리고 유일한) 유전적 변화를 일으키기 위해 유전자가위를 사용하고 정말 의도한 변화가 유발되었는지 확인하는 것은 불가능하다.[57] 프란지스카 피히트너가 언급한 것처럼 "포유류 체계에서 캐스9는 높은 수준의 표적 이탈 효과를 유발한다". 조너선 래덤은 일반 유전자가위가 "의도한 표적에서 최대 5개의 뉴클레오티드로 구분되는 부위에 돌연변이를 유도할 수 있다"고 경고한다. 즉, 유전자 가위는 의도하지 않은 유전체에서 알려지지 않은 부위에 작용될 수 있다.[58]

유전자가위는 유전자 기능의 변화를 불연속적이고 제한적인 것으로 추정할 수 있다고 암시한다. 바로 이것이 유전자가위가 유발하는 세 번째 오류이다. 유전체를 정확하게 편집하여 정확한 생물학적 결과를 도출한다는 개념은 유전자가 단순한 결과를 유발하는 존재라는 개념에 크게 의존한다. 바로 이와 같은 개념이 학교에서 가르치는 유전적 패러다임이자 대중에게 제시되는 패러다임이다. 심지어 이 개념은 분자유전학 연구자들의 사고에서도 큰 역할을 하고 있다.

그러나 유전자에서 형질로 향하는 경로는 앞서 정의된 것처럼 불연속적이거나 단순하지 않다. 그와 같은 경로는 존재하지 않는다. 대부분의 유전자 기능은 생화학적 네트워크와 기타 네트워크를 통해 모호하게 매개된다. 이와 같은 네트워크들은 다른 유전자와 그 변이의 존재, 환경, 유기체의 나이, 우연 등과 같은 많은 조건 요인에 의존하기 때문에 고도로 복잡하다. 그러나 그레고어 멘델 시대 이후의 유전학자들과 분자생물학자들은 '유전의 발견'이라는 더 '중요한' 사업에 집중하기 위해 환경적 변이 요인과 기타 변이 요인을 최소화한 인공 실험 체계를 찾거나 창조하기 위해 분투해왔다.

유전학자들과 분자생물학자들은 자신들의 기대에 위배되는 유기체나 형질을 폐기함으로써 유전자 기능을 결정론적으로 설명하는 입장을 옹호하는 순환 논증을 구성했다. 유전학자들과 분자생물학자들의 패러다임은 유기체와 유전체 사이에서 (양방향으로) 전달되는 정보가 유발하는 엄청난 복잡성을 습관적으로 경시한다. 복잡성을 경시하는 풍조는 유전자와 DNA에 대한 대중의 기본적인 이해에 거대한 편견, 대부분은 제대로 검토되지도 않은 편견을 심어주었다. 이는 유전자가위 같은 유전체 편집 기법에 대한 가정과 예측이 얼마나 신뢰할 수 없는 것인지를 나타낸다. 그리고 이것이 정확하고 예측가능하며 안전하기 때문에 생물안전 규정이 필요하지 않다는 주장도 얼마나 신뢰할 수 없는 것인지를 증명한다.

빌 게이츠 외 투자자 13명은 유전자가위를 토대로 설립된 신생 기업인 에디타스EDITAS에 1억 2000만 달러를 투자했다. 에디타스는 매사추세츠 공과대학과 브로드 연구소의 펭 장 교수가 설립한 회사다. 빌 게이츠 외의 투자자 면면은 다음과 같다. 디어필드 매니지먼트Deerfield Management, 바이킹 글로벌 인베스터스Viking Global Investors, 피델리티 매니지먼트 앤 리서치 Fidelity Management & Research Company, T. 로우 프라이스 어소시에이츠T. Rowe Price Associates, Inc.가 관리하는 펀드와 계정, 구글 벤처스Google Ventures, 특정 고객을 대리하는 제니슨 어소시에이츠 Jennison Associates, 코슬라 벤처스Khosla Ventures, 에코R1 캐피털

EcoR1 Capital, 카스딘 캐피털Casdin Capital, 오메가 펀드Omega Funds, 코웬 프라이비트 인베스트먼트Cowen Private Investments, 알렉산더 벤처 인베스트먼트Alexandria Venture Investments. 주요 투자자는 새로 설립된 BNG0라는 회사로, 빌 게이츠의 과학 자문가였던 보리스 니콜릭이 이끄는 특별 집단이다. 에디타스와 게이츠 재단 모두 마이크로소프트의 억만장자 빌 게이츠가 BNG0를 후원자 가운데 한 명임을 인정한다.[59]

또한 빌 게이츠는 제니퍼 다우드나에게 자금을 지원한다. 제니퍼 다우드나는 연구용 유전자가위 기술인 크리스퍼 캐스9를 다루는 카리부 바이오사이언스Caribou Biosciences의 공동 설립자로 최근에는 질병 치료를 위해 인텔라 테라퓨틱스Intellia Therapeutics를 설립했다. 다우드나와 에디타스는 유전자가위 기술과 관련된 특허 전쟁을 치르고 있다. 빌 게이츠는 특허 전쟁에 참여한 양측 모두에 자금을 지원하고 있다. 특허 전쟁의 승자가 누가 되든 관계없이 유전자가위에 대한 특허를 취득하는 기업에 직접 투자하는 셈이기 때문에 최종 승자는 빌 게이츠가 될 것이다.

하버드대학교가 유전자가위와 관련하여 출원한 특허에는 유전자가위 기술을 사용할 수 있는 50가지 이상의 잡초와 거의 200가지에 달하는 제초제가 포함되어 있다. 이는 주요 농화학 회사에 특허를 라이선스하는 비즈니스 사례가 될 것이다.

에디타스 제약EDITAS Medicine은 문제의 특허 가운데 하나를 라이선스했다. 2016년 에디타스 제약이 브로드 연구소와 하버드대학교에서 제기한 법률문제를 처리하는 데 사용한 비용만 1090만 달러에 달하는 것으로 나타났다. 그 대부분은 펑 장 교수가 발명한 유전자가위에 부여된 특허를 지키기 위한 지출이었다. 2015년에는 470만 달러를 같은 목적으로 지출했다. 에디타스 제약은 성명서에서 다음과 같이 밝혔다. "지식재산에 투자한 덕분에 당사는 유전체 의학을 선도하는 기업이 되었습니다." 브로드 연구소와 하버드대학교에 변제한 비용은 "당사가 두 당사자들로부터 라이선스한 특허권을 계속 추구하고 유지하기 위해 지불한 비용이었습니다".[60]

한편 960억 달러 규모의 독일 제약회사 바이엘은 2016년부터 향후 5년 동안 스위스의 바젤에 자리 잡고 있는 크리스퍼 테라퓨틱스CRISPR Therapeutics에 최소 3억 달러의 자금을 투자할 예정이다. 그럼으로써 혈액 장애, 실명, 선천성 심장병을 치료하는 데 필요한 크리스퍼 캐스9 유전자 편집 기술을 개발할 예정이다. 또한 바이엘은 크리스퍼 테라퓨틱스의 지배 지분을 3500만 달러에 인수하고 있다.[61]

바이엘 크롭사이언스는 아스트라 제네카Astra Zeneca, 네슬레 헬스 사이언스Nestlé Health Science와 함께 플래그쉽 벤처 펀드 V의 전략적 혁신 협력업체가 되었다. 플래그쉽 벤처 펀드 V는 에너지, 물, 농업, 영양 부문에서 보건의료 혁신과 지속가능성 혁신에 중점을 둘 것이다.[62]

유전자가위를 둘러싼 윤리적 문제는 상당히 많다. 《뉴욕타임스》는 다음과 같이 보도했다. "과학자들은 유전자가위 기술이 인간 배아, 정자 또는 난자의 유전자를 변경하는 데 사용될 수 있다고 우려한다. 변경된 유전자가 한 번의 변경에 그치지 않고 자손에게 대대로 전달될 수도 있기 때문이다. 이와 같은 전망은 디스토피아적 미래에 대한 공포를 불러일으킨다. 과학자들이 아기의 지능, 미모 또는 그 밖의 형질을 향상시켜 엘리트 집단을 만들어내지는 않을까 하는 공포다."[63]

서열은 유전체 내에서 자주 반복된다. 그것은 진화의 산물이다. 유전자 편집이 예측할 수 없는 '표적 이탈 효과'를 가질 수 있다는 증거가 쌓여가면서 과학자들은 우려를 표명했다. 예를 들어 유전자가위는 표적 유전자뿐 아니라 유전체의 다른 위치에서 부분적으로 동일한 서열을 가진 다른 유전자를 절단하고 대체할 수 있다. 마지막으로 리카르도 슈타인브레허는 일부 국가의 경우 유전자가위에 대한 규제 공백 상태에 빠져 있다고 지적한다. 2016년 미국 농무부는 유전자가위로 조작된 버섯에 대한 규제를 거부했다. 미국 농무부의 생명공학 규정을 벗어나는 사안이라는 이유에서였다. 유전자가위는 생명공학 산업의 창이 되었다. 생명공학 산업은 유전자가위 덕분에 실패한 GMO 실험을 계속할 수 있게 되었다. 몬산토는 유전자가위를 농업에 적용하기 위해 브로드 연구소와 계약을 체결했다.[64]

빌 게이츠, 생물다양성, 유전자 드라이브, 새로운 GMO:
종결자 기술에서 몰살자 기술로

———

미국 국방고등연구계획국DARPA(미국 국방부 산하 연구 기관)과 빌 앤멜린다게이츠 재단은 미국 국립과학원이 작성한 2016년 보고서 〈유전자 드라이브가 온다: 과학 발전, 연구 탐색, 공공의 가치를 지향하는 연구〉를 후원했다. 이 보고서에서 미국 국립과학원은 다음과 같이 경고한다. "유전자 드라이브 변형 유기체를 풀어놓으면 표적 생물종의 멸종 또는 표적 생물종 개체수의 급격한 감소를 유발할 수 있다."

유전자 드라이브는 '돌연변이 연쇄 반응'이라고 불린다. 비유하자면 생물학적 세계에서 핵연쇄 반응이 일어나는 것과 같다. 《가디언》은 유전자 드라이브를 '유전자 폭탄'이라고 설명한다. 매사추세츠 공과대학교의 케빈 에스벨트는 "어디에든 풀어놓으면 모든 곳에 풀릴 가능성이 높다"고 목소리를 높이며 "당신의 실수로 전 세계에 영향을 미칠 수 있다. 이와 같은 실험을 수행할 권리가 정말 당신에게 있는가?"라고 묻는다.

미국 국립과학원 보고서는 '잠재적 이익'의 사례로 비름속 식물amaranthus culturis을 근절한 경우를 인용한다. 그러나 유전자 드라이브라는 '마법 기술'은 유령 또는 비름속 식물과의 전쟁을 계속 수행해 나가는 데 필요한 미국 국방부의 비밀 '무기'로 남아 있다. 75년 전, 미국 국방고등연구계획국은 군사화된 사고방식에 따라 근절 실험을 시작했다. 덕분에 인류는 드디어 선을 넘게 되었다. 전쟁을 치르면서 개발한 뒤 특허를 받은 화학물질, 화학재료, 화학기술이 비름속 식물에 강제로 적용되었다.

미국 국립과학원 보고서에 명시된 연구 목적과 근거는 다음과 같다.

사례 연구 6: 농업 생산성 향상을 위한 긴이삭비름 통제

목적

미국 남부 농경지에서 잡초를 줄이거나 근절하기 위해 긴이삭비름 Palmer amaranth(명아주라고도 함)에 유전자 드라이브 생성

근거

긴이삭비름은 미국 남부 농경지 전역에 퍼져 있다. 긴이삭비름은 세계에서 가장 많이 사용되는 제초제인 글리포세이트에 내성을 키웠다. 제조체 내성을 키운 긴이삭비름이 미국 남부 전역에 널리 퍼져 있다.

긴이삭비름은 전 세계적으로 초강력 잡초 가운데 하나로 부상했다. 제초제 내성을 지닌 GMO 작물의 실패의 결과, 긴이삭비름이 초강력 잡초가 되었다는 것을 인정하는 대신, 몬산토와 동업자들(투자자, 과학자, 기업, 미국 국방고등연구계획국, 빌 게이츠)

은 검증되지 않은 도구까지 동원하면서 비름속에 속하는 식물 종을 멸종으로 몰아넣는 데 혈안이 되어 있다. 당연하게도 미국 국립과학원 보고서는 '유전자 드라이브가 인체에 미칠 수 있는 해로운 영향'에 대해서도 언급한다.

농업 목적으로 개발된 유전자 드라이브는 인간의 복리에도 부정적인 영향을 미칠 수 있다. 예를 들어, 억제 드라이브가 표적이 아닌 야생종으로 옮겨가게 되면 환경에 악영향을 미칠 뿐 아니라 채소 작물에도 해로운 영향을 미칠 수 있다. 사례 연구 6에 등장하는 긴 이삭비름은 미국에서는 해로운 잡초이지만 멕시코, 남미, 인도, 중국에서는 긴이삭비름이 속해 있는 비름속 식물종을 식용으로 재배한다.

높고 가파른 히말라야 산지에서 인도 북부, 인도 중부, 인도 남부의 평원을 거쳐 동부 해안, 서부 해안, 남부 해안에 이르는 너른 지역에서 비름속 식물은 생명의 그물망을 이루는 중요한 구성원이다. 사실, 히말라야 산지는 '다양한' 비름속 식물을 만나볼 수 있는 '중심지' 가운데 하나다. 비름속 식물의 잎에는 시금치보다 더 많은 철분이 함유되어 있고 맛도 훨씬 더 섬세하다. 쌀겨를 제외하면 비름속 식물에서 나오는 철분 함량은 곡물 가운데 가장 높다. 정제된 밀가루 1킬로그램에 비름속 식물에서 나오는 곡물 가루 1킬로그램을 추가하면 철분 함량이 25밀리그램에서 245밀리그램으로 증가한다. 밀가루와 쌀가루에 비름속 식물에서 나오는 곡물 가루를 추가함으로써 값비싼 영양제, 강장제, 건강 음료, 유명 회사의 생물 강화 밀가루 또는 통조림 시금치를 구입하는 것보다 더 저렴하고 더 건강한 방법으로 영양성 빈혈을 예방할 수 있다.

비름속 식물에서 나오는 곡물에는 복합 탄수화물과 단백질도 매우 풍부해 다른 곡물보다 단백질(중요한 아미노산인 라이신)을 12~18퍼센트 더 많이 함유하고 있다. 또한 다른 곡물의 경우 함유한 단백질의 평균 15퍼센트가 배아에서, 85퍼센트가 배유에서 발견된 반면, 비름속 식물에서 나오는 곡물이 함유한 단백질은 65퍼센트가 배아에서, 35퍼센트가 배유에서 발견된다. 우유를 제외하면 비름속 식물의 곡물은 세상에서 가장 풍부한 칼슘 공급원이다. 쌀에 함유된 칼슘은 10그램, 정제된 밀가루에 함유된 칼슘은 23그램인 데 비해 비름속 식물에 함유된 칼슘은 390그램이다.

산업적 농업은 비름속 식물을 '잡초'로 취급하고 제초제를 사용하여 제거하려고 애써왔다. 그러자 몬산토가 라운드업 레디 작물을 들고 나타났다. 라운드업 레디 작물은 라운드업 살포에 내성을 지니도록 유전자가 조작된 작물이다. 그러면 치명적인 화학물질을 살포해도 GMO 작물만 살아남고 그 밖의 녹색 식물은 죽어버릴 것이라는 계산으로 탄생한 것이다.

금융화, 특허화, 강요된 디지털화

———

21세기 기업 제국은 두 가지 채굴 도구를 찾아냈다. 하나는 '특허'라는 도구이고 다른 하나는 '자본화'(라고 불러야 마땅한) 도구이다. 화학 산업, 생명공학 산업, 종자 산업은 농민으로부터 이윤을 만들어내기 위한 수단으로 생명과 종자에 대한 특허를 '혁신'하고 '발명'했다. 이와 마찬가지로 경제의 금융화라는 두 번째 수단도 편향되어 있다. 금융화는 민중이 실물 경제에서 생산하는 실제 부를 배제하고 주로 자본가들에게만 보상하도록 고안되었다. 현재 금융 경제는 전 세계 실물 경제의 70배 규모다. 1퍼센트의 손에 전 세계의 부가 집중된 것은 특허화, 금융화, 우리 삶이 디지털화된 결과다. 세계화된 기업 권력이 인도의 가정에 슬금슬금 손을 뻗기 위해 가장 최근 사용한 미끼 상술은 갑작스러운 고액권 화폐의 유통 중지 조치였다. 기업은 힘을 모아 강압적인 방법으로 인도에 디지털 경제를 강요하려고 했다. 바로 2016년 말까지 '현금 사용'을 '금지'하는 조치였다. 스마트폰과 신용카드가 없는 사람들은 하룻밤 사이에 '디지털 야만인'으로 전환되었다. 이들은 '문명화'되어야 하는 존재, '디지털 문맹'에서 벗어나 주류로 편입되어야 하는 존재로 전락했다.

2016년 11월 8일 자정 인도 경제에 '고액권 화폐의 유통 중지' 조치가 내려졌다. 이는 민중의 부를 암호 키 뒤에 가둔 뒤 전유하려는 기업의 모험이었다. 민중의 경제는 졸지에 폐쇄된다.

전자결제 체계 운영자가 마음껏 활개를 치도록 내버려둘 의향이 있는 경제 부문만 가동이 허용되는 것이다. 디지털화된 인도의 전자결제 체계는 내스퍼스 그룹Naspers Group이 주무른다.

인도 경제는 90퍼센트 넘게 현금으로 작동한다. 현금이 없으면 민중의 경제는 돌아가지 않는다. 이와 같은 상황에서 하루아침에 전체 화폐의 86퍼센트를 폐기한 뒤 불법이라고 선언하자 대다수의 평범한 인도인들은 막대한 피해를 입게 되었다.

종자에 대한 특허는 종자 보관을 불법으로 만들었다. 덕분에 농민은 졸지에 범죄자로 전락했다. 종자에 대한 특허가 농민을 범죄자로 만들기 위한 부당한 시도였다면 '고액권 화폐의 유통 중지' 조치는 민중이 보관하고 있는 화폐를 불법으로 만듦으로써 인도 실물 경제의 80퍼센트를 차지하는 민중의 경제를 심각하게 교란하려는 부당한 시도였다.

나렌드라 모디 인도 총리와 인도 내각 인사들이 참석한 가운데 'NITI-연속 강연회: 인도의 변화'가 개최되었다. 그 자리에 참석한 빌 게이츠는 연설을 통해 다음과 같이 말했다. "인도 정부는 고액권 화폐의 유통을 과감하게 중지하고 그 대신 높은 보안 기능을 갖춘 새로운 화폐를 도입했습니다. 이와 같은 조치는 지하 경제를 양성화하고 보다 투명한 경제로 나아가는 데 있어 중요한 조치입니다." 나아가 빌 게이츠는 그 결과 디지털 거래가 극적으로 증가할 것이라고 덧붙였다. 덕분에 앞으로 몇 년 안에 인도는 가장 디지털화된 경제로 발돋움할 터였다. 단순히

규모만 큰 것이 아니라 비중 면에서도 가장 큰 규모의 디지털 경제가 될 것이다.[65]

옥스팜은 2016년 1월 '1퍼센트 경제'에 대한 보고서를 발표했다. 보고서에 따르면 전 세계를 선도하는 201개 기업 가운데 188개 기업이 적어도 하나 이상의 조세 피난처에 사업장을 두고 있다.[66] 세계경제포럼과 협력 관계를 맺고 있는 기업 10곳 가운데 9곳 역시 적어도 하나 이상의 조세 피난처를 활용하고 있다. 이와 같은 다국적 기업의 탈세로 개발도상국에서는 매년 적어도 1000억 달러의 비용을 부담하는 것으로 추산된다. 전 세계 곳곳에 퍼져 있는 조세 피난처를 통해 가장 부유한 개인들이 숨긴 자금은 무려 7조 6000억 달러에 달한다. 이와 같은 부에서 창출되는 소득에 세금을 부과할 수 있다면 매년 각국 정부는 1900억 달러의 예산을 추가로 사용할 수 있다(204쪽 표5 참조).

글로벌 저스티스 나우Global Justice Now는 〈빌 게이츠 식 개발: 게이츠 재단은 언제나 선善인가?〉라는 보고서를 발표했다. 글로벌 저스티스 나우가 발표한 보고서는 빌앤멜린다게이츠 재단이 하는 일은 주로 전 세계에 미치는 기업의 힘을 공고히 함으로써 결국 전 세계의 불평등을 악화시키고 말 것이라고 주장한다. 글로벌 저스티스 나우가 발표한 보고서는 게이츠 재단의 탈세와 게이츠 재단이 기업의 이익과 긴밀하게 연계되어 있다는 사실에 대해 심각한 우려를 불러일으켰다.

2012년 미국 상원 보고서에 따르면, 마이크로소프트는 해외 자회사를 이용하여 최대 45억 달러의 세금을 회피했다. 이와 같은 금액은 빌앤멜린다게이츠 재단이 매년 지원하는 자금(2014년 36억 달러)보다 많은 금액이다.

《로스앤젤레스 타임스》는 〈해적질이 윈도우즈를 위한 문을 여는 방법〉이라는 기사에서 빌 게이츠의 말을 인용한다.[67]

중국에서는 매년 약 300만 대의 컴퓨터가 판매됩니다. 그러나 중국인들은 소프트웨어 비용을 지불하지 않습니다. 당장은 아니지만 언젠가는 중국인들도 소프트웨어를 구입해서 사용하는 날이 올 것입니다. (…) 그러나 중국인들이 당장 소프트웨어를 훔쳐서 사용하려고 마음먹고 있다면 계속 그렇게 하기를 바랍니다. 그러다보면 어차피 일종의 중독에 빠지게 될 것이기 때문입니다. 일단 그렇게 되고 나면 향후 10년에 걸쳐 그동안 받아내지 못했던 것을 받아낼 방법을 찾으면 됩니다.

바로 이때 빌 게이츠가 지원하는 결제 포털들이 등장한다.

현금과의 전쟁은 현금을 불법으로 만듦으로써 막대한 이익을 얻게 될 사람들이 펼치는 전쟁이다. 구체적으로는 베터댄캐시얼라이언스Better Than Cash Alliance, 게이츠 재단(마이크로소프트), 오미디야르 네트워크Omidyar Network(이베이eBay), 델 재단Dell Foundation, 마스터카드Mastercard, 비자Visa, 메트라이프 재단Metlife Foundation 같은 곳이다. **녹색혁명**과 마찬가지로 **디지털혁명**은 미국에서 구상되었으며 전 세계 기업, 악덕 자본가, 미국 정부가 협력하여 시작되었다. 석유를 바탕으로 이루어지는 **녹색혁명**은 록펠러재단이 추진했다. 빌 게이츠는 '바이트'를 바탕으로 이루어지는 **디지털혁명**을 추진했다. 둘 중 어느 것도 인도가 주권을 발휘하여 자발적으로 선택한 것이 아니다.

과거에 추진한 화학 농업과 오늘날 추진되는 디지털 결제는 모두 기술 발전의 다음 단계로서 민중이 선택했다고 알려져 있다. 그러나 사실은 둘 모두 강압과 강력한 로비 활동의 결과다. 재정적 비용, 생태학적 비용, 사회적 비용 측면에서 볼 때 더 비싼 도구를 선택하려는 사람은 없다. 사회적으로 그리고 생태적으로 파괴적인 도구는 선택되지 않는다. 따라서 강요될 수밖에 없다.

2016년 10월 14일, 미국 국제개발처는 인도 재무부와 손잡고 '촉진: 현금 없는 결제를 위한 포괄 협력Catalyst: Inclusive Cashless Payment Partnership'의 설립을 발표했다. 인도에서 고액권 화폐의 유통 중지 조치가 내려지기 불과 4주 전의 일이었다. 목표는 "인도에서 현금 없는 결제의 비약적인 발전"이었다. '촉진'의 최고경영자이자 인도에서 가장 중요한 온라인 쇼핑몰인 스냅딜Snapdeal의 전 부사장 바달 말릭은 다음과 같이 말했다.

촉진의 사명은 상인과 저소득 소비자 사이에 디지털 결제가 이루어지지 못하도록 차단하는 다양한 문제를 해결하는 것입니다. 촉진

누가 지구를 망치는가

은 지속가능하고 남들에게 모범이 될 만한 모델을 만들고자 합니다. (…) 정부가 (…) 디지털 결제를 추진해왔지만 상인들에게 디지털 결제를 납득시키는 문제 등 마지막 단계에서 해결해야 할 문제가 여전히 산적해 있습니다. 촉진은 이와 같은 문제에 대해 총체적인 생태계 접근을 원합니다.

2016년 1월 미국 국제개발처의 의뢰로 이루어진 '현금 너머 Beyond Cash'라는 연구는 다음과 같이 밝히고 있다. "소비자와 마찬가지로 상인도 현금 생태계에 갇혀 있어서 디지털 결제에 관심을 가지지 않는다. 디지털 결제를 수락하는 상인이 적기 때문에 디지털 결제에 관심을 갖는 소비자도 적다. 반대로 디지털 결제를 이용하는 소비자가 적기 때문에 디지털 결제에 관심을 갖는 상인도 적다. 은행과 결제 체계 제공업체는 디지털 결제 장비 사용료나 디지털 결제 수수료를 부과한다. 따라서 외부의 강력한 자극이 없으면 디지털 결제를 사용하는 양측이 모두 이익을 누릴 수 있을 만큼 많은 카드를 보급하기가 쉽지 않을 것이다."

미국 국제개발처 인도 사무소 총괄책임자인 조너선 애들레튼은 다음과 같이 언급했다. "인도는 경제를 디지털화하려는 전 세계적인 움직임의 선두에 서 있습니다. 경제의 디지털화를 통해 접근하기 어려웠던 인구에게까지 확대되는 새로운 기회를 창출하고자 애쓰고 있습니다. 촉진은 일상적인 구매에서 현금이 필요 없도록 만드는 과제에 집중함으로써 경제를 디지털화하려는 인도의 노력을 지원할 것입니다."[68]

인도는 하루아침에 국가 경제를 디지털 경제로 탈바꿈하려는 맹목적인 시도에 빠져 허우적대고 있다. 이에 따라 디지털 경제의 정의, 플랫폼과 회선을 통제하는 주체, 돈과 기술의 기본 개념에 대해 숙고할 필요성이 대두되었다. 왜냐하면 이와 같은 것들이 특허를 취득한 체계를 바탕으로 우리의 삶과 자유를 형성하기 때문이다. 디지털 경제로의 인위적인 전환을 추진하는 나렌드라 모디 인도 총리는 "장기적 이익을 위한 단기적 고통"이라는 구호를 내걸었다. 그러나 고통은 단기간에 끝나지 않았다. 이제는 모두가 알게 된 것처럼 고통 대신 얻은 이득은 환상에 불과했다. 장기적인 이익을 평가하려면 다음과 같은 기본적인 질문을 던져야 한다. 장기적 이익은 누구에게 돌아가는가? 무슨 수단을 이용해서 장기적인 이익을 얻는가? 무엇을 위해 장기적인 이익을 추구하는가?

디지털 경제로의 전환이 고액권 화폐를 유통 중지한 진정한 원인이었다. 여기에는 두 가지 수단, 즉 돈과 기술이 결합되어 있다. 그 과정에서 이 두 가지 수단은 인간의 목적으로 격상되었다. 인도의 모든 정부 부처가 모든 인도인이 '디지털 문맹'에서 벗어나도록 총력을 기울이고 있는 또 다른 이유는 무엇인가?

'현금 사용'을 '금지'하여 디지털 경제를 강요하는 것은 일종의 기술 독재다. 인도의 강점은 경제적 다양성과 기술적 다원주의에 있다. 2008년 전 세계 시장이 '적자로 폭락'할 때 인도는 '현금' 덕분에 안전할 수 있었다. 인도인들이 주고받는 화폐에는 다음과 같이 기록되어 있다. "본 지폐를 소지한 사람에게 (…) 금액을 지불할 것을 약속합니다." 이 약속은 인도준비은행 총재의 약속이다. 지역 수준에서 국가 수준에 이르는 인도 경제 전체가 그 약속과 신뢰에 의존한다. 2016년에서 2017년 사이 이루어진 고액권 화폐의 유통 중지 조치는 인도 경제에 대한 이러한 "신뢰를 무너뜨렸다". 그리고 디지털화되지 않은 비공식 경제에 의존하는 수십만 명의 가난한 인도 민중에게 심각한 피해를 입혔다.

현금 경제에서는 100루피를 100차례 교환해도 100루피가 남는다. 디지털 세계에서는 100루피를 100차례 교환하면 디지털 네트워크와 금융 네트워크를 통해 거래소를 통제하는 사람들이 거래가 한 차례 이루어질 때마다 돈을 번다. 이와 같은 방식으로 디지털 경제는 100퍼센트의 경제를 지배하는 1퍼센트의 억만장자 계층을 형성했다. 실제 노동을 반영하는 실제 돈은 순환 경제에서 순환한다. 디지털 화폐는 전 세계 금융 체계를 통해 채굴되고 순환 경제가 작동하는 수익의 법칙을 파괴한다.

2016년 11월 모든 인도인에게 비민주적이고 강압적으로 고액권 화폐의 유통 중지 조치가 내려졌지만 빌 게이츠는 이미 사전에 이를 대비하고 있었다. 이와 유사하게 2017년 7월 1일 자정, 인도에 재화용역세Goods and Service Tax라는 세금이 새로 도입되었는데, 재화용역세 신고 플랫폼인 마이크로소프트 다이내

믹스 AX와 마이크로소프트 애저는 재화용역세 도입 발표 전에 이미 출시되어 있었다.[69]

고액권 화폐의 유통 중지 조치를 통해 강제로 디지털화가 이루어진 몇 달 뒤, 인도 정부가 새로 도입했던 디지털 세금 체계인 '재화용역세'는 인도의 '최대 세금 개혁'으로 일컬어졌다. 마이크로소프트 애저 블로그에서는 재화용역세를 다음과 같이 설명한다. "본질적으로 인도 전역에 새롭게 적용되는 간접세 체계인 재화용역세 도입으로 제조업체에서 소비자에 이르는 모든 영역에서 통합된 단일 공통 시장이 형성될 것이다. 재화용역세는 인도에서 거래되는 재화와 용역에 모두 부과되는 광범위하고 포괄적인 간접세다."

미디어 보도에 따르면 처음에는 기업이 매월 GSTR-1, GSTR-2, GSTR-3 양식을 작성한 뒤 3단계에 걸쳐 보고서를 제출하는 방식이었다. 그러나 2018년 5월 재화용역세 위원회 회의가 열린 뒤 신고방식이 바뀌었다. "현재 3단계로 예정된 신고접수 절차를 매월 1회 신고접수 [절차]로 전환하기로 결정한 것이다. 미디어 보도에 따르면 인도 중앙정부와 인도의 각 주정부는 "신고접수 절차 전환을 적절하게 준비할 수 있도록 보장하기 위해" 6개월 뒤에 새로운 메커니즘을 구현하기로 합의했다. 세계은행이 작성한 〈인도개발보고서〉는 재화용역세에 대해 다음과 같은 결론을 내렸다. "세계에서 가장 복잡한 '재화용역세 체계' 가운데 하나이다. 세율이 가장 높을 뿐 아니라 세율 적용 구간도 가

누가 지구를 망치는가

장 많다." 이와 같은 세금 체계는 변경뿐 아니라 구현 과정도 문제투성이였다.

마이크로소프트 다이내믹스 365 소프트웨어는 이지마이 GST 소프트웨어와 협업했다. 이지마이 GST 소프트웨어는 하리아나주 구르가온에 자리 잡은 회사에서 재화용역세 반환을 위해 설계한 소프트웨어다. 이와 같은 과정에서 스스로를 조직하여 자기생산하는 인도 경제에서 생활하고, 생산하며, 소비하고, 판매하며 구매하는 '디지털 야만인'은 재화용역세 규정을 준수하여 1퍼센트 경제에 임대료를 지불해야 하는 신세로 전락했다.[70]

마이크로소프트 인도법인의 중소기업 솔루션 및 협력업체 총책임자 아미트 쿠마르는 재화용역세에 대해 다음과 같이 언급했다.

인도의 모든 기술 전공자에게 중소기업은 기회의 장입니다. 인도에는 약 4000만 개의 중소기업이 있습니다. 마이크로소프트에게도 인도 중소기업은 기회의 장입니다. 지난 몇 년 동안 마이크로소프트는 '협력 네트워크' 구성을 의욕적으로 추진하면서 인도 중소기업에 다가가려고 노력해왔습니다. 그리고 드디어 한걸음 내딛게 되었습니다. 재화용역세는 인도 중소기업의 기술 채택을 부추기고 가속화하는 계기가 되었습니다.[71]

《포브스》에 따르면 빌 게이츠는 세계에서 가장 많은 자금인 435억 달러를 보유하고, 전 세계 경제, 농업, 보건 정책에 막대한 영향을 미치고 있는 게이츠 재단 때문에 특이 사례로 간주된다. 사실 빌 게이츠는 자선자본주의 모델을 통해 돈의 힘을 무책임하게 사용한다. 사회의 민주적 구조를 우회하고 사용 가능한 다양한 대안을 기각하며 하나의 과학, 하나의 농업, 하나의 역사를 토대로 하는 전체주의적 사고방식을 강요한다. 그럼으로써 자신이 지닌 비전에 따라 미래를 형성해나간다. 그러나 빌 게이츠가 이른바 자선자본주의를 통해 추구하는 것은 다름 아닌 새로운 식민지 개척이다. 《파이낸셜 타임스》는 다음과 같이 기록했다. "수표책에 서명하는 행위를 통해 아마 빌 게이츠는 역사상 그 어떤 개인보다도 더 많은 동료 인간의 삶과 복리에 영향을 미칠 수 있는 힘을 갖게 되었을 것이다." 빌 게이츠는 교황, 왕, 여왕, 모험을 즐기는 상인을 한데 모은 인물이다. 빌 게이츠가 포고하는 칙령은 보건, 교육, 농업, 경제, 금융 등 모든 부문을 형성하고 있다. 빌 게이츠가 강요하는 근본주의적 신념은 특허 취득을 통해 그가 소유하게 된 도구를 숭배하는 것이다.

3억 개에 달하는 생물종, 70억 명 남짓한 인류가 함께 살아가는 행성에서 단 한 사람이 지구의 미래와 인류의 미래를 결정한다는 것은 위험한 발상이다. 그것은 빌 게이츠가 따르는 인간중심적, 환원주의적, 기계론적 가정은 오늘날 우리가 봉착한 생태 위기의 뿌리에 자리 잡고 있기 때문에 지구에 위험하다. 그것은 여성, 토착 원주민, 소규모 농민이 지식 체계와 식품 체계에 기여한 부분을 무시하기 때문에 사회에 위험하다. 그것은 민중의 삶을 지탱하는 경제와 인간이 서로를 보살피고 지구를 보살필 수 있도록 지원하는 다양한 경제를 모른 체하고, 1퍼센트 경제를 유일한 경제로 정의하여 99퍼센트를 경제에서 배제하기 때문에 경제에 위험하다. 그것은 사람들이 자신의 삶과 미래를 형성하는 결정에 참여해야 하기 때문에 민주주의에 위험하다. 단 한 명의 부자가 무엇을 재배하고 먹을 것인지, 스스로를 어떻게 치유할 것인지, 무엇을 배울 것인지, 무엇을 생각할 것인지 결정하는 상황은 민주주의가 아니라 독재다.

앞서 인용한 글로벌 저스티스 나우 보고서는 게이츠 재단이 하는 일이 결국 전 세계의 불평등을 악화시키고 기업의 힘을 강화하는 방향으로 이어질 수 있다고 주장한다. 게이츠 재단은 경제적 부정의와 사회적 부정의에 기여하는 것으로 알려져 논란의 대상이 되고 있는 여러 회사에 투자하여 이익을 얻고 있다. 나아가 몬산토, 듀퐁, 바이엘을 비롯하여 논란의 대상이 되고 있는 많은 회사를 전 세계에서 이루어지고 있는 다양한 친기업적 활동을 통해 적극적으로 지원하고 있다.

게이츠 재단은 농업 기업과 제약회사가 주요 수혜자 가운데 하나인 기획에 자금을 지원하고 종종 그 기업에 바로 투자하는 경우도 다반사다. 게이츠 재단은 자기가 지원하고 투자한 기업의 지속적인 수익성에 관심을 가진다. 글로벌 저스티스 나우 보고서는 빌앤멜린다게이츠 재단이 기업의 이익에 부응하기 위해 일관성 있게 행동한다는 사실을 기업 회전목마에 빗대어 설명한다. 글로벌 저스티스 나우 보고서는 자신의 주장을 뒷받침하기 위해 다음과 같은 사실을 언급했다.

- 수 데스몬드–헬만 게이츠 재단 최고경영자: 선도적인 보건 생명공학 회사인 제넨테크Genentech에서 14년을 근무한 뒤 캘리포니아대학교 샌프란시스코캠퍼스 총장으로 재직했다. 이때 화이자, 바이엘 같은 업계를 선도하는 기업과 연구 협력을 구축하고 지원했다.
- 리 모건 게이츠 재단 최고운영책임자: 과거 글락소스미스클라인GlaxoSmithKline과 제넨테크에서 근무했다.
- 에밀리오 에미니 게이츠 재단 HIV 프로그램 이사: 2015년 화이자에서 최고과학책임자 겸 백신 연구개발 담당 수석부사장을 지냈다. 에미니는 화이자 재직 당시 이미 '게이츠 재단 HIV 팀 수석 자문가'였다. 화이자에 합류하기 전에는 머크Merck의 항바이러스 연구부서 창립 전무이사 겸 머크의 백신과 생물제제製劑 연구 담당 부사장이었다.
- 키스 치그윈 게이츠 재단 규제 업무 부국장: 전 머크연구실험실Merck Research Labs 부사장이었다.
- 게이츠 재단에서 백신개발을 주도한 페니 헤아토: 전 노바티스 백신 및 진단Novartis Vaccines and Diagnostics의 임상 연구개

누가 지구를 망치는가

발 클러스터 글로벌 책임자, 머크연구실험실 백신 임상연구 수석 이사였다.

- 보건, 백신, 의약품 연구개발을 주도한 트레버 먼델 게이츠 재단 글로벌 보건 사장: 과거 화이자에서 임상 연구에 참여했다.

재단의 농업 업무와 커뮤니케이션 업무는 주로 농산업 기업에서 임원을 역임했던 사람들이 주도한다.

- 롭 호르쉬 게이츠 재단 농업 연구개발 팀장: 몬산토에서 25년 동안 근무했다.
- 샘 드라이덴(2017년 사망) 게이츠 재단 농업 개발 책임자: 과거 몬산토, 유니언 카바이드에서 근무(유니언 카바이드 재직 당시 세계 최대 유전자 조작 작물 회사 가운데 하나인 다우 애그로사이언스Dow AgroSciences 설립을 지원). 세계 최대 유전자 조작 종자 회사 두 곳에서 사장 역임. 또한 2005년 몬산토가 인수한 미국에서 세 번째로 큰 목화 종자 회사인 이머전트 제네틱스Emergent Genetics 최고경영자를 역임했다.
- 미구엘 베이가-페스타나(이직) 게이츠 재단 최고커뮤니케이션책임자: 유니레버Unilever에서 글로벌 지속가능성 전략 및 대외 옹호 담당 부사장을 역임했다.

게이츠 재단이 투자한 다른 기업은 광산 기업이다. 구체적으로는 배릭 골드Barrick Gold, BHP 빌리튼BHP Billiton, 프리포트-맥모랜Freeport-McMoRan, 글렌코어Glencore, 리오 틴토Rio Tinto, 발레Vale, 베단타Vedanta이다(2014년 기준, 글로벌 저스티스 나우 보고서에서 인용). 인도에서 베단타는 돈가리아 곤즈 니얌기리 언덕에서 보크사이트를 채굴하려고 시도했다. 지금까지는 그 지역 부족들이 신성한 산을 지키는 데 성공했다.

《가디언》의 보도에 따르면 게이츠 재단은 석탄 대기업에 투자했다. 구체적으로는 앵글로 아메리칸Anglo American, BHP 빌리튼, 클렌코어 엑스트라타Glencore Xstrata, 피바디 에너지Peabody Energy이다. 석유 대기업인 셸Shell, 코노코 필립스Conoco Phillips, 셰브론Chevron, 토털 페트로브라스Total Petrobras, BP, 아나다르코 퍼트롤레움Anadarko Petroleum에도 투자하고 있다. 2015년 6월 빌 게이츠는 재생에너지 기획에 20억 달러를 투자하겠다고 발표했다. 그러나 2015년 10월 빌 게이츠는 화석연료 부문에 대한 투자 철회가 "그릇된 해결책"이라고 말했다. 그러면서 환경운동가들을 비난했다. 환경운동가들이 주장하는 태양광 발전가격이 사람들을 호도하고 있다는 이유에서였다.

게이츠 재단은 농산업 기업인 아처 다니엘스 미드랜드Archer Daniels Midland, 크래프트Kraft, 몬델레스 인터내셔널Mondelez International, 네슬레, 유니레버에 투자한다. 게이츠 재단이 투자한 화학 기업과 제약회사에는 바스프, 다우케미컬, 글락소스미스클라인, 노바티스, 화이자가 포함된다. 음료회사인 코카콜라, 디아지오Diageo, 펩시코Pepsico, SAB밀러SABmiller도 빌앤멜린다게이츠 재단의 투자를 받고 있다. 2014년 빌 게이츠는 5억 3800만 달러 상당의 코카콜라 주식을 가지고 있었다. 또한 게이츠 재단은 보조금을 지원하여 지역 공동체가 코카콜라와 사업 제휴를 맺을 수 있도록 장려한다.

2014년 말 현재 게이츠 재단은 건설회사 캐터필라Caterpillar에 8억 5200만 달러 상당의 금액을 투자했다. 캐터필라는 팔레스타인 점령지에서 이루어지는 인권 유린에 가담한 혐의를 받고 있다. 영국 최대 무기 수출업체인 BAE 시스템BAE Systems도 게이츠 재단이 투자하는 또 다른 기업이다. 게이츠 재단은 2014년 12월까지 맥도날드 주식을 보유하고 있었다. 아르코스 도라도스Arcos Dorados의 주식은 지금도 보유하고 있다. 아르코스 도라도스는 라틴아메리카 최대 퀵 서비스 체인이자 맥도날드 매장을 2602개 운영하는 세계 최대 맥도날드 프랜차이즈이다.

자선자본주의

—

빌 게이츠가 성립시킨 자선자본주의 모델은 자선, 기부와는 아무 관련이 없다. 오히려 이윤, 통제, 갈취와 관련이 있다. 사실 자선자본주의 모델은 투자라는 경제적 모델이자 통제라는 정치적 모델이다. 자선자본주의 모델은 다양성, 민주주의, 대안을 지워버리고 침묵을 강요한다. 원조라는 명목으로 우위를 점하는 과정에서 새로운 시장과 새로운 독점이 형성된다.

2011년 5월 16일 제네바에서 열린 제64차 세계보건총회에서 빌 게이츠는 게이츠 재단이 백신 연구에 자금을 지원하고 있으며 개발된 백신에 대해서는 특허를 취득한다는 사실을 인정했다. 그는 "**지식재산** 측면에서 우리가 하는 일은 사실 아주 간단합니다. 우리는 연구에 자금을 지원하고 사실상 우리가 또는 협력업체가 지식재산을 창조합니다. 우리 재단 자금으로 발명된 모든 것이 더 부유한 국가로 보내지면 지원한 자금에 대한 수익을 얻게 됩니다"라고 말했다.[72]

빌 게이츠는 아프리카에서 유행하는 에볼라 전염병 퇴치를 위해 자금을 지원했다. 빌 게이츠, 애틀랜타에 자리 잡은 미국 질병통제예방센터, 미국 국립보건원은 에볼라 백신에 대한 특허를 보유하고 있다. 2017년 7월 8일 독일 함부르크에서 열린 G20 정상회의에서는 전 세계의 각종 질병 가운데 하필이면 에볼라에 주목했다. 빌 게이츠가 '개발' 자금 지원 의제를 설정하는 방법을 잘 보여준 사례다.[73]

글로벌 저스티스 나우 보고서는 다음과 같이 경고한다.

최근 빈곤과 불평등을 해결하기 위한 활동에 기업이 참여하는 경향이 나타나고 있다. 〈빌 게이츠 식 개발〉 보고서는 빌앤멜린다게이츠 재단이 자금을 우선 지원하는 사업이 주로 빈곤과 불평등 해결에 참여하는 기업이 벌이는 사업이라는 사실을 밝혀냈다. 우리는 이러한 게이츠 재단의 활동이 중립적 자선 전략과 거리가 멀 뿐 아니라 오히려 신자유주의 경제 정책과 기업 세계화를 촉진하기 위한 이념적 약속이라고 주장한다. 직접적인 수혜자는 대기업이다. 특히 농업 부문과 보건 부문의 대기업이 이득을 본다. 이 모든 것이 게이츠 재단이 활동한 결과이다. 그러나 여러 증거를 통해 기업이 제시하는 해결책이 가장 효과적인 해결책은 아니라는 사실을 확인할 수 있다.

빌앤멜린다게이츠 재단은 공격적인 기업 전략을 추진할 뿐 아니라 각국 정부, 학계, 미디어 전반에 걸쳐 엄청난 영향력을 미치고 있다. 그럼에도 불구하고 이와 같은 현실을 비판하는 목소리를 들을 수 없다는 것은 상당히 놀라운 일이다. 글로벌 저스티스 나우는 게이츠 재단의 영향력이 전 세계 구석구석 스며들어 있다는 점에 우려를 표한다. 재단의 정책과 관행을 비판할 국제 개발 부문에서 활동하는 많은 행위자들이 게이츠 재단으로부터 자금을 지원받고 후원을 받은 결과 독립적으로 발언할 수 없게 되었다.

나아가 〈빌 게이츠 식 개발〉 보고서는 다음과 같이 언급한다. "빌앤멜린다게이츠 재단은 다른 자선 재단과 더불어 원조 정책을 재구성하고 있다. 게이츠 재단은 기술에 초점을 맞추고 있기 때문에 정책의 우선순위가 권리와 정의에서 기술관료적이고 '권위주의적인 개발'로 옮겨가는 문제가 발생하고 있다." 예를 들어, 2015년 연례 서한에서 빌 게이츠는 향후 15년 동안 빈곤 국가에서 중대한 돌파구를 보게 될 것이라고 언급했다. 중대한 돌파구는 "새로운 백신과 더 단단한 작물에서부터 훨씬 더 저렴한 스마트폰, 태블릿에 이르는 기술 혁신과 더 많은 사람들에게 이와 같은 것들을 제공할 수 있도록 지원하는 혁신이 주도할 것"이다.

단일한 역사: 1퍼센트가 구축한 환상

모든 것이 안개 속으로 사라졌다. 과거는 지워지고, 지워진 것은 잊혀지고, 거짓은 진실이 되었다.

— 조지 오웰

권력에 대항하는 민중의 투쟁은 망각에 저항하는 기억의 투쟁이다.

— 밀란 쿤데라

공학의 말소는 1퍼센트의 앞잡이인 금융을 창출하고, 금융을 유지하는 데 민주주의가 도움이 된다는 망상을 창출하는 중요한 요소다. 다양한 지식, 다양한 경제, 다양한 민주주의, 다양한 역사의 말소도 여기에 포함된다. 인간이 서로 의존하고 서로 협력하는 가운데 공존하고 공동의 번영과 공동선善에 기여할 수

누가 지구를 망치는가

있는 잠재력은 다양성에서 나온다. 공학의 삭제는 이와 같은 인간의 다양성을 말소한다. 또한 공학의 말소는 과거에 자행되었고 현재에도 이루어지고 있는 식민화의 폭력을 지우는 것이다. 폭력은 진보로 '둔갑'하고 식민화의 모든 단계에서 나타나는 현재의 말소 행위는 '창조'로 '둔갑'한다. 식민 세력의 부와 권력은 식민 지배를 받는 사람들의 빈곤과 배제에 연계되어 있다. 공학의 말소는 이와 같은 연계를 말소한다.

'개발'은 로스토우가 제시한 '발전 단계론'을 바탕으로 생성된 담론의 일부다. 로스토우의 '발전 단계론'에서 식민주의가 유발한 빈곤은 '저개발'로 둔갑한다. 빈곤에 대한 해결책은 외부에서 통제하고 주도하는 '개발'이다. 로스토우의 '발전 단계론'은 식민화를 더욱 부추기는 담론이다.

불량한 벤처기업

빌 게이츠가 추진하고 있는 실험 가운데 가장 무책임한 실험이 지구공학 실험이다. 기후를 수정하는 군사 도구로 출발한 지구공학 실험은 지정학적 전쟁의 일부로 발돋움했다. 게이츠의 지구공학 실험은 날씨와 기후를 의도적으로 수정하여 지구의 기후 체계에 개입하는 것이다. 지구공학 기법에는 일사량 관리와 이산화탄소 제거 또는 온실가스 제거라는 우산 아래 포괄되는 그 밖의 지구 체계에 대한 개입이 포함된다.

빌 게이츠와 다른 억만장자들은 세계적 차원에서 지구공학 실험을 지원한다. 자금을 지원할 뿐 아니라 정부를 상대로 로비도 벌인다. 《가디언》 보고서에 따르면 2009년에서 2010년 미국 정부는 지구공학 연구에 20억 달러가 넘는 보조금 지원 요청을 받았다. 그리고 약 1억 달러를 지출했다.[74]

　《가디언》 보고서는 하버드대학교의 데이비드 키스 교수와 스탠포드대학교의 켄 칼데이라 교수는 '혁신적인 기후 및 에너지 연구 기금'을 운영하기 위해 빌 게이츠로부터 460만 달러가 넘는 자금을 지원받았다는 사실을 밝혔다. 또한 재무 이해관계표를 토대로 데이비드 키스 교수가 매년 빌 게이츠로부터 지원금(금액 비공개)을 받고 있다고 덧붙였다. 아울러 키스 교수는 빌 게이츠와 개인 투자자 머레이 에드워즈가 참여하여 2009년 설립한 지구공학 기업 카본 엔지니어링Carbon Engineering의 사장 겸 지배 주주이다. 빌 게이츠와 머레이 에드워즈는 1000만 달러가 넘을 것으로 추정되는 카본 엔지니어링의 주요 지분을 보유하고 있다. 《가디언》 보고서에 따르면 머레이 에드워즈가 투자한 또 다른 회사인 캐나다 내추럴 리소시스Canadian Natural Resources는 250억 달러를 투자하여 앨버타 주 북부에서 발견된 역청 함유 모래를 원유로 바꿀 계획이다. 켄 칼데이라 교수가 빌 게이츠로부터 연간 37만 5000달러를 받고, 탄소 포집 특허를 보유하고 있을 뿐 아니라 인텔렉추얼 벤처스Intellectual Ventures에서 근무하고 있다고 한다. 인텔렉추얼 벤처스는 빌 게이츠가 일부를 소유하고 마이크로소프트 최고기술경영자를 역임했던 네이선

미어볼드가 운영하는 민간 지구공학 연구회사다.

'침식, 기술, 집중Erosion, Technology and Concentration'을 의미하는 'ETC 직접 행동'의 다이애나 브론슨은《가디언》에서 다음과 같이 말했다.

토론에 참여한 많은 사람들에게서 명확한 이해 충돌을 확인할 수 있습니다. 지구에 지구공학을 적용할 때 활용할 고위험 기술에 대해 연구하는 소그룹과 국제적인 규칙과 규정에 대한 토론을 설계하는 소그룹이 동일하기 때문입니다. 정말 우려스러운 일이 아닐 수 없습니다. 여우에게 닭장을 맡기는 셈이기 때문입니다.

찰스스튜어트대학교 응용철학 및 공공윤리센터 공공윤리 교수이자《지구를 빚는 사람들: 기후공학 시대가 밝아온다 Earthmasters: Dawn of the Age of Climate Engineering》의 저자인 클라이브 해밀턴은《가디언》블로그에 다음과 같은 글을 남겼다.

생태 당파는 지구공학 연구에 투입할 막대한 공적자금을 받아내기 위해 로비를 벌인다. 생태 당파는 사실상 거의 모든 지구공학 연구를 지배한다. 생태 당파는 거의 모든 전문가 심의에 포진해 있을 뿐 아니라 의회와 의회 조사단에서 주요 자문가로 활동해왔다. 유엔 기후변화에 관한 정부 간 패널은 과학자 윤리가 한 데 모이는 기후공학이라는 장에 대해 고심하는 자리다. 그리고 생태 당파의 견해가 유엔 기후 변화에 관한 정부 간 패널에서 이루어지는 논의도 지배할 가능성이 높다.

빌 게이츠는 자신이 보유한 자금 가운데 적어도 450만 달러를 투자하여 성층권을 변경할 수 있는 방법을 연구하고 있다. 구체적으로는 태양 에너지를 반사하고 대양 위 구름을 더 밝게 만드는 방법에 주목하고 있다. 인텔렉추얼 벤처스는 성층권 지구공학 기술에 대한 특허를 출원했다. 2008년 빌 게이츠는 인텔렉추얼 벤처스 관련 인사들과 함께 해양 표층수와 해양 심층수를 혼합하여 허리케인의 강도를 약화시키는 특허를 출원한 바 있다.

〈빌 게이츠 식 개발〉 보고서에 따르면 "《랜싯》과 런던대학교에서 최근 발표한 보고서는 다음과 같은 결론을 내리고 있다. 기후 변화는 '21세기 전 세계 보건에 가장 큰 위협'이다". 지구공학은 오염과 기후 변화를 주도하는 인위적 요인에 초점을 맞추는 대신 태양이 지구를 비추는 것이 기후 변화 문제의 원인이라고 가정한다. 지구공학이 제시하는 기후 변화 해결책은 모두 단순하기 짝이 없고 비생태적이다. 지구공학은 하늘에 거울을 배치하고 햇빛을 반사한다거나, 인공 화산을 생성한다거나, 에어로졸을 분사하여 태양을 차단한다거나 하는 일에 집중한다. 그러나 문제는 태양이 아니다. 문제는 화석연료 사용과 화석연료를 기반으로 운영되는 산업 농업을 비롯한 산업 체계가 문제다. 태양이 없으면 광합성도 없다. 태양이 없으면 생명도 없고 식량도 없다. 태양은 꼭 필요한 존재다.

기후 변화와 지구 온난화는 동일한 것이 아니다. 생명을 파괴하는 지구공학은 지구 온난화에 대응하여 '지구 냉각' 실험에 나서고 있다. 그러나 기후 변화는 이와 같은 기계론적 대응책으로 해결할 수 있는 단순한 문제가 아니다. 기후 변화는 지구의 기후 조절 과정이 붕괴되는 과정에서 나타나는 것이다. 지구의 기후 조절 과정이 붕괴되면 그 결과 기후 혼돈이 찾아올 것이고, 극단적이고 예측할 수 없는 사건이 발생할 것이다. 그러나 지구공학은 이러한 혼란을 악화시킬 뿐이다.

제인 롱 미국 로렌스 리버모어 국립연구소 소장은 윤리를 주제로 한 지구공학 회의에서 발표한 논문에서 다음과 같이 경고했다. "기득권으로부터 우리 스스로를 보호해야 합니다. (그리고) 우리의 선택이 외부의 영향을 받지 않도록 주의해야 합니다. 특히 독점적인 지식재산을 사용하여 기후를 수정함으로써 상당한 돈을 벌 수 있는 사람들의 영향을 받지 않도록 각별히 유의해야 합니다."[75]

우리 시대를 인류세라고 할 때, 그것은 인간의 힘이 작용하여 지구의 생태학적 과정이 붕괴되고 있는 시대라는 의미이다. 그러나 인간에게 파괴적인 힘이 있다고 해서 지구의 자원, 지구의 과정, 지구의 체계를 징발할 수 있는 특권과 인간의 창의력, 스스로를 조직할 역량, 생명체와 살아 있는 체계를 부정할 특권이 주어지는 것은 아니다. 이 같은 발상은 무책임한 오만에 불과하다. 자연은 인간의 구성물이나, 인간이 조작하여 단기적 이익을 얻어내기 위한 대상을 넘어서는 존재다. 자연은 우주의 창조력이다. 살아 있다는 것은 에코세Ecocene를 살아간다는 의미다.

내가 이해하는 에코세는 생명을 형성, 유지, 지탱하는 생물권과 지구의 생태학적 과정이 존중받는 시대다. 내가 이해하는 에코세는 인간이 지구 공동체의 일부를 이루는 지구 시민이라는 인식이 증가하는 시대다. 이와 같은 인식에는 지구가 권리를 지닌 존재라는 인식, 우리에게 지구, 지구가 창조한 피조물, 동료 인간을 보살필 의무가 있다는 자각이 포함된다. 그리고 하나의 기계론적 사고방식이 내포하고 있는 오류, 그릇된 가정, 한계를 수정하고 초월하려는 노력이 포함된다.

나는 우리 시대를 인류세라고 부르지 않으려고 노력해왔다. 인간중심적 세계관이 우리 시대의 수많은 생태 파괴를 유발했기 때문이다. 인간을 인식의 중심에 두고 사고하는 습관을 버리지 못한다면 인간의 자만을 영구화하고 말 것이다. 인간중심주의는 자민족 중심주의와 함께 등장한다. 또한 식민주의, 산업주의, 자본주의의 부상과 더불어 서구에서 등장한 여러 패러다임과 함께 등장한다. 1퍼센트의 규칙은 인간이 아닌 모든 존재의 권리를 배제할 뿐만 아니라 그들을 제외한 나머지 모든 인간마저 배제하는 초超인간중심주의다.

2017년 세계 환경의 날은 도널드 트럼프 미국 대통령이 파리협약에서 일방적으로 탈퇴한 일로 시끄러웠다. 국제 사회는 생태 정의를 바탕으로 미래를 기획하고 지구민주주의의 싹을 틔울 씨앗을 뿌리기 위해 지구를 보호할 의무가 있다. 트럼프 대통령이 내보인 오만함은 이와 같은 국제 사회의 의무에 어떤 영향을 미칠 것인가? 지구를 위험으로부터 보호하기 위한 각 국가 수준의 환경법은 이미 1970년대에 제정되었다. 그리고 우리는 지구에 살고 있기 때문에 환경법은 인간을 위험으로부터 보호하기 위해 만들어진 것과 다름없다.

1992년 리우데자네이루에서 열린 지구정상회의에서 국제사회는 '사전예방원칙'과 '오염자 부담 원칙'이라는 두 가지 주요 생태 원칙을 채택하고 법적 구속력이 있는 두 가지 협약에 서명했다. 하나는 '생물다양성협약'이고 다른 하나는 '유엔 기후변화협약'이다.

두 조약 모두 신흥 생태 과학과 심화되는 생태 운동이 이끌어낸 것이다. 하나는 화석연료 사용이 유발한 생태 오염에 대한 과학적 대응이다. 다른 하나는 GMO가 유발한 유전적 오염과 산업적 단작, 화학적 단작의 확산이 유발한 생물다양성 침식에 대한 과학적 대응이었다. 리우데자네이루에서 지구정상회의가 열린 3년 뒤 '유엔 식물유전자원에 관한 라이프치히 회의'가 열렸다. 라이프치히 회의에서는 **녹색혁명**과 산업 농업으로 인해 생물다양성의 75퍼센트가 사라졌다고 평가했다. 학제 간 과학과 민주주의 운동은 국제 환경법 제정으로 나아갈 추진력을 만들어냈다. 과학과 민주주의는 기업의 탐욕이 지구에 가하는 끔

찍한 위협에 계속 도전하고 있다.

기후 변화 문제의 핵심은 배출량을 줄이는 일과 적응 전략을 개발하는 일이다. 생물다양성 보전 문제의 핵심은 생물안전을 보장하는 일과 생물다양성 보전 실무를 채택하고 촉진하는 일이다.

빌 게이츠의 얄팍한 사고방식과 자연과 사회를 직접 (또는 기계를 부려) 통제하려는 그의 의지를 보여주는 기획이 바로 **초超역사** 기획이다. 소문에 따르면 빌 게이츠는 초역사 기획에 1000만 달러를 기부했다고 한다. 초역사 기획은 호주의 데이비드 크리스천 교수가 제작한 동영상에서 영감을 얻었다. 빌 게이츠는 러닝머신에서 운동하면서 크리스천 교수가 제작한 동영상을 보았다고 한다. 이 동영상은 역사에 관한 것이 아니다. 이 동영상은 유전자 결정론을 바탕으로 직선적이고 기술관료적인 사회 비전을 창출하여 민중의 역사를 대체하자는 내용을 담고 있다. 데이비드 크리스천 교수가 제시하는 역사에는 민중이 존재하지 않는다. 문화, 식민화, 기업, 1퍼센트 경제를 운영하는 억만장자도 없다. **초역사** 기획은 권력과 통제에 대한 기계론적, 환원주의적, 기술관료적 담론에 불과하다. 1퍼센트의, 1퍼센트에 의한, 1퍼센트를 위한 미래를 창조하는 이야기로, **금융계의 큰손**의 역사를 다시 쓴 것에 불과하다. 캐서린 에드워즈는 〈빌 게이츠가 초역사 기획에 자금을 지원한 이유〉에서 다음과 같이 언급했다.[76]

누가 지구를 망치는가

빌 게이츠와 데이비드 크리스천 교수가 제시한 제안의 내용은 그리 놀랍지 않다. 역사나 교육에 대한 배경지식을 갖추지 못한 사람이 어느 날 아침 러닝머신에서 운동을 하다가 우연한 기회에 갑자기 모종의 발상을 떠올릴 수 있다는 사실이 놀라울 따름이다. 더 놀라운 것은 이와 같은 발상이 떠오르고 얼마 지나지 않아 수천 명의 어린이가 받는 교육이 그 사람이 최근에 관심을 가진 사안에 걸맞게 바뀌었다는 사실이다. 이 모든 일이 가능한 이유는 그 사람이 엄청난 경제력을 휘두르기 때문이다.

영국의 공교육은 미국의 교육 모델을 빠르게 따라가고 있으며, 점점 더 상업화되고 민주적 책임에서 멀어지고 있다. 지방 공립학교는 중개인으로부터 뇌물을 제공받으면서 사립학교처럼 바뀌고 있다. 교육부는 영리 목적의 공립학교 배제를 거부했다. 최근 어느 교육 비서관은 자기 멋대로 역사 교과과정을 수립하기도 했다. 아마도 다음번에는 선출되지 않은 억만장자가 교육 부문을 좌지우지하는 모습을 보게 될 것이다.

빌 게이츠는 '혁신', '기술', '투자' 같이 지극히 제한적인 용어만 사용해왔다. 빌 게이츠의 상상력이 권력과 통제, 돈과 기술이라는 도구에 의해 형성되는 과정을 잘 드러낸다.

다양한 목소리와 의견은 자유와 민주주의의 핵심이다. 자유로운 민중은 목소리를 낸다. 민주적인 사회는 민중의 목소리를 듣는다. 비민주적인 사회는 민중의 목소리를 억압하고 침묵을 강요한다. **금융계의 큰손**은 민주주의를 위협하고, 다양한 목소리를 내는 민중에게 침묵을 강요하며, 의견과 미디어를 조작하여 최종적으로 대중의 사고방식을 통제한다. 또한 **하나의 역사**는 역사를 다시 쓰고 현실을 조작하며 실제 목소리를 지닌 실제 민중에게 침묵을 강요함으로써 유전적으로 조작되고 디지털 방식으로 주도되는 담론만이 통용되는 그들만의 세상을 창조한다.

1퍼센트에 속하는 빌 게이츠의 이야기는
보편적인 이야기가 아니다
—

빌 게이츠의 초역사 기획에는 생태학과 생태계라는 단어가 등장하지 않는다. 오로지 환원주의, 지구공학, 역사공학을 바탕으로 하는 유전공학을 통해 지배하고 통제하는 기획만 존재한다.

생태-아파르트헤이트는 '자연과의 분리'라는 환상에 불과하고 기계 시대의 낡은 이야기일 뿐이다. **초역사** 기획은 이와 같은 폭력적인 분리를 계속 유지한다. 우리는 '에코세' 또는 F. 토마스 베리가 '생태세'라고 지칭한 시대를 만들어가야 한다. 에코세를 살아가는 사람들은 우리가 지구 시민, 지구 공동체의 구성원이라는 사실을 인식한다. 에코세는 화석연료, GMO, 기계론적 환원주의라는 감옥에서 벗어나 되살아난 인류가 새롭게 써내려가는 이야기이다. 인류는 인류의 역사와 자유, 스스로를 조직할 역량과 미래를 강탈하고 있는 기계론적 사고방식, 1퍼센트의 앞잡이인 금융, 금융이 운영하는 허위 민주주의에서 벗어나야 한다.

인류의 미래와 인류의 자유는 다양한 이야기에 달려 있다. 우리의 행동과 투쟁은 우리의 이야기, 우리의 집단 기억, 우리의 상상력에서 비롯된다. 1퍼센트는 그것들을 말소하고 식민화를 자행하려 한다. 전 세계의 민중이 새로운 이야기를 써내려가고 있다. 전 세계의 민중은 과거에 자행되었고 현재에도 이루어지고 있는 식민화의 잔혹함을 인식한다. 전 세계의 민중은 지역과 지구를 연결할 수 있는, 다양한 문화에서 유래한 수많은 창조 이야기를 연계할 수 있는, 민중의 창의력과 지성을 모든 생명체가 지닌 창조력과 지능에 결합할 수 있는 새로운 방법을 모색하고 있다. 에코세는 하나의 지구 공동체에 깃들어 살아가는 하나의 인류 공동체가 식민화를 거부하고, 우리의 다양하고 상호 연결된 자유를 단호하게 수호하는 이야기이다.

그림1 아메리칸 뱅가드 그룹

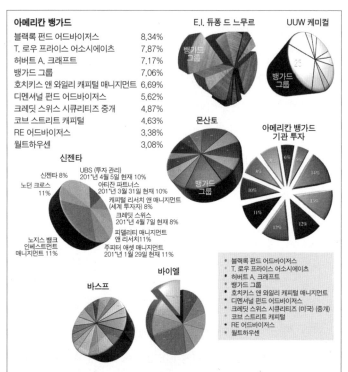

아메리칸 뱅가드	
블랙록 펀드 어드바이저스	8.34%
T. 로우 프라이스 어소시에이츠	7.87%
허버트 A. 크래프트	7.17%
뱅가드 그룹	7.06%
호치키스 앤 와일리 캐피털 매니지먼트	6.69%
디멘셔널 펀드 어드바이저스	5.62%
크레딧 스위스 시큐리티스 중개	4.87%
코브 스트리트 캐피털	4.63%
RE 어드바이저스	3.38%
월트하우센	3.08%

론 리버Ron Lieber는 《뉴욕타임스》 금융 전문 기자다. 론 리버는 주식시장에 완전히 질려버린 투자자들을 위해 재무계획을 수립했는데, 그 이유는 주식시장에 대한 투자와 주식시장에서 거래되는 기업과의 거래를 최대한 피할 수 있도록 하기 위함이다. 내가 집필한 글 가운데 상호보험회사에 대해 다룬 글이 있다. 거기에서 상호보험회사가 상장회사보다 보험계약자에게 더 많은 보험금을 지급할 수 있는 이유에 대해 언급한 바 있다. 투자회사에도 똑같은 구조가 존재한다. '백만장자에 이르는 여정My Journey to Millions(https://myjourneytomillions.com/)'과의 개별 대담에서 에반Evan은 뱅가드가 상호보험회사에 필적하는 투자라고 지적했다. 뱅가드는 주식시장에서 거래되지 않는다. 뮤추얼 펀드가 소유하고 있을 뿐이다. 따라서 뮤추얼 펀드에 투자한 모든 투자자가 뱅가드를 소유하고 있다. 뱅가드의 이익은 뮤추얼 펀드 투자자들에게 배당금으로 지불되고 관리 수수료를 낮추는 데 사용된다.

소유와 투자자가 동일하다면 기업은 한 쪽의 이익을 다른 쪽에 나눠줄 수 없다. 이론적으로는 그렇다. 그러나 그것이 정말 사실인지 여부는 연구할 필요가 있는 부분이다. 아무튼 소유자와 투자자가 동일하다면, 투자자는 자신이 투자하고 있는 기업에 대해 더 좋은 인상을 받을 수 있다. 바로 이와 같은 이유로 론 리버는 뱅가드, USAA 또는 TIAA-CREF 같은 기업에 투자하라고 추천한다. 뱅가드와 USAA는 일반적인 소매 은행 사업도 영위하고 있다. 따라서 투자자는 이윤을 추구하면서 수수료를 계속 높이는 웰스 파고Wells Fargo나 뱅크 오브 아메리카Bank of America를 주거래 은행으로 삼는 대신 고객이 소유한 회사인 뱅가드와 USAA 같은 기업으로 주거래 은행을 바꿀 수 있다. 그러면 월스트리트와 무관한 은행을 경험할 수 있을 것이다.

그림2 유독성 카르텔, 유독성 자본

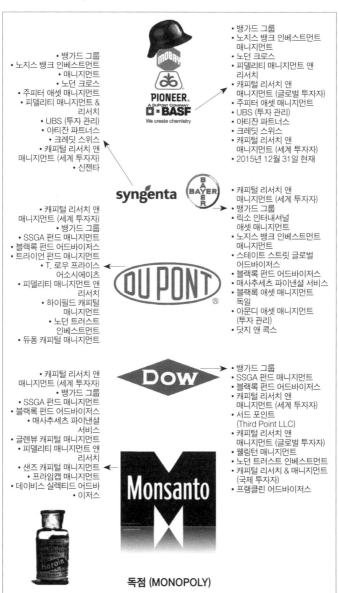

독점 (MONOPOLY)

표4 **유독성 카르텔 주주**[77]

E.I. 듀퐁 드 느무르

주주명	주식 수	비율
캐피털 리서치 앤 매니지먼트 (세계 투자자)	89,838,822	10.3%
뱅가드 그룹	52,755,202	6.05%
SSGA 펀드 매니지먼트	38,789,007	4.45%
블랙록 펀드 어드바이저스	33,622,081	3.86%
트라이언 펀드 매니지먼트	20,224,075	2.32%
T. 로우 프라이스 어소시에이츠	19,109,105	2.19%
피델리티 매니지먼트 앤 리서치	18,960,764	2.18%
하이필드 캐피털 매니지먼트	12,620,256	1.45%
노던 트러스트 인베스트먼트	11,366,263	1.30%
듀퐁 캐피털 매니지먼트	9,969,322	1.14%

다우 케미컬

주주명	주식 수	비율
뱅가드 그룹	70,516,634	6.31%
SSGA 펀드 매니지먼트	44,053,093	3.94%
블랙록 펀드 어드바이저스	42,062,990	3.77%
캐피털 리서치 앤 매니지먼트 (세계 투자자)	32,879,668	2.94%
서드 포인트	25,250,000	2.26%
캐피털 리서치 앤 매니지먼트 (글로벌 투자자)	16,365,000	1.46%
웰링턴 매니지먼트	13,675,361	1.22%
노던 트러스트 인베스트먼트	13,313,627	1.19%
캐피털 리서치 앤 매니지먼트 (국제 투자자)	12,624,713	1.13%
프랭클린 어드바이저스	12,595,870	1.13%

누가 지구를 망치는가

몬산토

주주명	주식 수	비율
캐피털 리서치 앤 매니지먼트 (글로벌 투자자)	30,009,458	6.81%
뱅가드 그룹	29,253,433	6.64%
SSGA 펀드 매니지먼트	18,449,843	4.19%
블랙록 펀드 어드바이저스	16,938,069	3.85%
매사추세츠 파이낸셜 서비스	14,319,095	3.25%
글렌뷰 캐피털 매니지먼트	14,078,428	3.20%
피델리티 매니지먼트 앤 리서치	13,454,547	3.06%
샌즈 캐피털 매니지먼트	11,854,253	2.69%
프라임캡 매니지먼트	11,630,397	2.64%
데이비스 셀렉티드 어드바이저스	8,233,266	1.87%

신젠타

주주명	주식 수	비율
뱅가드 그룹	1,795,568	1.93%
노지스 뱅크 인베스트먼트 매니지먼트	1,676,873	1.80%
노던 크로스	1,652,177	1.78%
주피터 애셋 매니지먼트	1,644,440	1.77%
피델리티 매니지먼트 앤 리서치	1,580,300	1.70%
UBS (투자 관리)	1,458,502	1.57%
아티잔 파트너스	1,423,007	1.53%
크레딧 스위스 그룹	1,257,852	1.35%
캐피털 리서치 앤 매니지먼트 (세계 투자자)	1,219,000	1.31%
신젠타	1,157,146	1.25%

바이엘

주주명	주식 수	비율
캐피털 리서치 앤 매니지먼트 (세계 투자자)	19,308,166	2.33%
뱅가드 그룹	16,722,949	2.02%
릭소 인터내셔널 애셋 매니지먼트	15,828,584	1.91%
노지스 뱅크 인베스트먼트 매니지먼트	14,100,744	1.71%
스테이트 스트릿 글로벌 어드바이저스	13,990,546	1.69%
블랙록 펀드 어드바이저스	13,399,616	1.62%
매사추세츠 파이낸셜 서비스	13,024,482	1.58%
블랙록 애셋 매니지먼트 독일	12,404,565	1.50%
아문디 애셋 매니지먼트 (투자 관리)	10,021,629	1.21%
닷지 앤 콕스	8,718,170	1.05%

서스캐처원 포타시 코퍼레이션

주주명	주식 수	비율
RBC 글로벌 애셋 매니지먼트	51,034,808	6.10%
피두시어리 매니지먼트	32,426,519	3.87%
퍼스트 이글 인베스트먼크 매니지먼트	29,074,788	3.47%
캐피털 리서치 앤 매니지먼트 (세계 투자자)	23,529,769	2.81%
캐피털 리서치 앤 매니지먼트 (글로벌 투자자)	15,771,000	1.88%
캐피털 리서치 앤 매니지먼트 (국제 투자자)	15,318,560	1.83%
뱅가드 그룹	13,085,152	1.56%
피델리티 매니지먼트 앤 리서치	12,911,995	1.54%
TD 애셋 매니지먼트	12,807,452	1.53%
CIBC 월드 마켓	12,155,726	1.45%

스미토모 화학

주주명	주식 수	비율
스미토모 라이프 인슈어런스	71,000,000	4.29%
마라톤 애셋 매니지먼트	65,974,000	3.99%
니폰 라이프 인슈어런스	41,031,000	2.48%
스미토모 미쓰이 파이낸셜 그룹	38,453,000	2.32%
노무라 애셋 매니지먼트	33,742,361	2.04%
스미토모 라이프 인슈어런스 연금 펀드	29,000,000	1.75%
뱅가드 그룹	27,800,990	1.68%
일본농업협동조합	21,825,000	1.32%
블랙록 펀드 어드바이저스	21,080,000	1.27%
노지스 뱅크 인베스트먼트 매니지먼트	20,909,280	1.26%

아크조 노벨

주주명	주식 수	비율
코즈웨이 캐피털 매니지먼트	16,138,607	6.52%
매사추세츠 파이낸셜 서비스	12,765,488	5.16%
닷지 앤 콕스	7,263,401	2.93%
뱅가드 그룹	5,012,124	2.02%
UBS 애셋 매니지먼트 (영국)	4,794,611	1.94%
템플턴 클로벌 어드바이저스	4,260,470	1.72%
노지스 뱅크 인베스트먼트 매니지먼트	3,942,002	1.59%
블랙록 인베스트먼트 매니지먼트	3,377,093	1.36%
블랙록 펀드 어드바이저스	2,896,876	1.17%
캐피털 리서치 앤 매니지먼트 (글로벌 투자자)	2,882,000	1.16%

3M

주주명	주식 수	비율
SSGA 펀드 매니지먼트	45,251,374	7.47%
뱅가드 그룹	40,626,344	6.71%
블랙록 펀드 어드바이저스	23,991,424	3.96%
매사추세츠 파이낸셜 서비스	17,224,573	2.84%
스테이트 팜 인베스트먼트 매니지먼트	11,131,700	1.84%
노던 트러스트 인베스트먼트	8,615,287	1.42%
피델리티 매니지먼트 앤 리서치	8,555,801	1.41%
퍼스트 이글 인베스트먼크 매니지먼트	6,252,458	1.03%
노지스 뱅크 인베스트먼트 매니지먼트	5,858,227	0.97%
U.S. 밴코프 애셋 매니지먼트	5,575,819	0.92%

인트레피드 포타시

주주명	주식 수	비율
캐피털 리서치 앤 매니지먼트 (글로벌 투자자)	19,308,166	2.33%
뱅가드 그룹	16,722,949	2.02%
릭소 인터내셔널 애셋 매니지먼트	15,828,584	1.91%
노지스 뱅크 인베스트먼트 매니지먼트	14,100,744	1.71%
스테이트 스트릿 글로벌 어드바이저스	13,990,546	1.69%
블랙록 펀드 어드바이저스	13,399,616	1.62%
매사추세츠 파이낸셜 서비스	13,024,482	1.58%
블랙록 애셋 매니지먼트 독일	12,404,565	1.50%
아문디 애셋 매니지먼트 (투자 관리)	10,021,629	1.21%
닷지 앤 콕스	8,718,170	1.05%

누가 지구를 망치는가

바스프 코퍼레이션

주주명	주식 수	비율
뱅가드 그룹 2016년 3월 31일 기준	1,800,000	1.93%
노지스 뱅크 인베스트먼트 매니지먼트 2015년 12월 31일 기준	1,680,000	1.80%
노던 크로스 2016년 1월 31일 기준	1,650,000	1.78%
피델리티 매니지먼트 앤 리서치 2016년 2월 29일 기준	1,650,000	1.78%
캐피털 리서치 앤 매니지먼트 (글로벌 투자자) 2016년 1월 31일 기준	1,650,000	1.77%
주피터 애셋 매니지먼트 2016년 1월 29일 기준	1,640,000	1.77%
UBS (투자 관리) 2016년 4월 5일 기준	1,460,000	1.57%
아티잔 파트너스 2016년 3월 31일 기준	1,420,000	1.53%
크레딧 스위스 그룹 2016년 4월 7일 기준	1,260,000	1.35%
캐피털 리서치 앤 매니지먼트 (세계 투자자) 2015년 12월 31일 기준	1,220,000	1.31%

표5 해외 자금 보유 상위 30개 기업[78]

기업명	해외 보유 자금 (백만 달러)	세금피난처 소재 자회사 수
애플	241,900	3
화이자	193,587	181
마이크로소프트	124,000	5
제너럴 일렉트릭	104,000	20
인터내셔널 비즈니스 머신	68,100	16
머크	59,200	125
구글	58,300	1
시스코 시스템즈	58,000	56
존슨 앤 존슨	58,000	62
엑손 모빌	51,000	35
피앤지	49,000	35
휴렛팩커드	47,200	95
셰브론	45,400	8
시티그룹	45,200	140
오라클	42,600	5
펩시코	40,200	135
JP 모건 체이스	34,600	385
암젠	32,600	9
코카콜라	31,900	15
유나이티드 테크놀로지스	29,000	31
퀄컴	28,800	3
골드먼 삭스 그룹	28,550	987
길리어드 사이언스	28,500	12
인텔	26,900	13
엘리 릴리	26,500	33
월마트	26,100	-
애브비	25,000	38
브리스톨-마이어스 스큅	25,000	23
다나허	23,500	31
필립 모리스 인터내셔널	23,000	7
계	1,648,637	2,509

4장

1퍼센트가 민주주의를 전복하는 방법

인류는 진화의 기로에 서 있다. 우리는 지난 500년 동안 1퍼센트가 닦아놓은 길을 계속해서 걸어가면서 멸종을 향해 갈 것인지, 아니면 지구 공동체의 구성원으로서 미래의 싹을 틔울 씨앗을 뿌릴 것인지를 선택할 수 있다. 멸종은 필연적인 것이 아니다. 우리에게는 다른 생물종 그리고 다른 문화와 평화롭게 공진화하겠다고 다짐하면서 1퍼센트가 닦아놓은 길과 다른 길을 걸어갈 잠재력이 있다. 우리는 지구에서 살아가는 지구 공동체의 구성원이라는 사실을 깨닫고 지구와 평화롭게 공존하면서 미래의 우리 생존을 보장해야 한다. 그렇지 않으면 수백만에 달하는 모든 생물종을 멸종으로 몰아가게 될 뿐 아니라 인간조차 멸종 위기에 처하게 될 것이다. 우리는 다양성을 인정하면서 평화롭게 공존할 수 있다. 그렇지 않으면 다양성으로 엮여 있는 사회적 구조를 파괴하고 결국 우리가 계속 존재하기 위한 사회적 조건마저 파괴하고 말 것이다.

우리는 우리의 의지로 하나됨을 선택할 수 있다. 연민, 상호 의존, 연대를 토대로 쌓은 유대를 통해 상호 연결되어 있는 수 많은 다양성을 누리고 존중하며 살아갈 수 있다. 또는 잠시의 시간 동안 1퍼센트의 노예가 되어 그들이 조장하는 무력감과 배제를 내면화하고, 변화를 두려워하며, 이와 같은 생활이 안전한 삶이라는 환상에 매달려 살아갈 수도 있다. 그러는 사이 진정한 생태적 안전은 훼손될 것이고 진정한 관계를 바탕으로 한 진정한 사회적 안전은 분할, 증오, 공포의 정치를 통해 파열되고 부서질 것이다. 이제 선택해야 한다. 하나됨을 통한 자유를 얻을 것인가 아니면 1퍼센트의 노예가 될 것인가? 살아남을 것인가 아니면 멸종할 것인가?

실재의 부활은 인간이라는 생물종이 지속적으로 생존하고 진화해나가기 위한 전제 조건이 되었다. 환상에 빠진 생활은 더 이상 인간이 감당할 수 있는 사치가 아니다. 지구와 사회는 활기차고 다채로운 생명의 구조로 이루어진 분리할 수 없는 하나의 존재다. 따라서 지구에 활력을 되찾아주는 일과 인간성을 되찾는 일은 서로 다른 경로를 통해 달성해야 하는 별개의 목적이 아니라는 사실을 자각해야 한다.

1퍼센트와 1퍼센트가 구성한 범주와 담론에서 벗어나는 것은 그저 가능한 일이 아니라 반드시 해야 하는 일이다. 우선 생태적으로 반드시 필요한 일이다. 왜냐하면 자연을 무한하게 채굴하고 착취할 수 있다는 환상이 분리라는 세계관과 결합되면서 우리를 생태적 벼랑으로 몰아가고 있기 때문이다. 다음으로는 경제적으로 반드시 필요한 일이다. 1퍼센트의 세계가 99퍼센트를 일회용품 취급하면서 인간의 다양한 창의력, 잠재력 및 가능성을 소멸시키기 때문이다. 민주주의의 측면에서도 반드시 필요한 일이다. 1퍼센트의 지배가 폭력적 독재이기 때문이다. 1퍼센트는 폭력적 독재를 통해 인간의 근본적 자유를 파괴하고, 모든 존재가 한 가족인 지구 공동체로서 상호 연결된 세계 안에서 진화해나갈 자유를 파괴한다. 1퍼센트의 범주와 담론에서 벗어나는 일은 사회적인 측면에서도 반드시 필요한 일이다. 1퍼센트의 세계는 우리의 사회적 관계, 공동체, 공유지를 봉쇄하고 사유화하고 파괴하기 때문이다. 1퍼센트의 세계는 인간을 소비자로 환원하고, 성별·인종·종교에 따라 인간을 분할한다. 마지막으로 인간적인 측면에서 반드시 필요한 일이다. 무한한 탐욕, 이윤, 폭력, 권력의 세계에 참여함으로써 인간성을 상실하기 때문이다. 1퍼센트의 지배자와 99퍼센트의 일회용품 인간 모두 인간성을 잃게 된다. 탐욕, 공포, 증오는 함께 다니면서 서로를 키우고 강화한다.

45년이 넘는 시간 동안 지구의 자원을 보존하기 위한 작업에 몰두했다. 기계론적 사고방식을 초월하기 위한 지적 여정을 떠났다. 비폭력과 진정한 창의력에 바탕을 둔 살아 있는 경제, 진정한 자유에 바탕을 둔 진정한 민주주의, 사랑과 연민에 기반을 둔 살아 있는 문화를 만드는 일에 동참했다. 그때마다 대영제국으로부터 자유를 쟁취하기 위한 인도의 투쟁과 간디의 가르침에 의지하곤 했다. 그러면 희망이 사라진 시대에 행동에 나설 영감을 얻을 수 있었다. 모든 공간이 축소될 때 공간을 여는 방법을 찾을 수 있었다. 탐욕, 공포, 증오의 시대에 연민과 연대를 키우는 길을 확인할 수 있었다. 돈을 손에 쥐고 돈에서 가짜 권력을 끌어낸 사람들이 권력을 독점하는 시대에 우리의 권력을 되찾을 방법을 모색할 수 있었다.

시대는 바뀌었지만 식민화의 방식은 여전히 같다. 폭력적인 방법으로 민중의 자유와 경제를 파괴한다. 자기 것이 아닌 것을 빼앗고, 부당한 임대료를 징수하고, 범주와 담론을 구성하여 분할하여 지배하고, 패권을 구성한다. 해방과 자유를 쟁취하는 방법 역시 과거와 다르지 않다. 자유로 향하는 경로는 실재의 부활에 이르는 길을 형성한다.

오늘날 자유를 억압하는 사슬은 전 세계적으로 통합되어 있다. 자유를 억압하는 사슬은 기계론적 사고방식과 1퍼센트의 앞잡이인 금융을 활용하여 통합 체계를 설계하고 우리 삶의 모든 측면을 통제한다. 통제하는 방법은 다양하다. 환상을 구성하기도 하고 융합과 집중을 추구하기도 한다. 1퍼센트의 앞잡이인 금융의 자유로운 작동을 허용하는 법을 제정하기도 하고, 진정한 자유를 토대로 민중이 제시하는 대안을 금지하기도 한다.

마하트마 간디가 자유를 쟁취하기 위해 투쟁하고 실천하면서 역사를 통해 얻은 세 가지 원칙이 있다. 그것이 내 영감의 원천이었다. 바로 스와라지Swaraj(자조, 자치, 자유로운 자기생산), 스와데시

Swadeshi(자립, 지역 경제 창출), 사티아그라하*Satyagraha*(진리의 힘, 창조적 시민 불복종의 힘)이다.

스와라지: 모든 존재를 위한 진정한 자유의 부활
―

우리는 고립되고 원자화된 입자가 아니라 상호 연결된 존재다. 따라서 자유는 원자적이지 않다. 자유는 관계적이며 상호 연결되어 있다. 인간의 자유는 지구의 자유와 불가분의 관계이고 지구에 깃들어 살아가는 모든 존재의 권리와 불가분의 관계이다. 자연과 자연의 권리를 파괴하면 인간의 자유는 줄어든다. 인간의 자유는 연속체다. 모든 피부색, 신앙, 성별, 문화의 자유를 포함한다. 자유는 자조, 자기생산이다. 자유의 부족은 외부에서 강요한 균일성, 즉 타자생산으로 나타난다.

스와라지, 자치, 자기 거버넌스는 자연과 사회가 누리는 진정한 자유의 기초이다. 가장 작은 수준에서 시작하여 더 높은 수준에서 등장한다. 왜냐하면 스와라지가 있어야 생물학적 다양성과 문화적 다양성이 번성할 수 있기 때문이다. 스와라지는 인도에서 일어난 자유 운동이 추구한 자유를 정치적 자유뿐만 아니라 경제적 자유까지 포괄하는 것으로 정의했다. 간디의 저서 《힌드 스와라지*Hind Swaraj*》는 나에게 산업화와 대영제국의 지배라는 맥락에서 진정한 자유가 무엇인지 알려준 최고의 가르침이었다. 심지어 기업이 지배하는 오늘날 자유를 추구하는 사람들이 읽어도 전혀 손색이 없을 정도다. 간디는 지금으로부터 100여 년 전인 1909년 영국에서 남아프리카공화국으로 향하는 길에 《힌드 스와라지》를 집필했고, 이것은 남아프리카공화국의 신문 《인디언 오피니언》에 처음 게재되었다. 1921년 판에서 간디는 다음과 같은 '보충 설명'을 남겼다.

> 내 생각에 이 책은 아이가 읽어도 손색없는 책이다. (…) 이 책은 증오의 복음이 아니라 사랑의 복음을 가르친다. 이 책은 폭력을 자기희생으로 대체한다. 이 책은 잔인한 폭력에 영혼의 힘으로 저항한다….

간디에게 진정한 문명이란 인간을 올바른 생계의 길로 인도하는 행동 양식이다. 간디는 올바른 생계라는 개념을 바탕으로 자유를 다음과 같이 정의했다. "우리가 우리 자신을 지배하는 법을 배우면 그것이 바로 스와라지이다." 이것은 정치적 맥락에서 자기생산이다.

간디에 따르면 스와라지를 바탕으로 하는 사회가 진정한 민주주의 사회다. 민중이 자신의 운명을 책임진다는 인식에 기반을 두고 있기 때문이다. 스와라지 사회는 민중의 힘*lok shakti*을 바탕으로 하는 사회다. 스와라지는 선거를 통해 주기적으로 선출되는 정부의 책임성(어쨌든 결국에는 **금융계의 큰손**에 의해 장악당해온)에 관련된 것이 아니다. 스와라지는 중앙집중식 거버넌스에

누가 지구를 망치는가

구조화되어 있는 통치, 강압, 제도화된 폭력으로부터의 자유를 의미한다.

간디는 다음과 같이 생각했다. "본질적으로 민주주의는 만인을 위한 공동선共同善을 달성하려는 목적을 가진 기술과 과학이어야 한다. 이와 같은 목적을 달성하기 위해 민주주의는 다양한 민중의 물리적, 경제적, 정신적 자원을 동원할 수 있어야 한다." 간디는 현대 국가가 사회로부터 추상화되고, 중앙집권화되며, 관료화되고, 동질성에 집착하며, 폭력적인 사고방식에 휩싸여 있다는 사실에 깊은 우려를 표명했다. 간디는 대부분의 정부가 정부를 조직하는 방식만 다를 뿐 현대 국가라는 형태를 취하는 것을 당연하게 여기고 있기 때문에 구조적이고 본질적인 결함을 해결할 수 없다고 생각했다.

참여민주주의, 직접민주주의, 민주적 다원주의 철학은 다양한 공동체가 다양한 이해관계를 갖고 있다는 사실을 인정한다. 또한 국내법과 정책을 형성함에 있어 모든 공동체가 자치를 통해 스스로 의사 결정을 내릴 정당한 민주적 권리를 가진다는 것을 인정한다. 아울러 세계화 시대에 대의민주주의는 민중의 이익을 보호하기에 부적절하다는 것을 인정한다.

정부가 기업의 영향을 받으면서 기업을 대신하여 행동하는 경우가 점점 더 많아지고 있다. 오늘날 정치권력은 경제 피라미드의 상위에 자리 잡은 1퍼센트의 입장만을 고려하여 99퍼센트를 짓밟고, 지구와 지구에 깃들어 살아가는 모든 생물종을 파괴한다. 국가는 기업의 복지를 위해 일하는 기업의 일개 부서로 전략하고 있다. 그러는 사이 경제 붕괴, 생태계 붕괴, 기후 변화의 결과로 고통 받는 민중과 지구는 정부로부터 외면을 당한다. 우리의 과제는 주된 정치 체계를 착취적이고 지속불가능한 경제 모델에서 멀어지게 할 방법을 찾는 것이다.

여러 부족과 토착 원주민은 민주적 권리를 요구해왔다. 이들은 유전적 자원을 땅에 심을 권리와 지속가능한 농업을 실천할 권리를 요구함으로써 농업 생물다양성에 대한 자기결정권을 실현하고자 했다. 여성을 통치하는 가부장, 농촌 지역을 통치하는 도시, 토착 원주민 위에 군림하는 식민 세력이 특징인 체계에서 민주적 다원주의를 실현하려면 지금까지 배제되었던 공동체를 반드시 포함시켜야 한다. 그렇게 되면 내부 불평등이 특징인 공동체와 각국 거버넌스 구조가 분명히 변화할 것이다.

민주적 다원주의 철학은 또한 과거 국가보호주의를 바탕으로 성립된 중앙집권적 민족국가의 성격이 반민주적이라는 사실을 인정한다. 이와 동시에 기업 보호주의와 기업 감시 국가의 등장을 모든 국가의 민주적 권리와 경제적 생계 수단에 대한 실질적인 위협으로 이해한다. 이러한 관점에서 현재 진행되고 있는 재식민화에 맞서려면 민주적 절차에 의거해 국가 주권을 재발명해야 한다. 그리고 지역 공동체와 협력하여 국가의 자연적 부와 지적 유산을 보호하고 민중이 스스로 건설한 조직을 보호해야 한다.

민중 운동은 중앙집권화된 민족국가의 기관들에 권력이 집중되어서는 안 된다고 요구하고 있다. 권력은 사회 전체에 공평하게 분배되어야 하고, 지역 수준에서 더 많은 권한을 부여하는 다양한 기관을 통해 분산되어야 한다. 권력은 지역 공동체와 지역 공동체가 운영하는 기관에 의해 통제되어야 한다. 전통적인 권력은 민족국가에서 글로벌 기업과 세계무역기구, 세계은행, 국제통화기금 같은 전 세계적 기관으로 이동하고 있으며, 중앙집중식 통제의 수준은 더욱 높아지고 있다. 그럴수록 민중의 민주적 의제는 정치적 측면과 경제적 측면에서 더욱 지방화된 체계를 요구해야 한다.

정치의 지방화는 더 많은 결정이 지역의 공간으로 이전된다는 것을 의미한다. 정치의 분권화, 정치의 지방화, 간디의 스와라지는 순환민주주의와 사회를 통한 권력 순환을 의미한다.

참여는 새로운 민주주의의 핵심이다. 새로운 민주주의는 계급, 성별, 종교, 인종에 관계없이 모든 인간을 포용한다. 새로운 민주주의는 대표성을 넘어선다. 4년 또는 5년마다 한 번씩 이루어지는 투표가 아니라 일상적인 참여를 바탕으로 삼는다. 새로운 민주주의는 땅과 자연에 대한 보살핌을 바탕으로 삼는다. 세계 곳곳에서 민주주의가 침식되고 있는 상황에서 새로운 민주주의는 지구와 사회를 보호하기 위해 힘을 모으고 연대하는 공동체에 참여하고 이를 가꾸는 것을 바탕으로 삼는다.

선거를 통해 선출된 대표를 바탕으로 삼는 낡은 민주주의는 민중으로부터 권력을 직선적으로 채굴한다. 오늘날 민중은 토지 갈취, 생계 수단 파괴, 생명을 지원하는 체계 파괴, 민주적 권리 파괴에 직면하여 자신의 땅, 생명, 생계 수단, 자유를 보호할 힘을 점점 잃어가고 있다. 그러나 낡은 민주주의는 이처럼 힘없는 민중을 외면한다.

우리는 우리의 상상과 일상에서, 일상의 행동을 통해, 그리고 다양하고 다중적인 관계를 통해 진정한 자유의 싹을 틔울 씨앗을 뿌려야 한다. 자유의 씨앗은 우리의 정신과 손에 있다. 스스로 조직한 자유인 스와라지가 우리 각자의 깊숙한 곳에서 시작되면 협력 가능성과 자치 공동체의 육성 가능성이 높아진다. 스와라지는 궁핍, 경쟁, 공포를 공유를 통한 풍요로운 공동 창조로 전환한다.

실재의 부활은 1퍼센트가 제도화한 보이지 않는 감옥에서 벗어나는 것에서 시작한다. 그런 다음 우리가 다른 존재, 다른 인간과 상호 연결되어 있다는 사실을 자각해야하고, 스스로의 잠재력을 자각해야 한다. 인류 공동체는 자연과 협력하여 창조하고 생산할 수 있는 존재다.

1퍼센트가 만든 첫 번째 감옥은 기계론적 사고방식이다. 기계론적 사고방식은 우리의 세계관을 파편화하고, 우리의 지성과 창의력을 부정하며, 우리의 잠재력과 우리 존재를 축소하고, 인간과 자연을 쓸모없는 존재로 만든다. 기계론적 사고방식은 인간과 자연을 모두 금융을 위한 원료로 환원한다. 세상에 대해

누가 지구를 망치는가

사고하는 방식을 바꾸는 것은 우리 삶을 변화시키고 우리가 속한 세상을 변화시키는 데 있어 가장 중요한 단계다. **실재의 부활**은 살아 있는 현실과 살아 있는 지성을 통해 현실을 아는 것에서 시작된다.

생물종의 다양성은 우리에게 모든 생물종의 생태적 공간과 자유를 보호할 것을 요구한다. '야생'은 모든 생명체, 지구에 깃들어 살아가는 다양한 생물종, 살아 있는 유기체로서의 지구 자체를 스스로 조직하는 능력이다. 문화와 공동체, 경제와 민주주의, 과학과 기술은 생물종의 다양성을 인식하는 가운데 형성되어야 한다. 여전히 1퍼센트가 군림하는 현대 질서 속에서 지구 공동체는 인류 공동체로 축소되었다. 지구 시민으로서 의무와 권리를 지닌 인간은 지구나 사회에 대한 의무는 없고 둘 다를 모두 착취할 무제한의 권리만 있는 기업으로 대체되었다. 기업이 법인으로 지정되면서 기업의 권리는 지구의 권리를 소멸시키고 지구의 자원에 대한 민중의 권리를 소멸시키고 있다.

1퍼센트의 앞잡이인 금융은 파괴를 촉발했다. 이와 같은 맥락에서 인도와 전 세계에서 대두되고 있는 민주주의의 주요 문제는 지구의 권리와 모든 사람의 민주적 인권이다. 그 가운데에서도 가장 배제되고 가장 취약한 사람들의 민주적 인권이 특히 문제가 되고 있다. 그리고 전 세계의 지역 공동체는 지구의 권리를 보호하기 위해 분연히 떨쳐 일어나고 있다.

더 이상 지식 체계, 경제 체계, 정치 체계를 분리하기 위한 벽을 세우고 있을 여유가 없다. 더 이상 뿔뿔이 흩어진 고립무원의 상태에서 생각하고 행동할 여지가 없다. 우리는 경제를 민주주의에 연결하고 경제민주주의를 지구민주주의에 연결해야 한다. 상호 연결성을 이해하고 실제로 연결함으로써 모든 생명이 복리를 누리는 가운데 번성할 수 있는 자유를 토대로 한 새로운 세상을 만드는 첫 발을 내딛을 수 있다.

우리 시대의 스와라지는 지구민주주의이다. 하나의 인류공동체로서 생각하고 행동하는 것은 이제 경제적, 정치적으로 꼭 필요한 일이 되었다. 지역의 살아 있는 민주주의를 바탕으로 지구민주주의를 실천할 때 그 원칙은 모든 사회와 모든 공동체에 적용된다. 지구민주주의에서는 인간에게 영양을 공급하는 지구가 파괴되면 인간은 번영할 수 없다. 지구민주주의에서는 어느 하나의 생물종이 다른 생물종을 착취하거나 절멸시킬 수 없다. 지구민주주의에서는 하나의 성별, 하나의 인종, 하나의 종교, 단 한 명의 사람 등 그 어떤 것도 다른 사람들의 권리인 자유, 존중, 존엄을 부정함으로써 '위대'해질 수 없다.

인도와 세계 민중은 '지방화'와 자치라는 새로운 정치로 대응하고 있다. 그들은 세계화를 생태학적 맥락과 사회적 맥락에 위치시키는 계몽된 대응에 참여하고 있다. 지역의 자원은 지역 공동체의 생존에 필요하다. 그러나 외국인 투자는 지역의 자원을 세계 시장의 무한한 욕망 앞에 아무렇게나 내던지고 있다. 이와 같은 일이 일어나는 지역 민중의 생태적 책임과 사회적 책임

누가 지구를 망치는가

을 시험해보고 있다. 지역의 민중은 분권민주주의를 토대로 거버넌스의 원칙을 재정의하고 있다. 세계은행과 세계무역기구의 지배는 민중의 민주적 통제를 넘어선 상업과 1퍼센트의 일방적인 이익만을 위해 애쓰는 초국적기관의 지배를 의미한다. '자유무역' 시대가 도래하면서 국가는 환경 규제와 사회적 규제에서 손을 뗐다. 덕분에 환경 정의와 사회 정의에 관련된 법률이 '사업하기 쉬운' 환경 조성이라는 명목 아래 유예되었다. 이에 맞서는 공동체는 지역의 자원을 사용하는 방식을 결정할 민주적 권리를 주장하면서 상업 활동을 규제하기 위해 분연히 떨쳐 일어나고 있다. 이들 공동체는 일상생활에서 이루어지는 민중의 결정이라는 측면에서 민주주의를 재정의하고 있으며, 풍성한 다양성을 유지하는 가운데 토지와 민중이라는 측면에서 국가를 재정의하고 있다.

사실 지방화 경향은 세계화 경향과 동시에 탄생한 것이다. 세계화는 기업이 주도하는 통제 의제인 반면, 지방화는 세계화에 맞서 환경을 보호하고 민중의 생존과 생계 수단을 보호하려는 시민의 의제다. 국가 정부가 규제하지 않는 상황에서 시민들은 생태적 한계를 도입하기 위한 새로운 정치를 창조하고 있다. 지방화는 환경적 요소, 의사 결정 요소, 경제적 요소로 이루어진다. 환경적 요소는 지역 자원의 통제와 소유에 관한 것이고, 의사 결정 요소는 지역 자원의 활용에 관한 것이며, 경제적 요소는 전 세계 경제와 국제 무역에 의해 파괴되는 지역 경제를 보호하는 일에 관한 것이다.

지방화 운동과 더불어 민중을 위한 생태적 보호주의가 새롭게 등장하고 있다. 민중을 위한 생태적 보호주의는 초국적 기업의 이익을 보호하기 위해 법원, 경찰, 정부 부처 등 사회의 모든 기관이 왜곡되는 기업 보호주의와는 근본적으로 다른 것이다.

현재 각 부문에서 가장 큰 다국적 기업들에게는 정부의 승인뿐 아니라 시민의 승인도 받아야 한다는 사실을 인식하라는 요구가 빗발치고 있다. 시민이 승인하는 과정은 민주주의가 기능하는 데 꼭 필요한 일이기 때문이다. 예를 들어 케랄라주 플라치마다에서는 시민의 승인에 대한 요구를 코카콜라에 전달했다. 몬산토는 인도 정부를 움직여 GMO 종자와 생명에 대한 특허를 취득하려고 애쓰고 있는데, 그럴 때마다 시민의 승인도 받아야 한다는 요구를 받는다.

어업이든 양식업이든, 독성 식물 또는 독성 수입품이든, 공장 부지로 사용할 토지이든 부동산 갈취이든 관계없이 자유무역과 초국적 기업이 진입하면서 민중의 생계 수단, 자원, 건강을 위협하는 형편이다. 지역 공동체와 풀뿌리 운동은 이와 같은 현실에 맞서 저항하고 있다. 그들의 저항은 부락에서 부락으로, 하나의 투자 장소에서 다른 투자 장소로 번져나가고 있으며, 그 과정에서 천연 자원에 대한 통제를 민주적으로 분권화하는 새로운 환경 철학이 등장하고 있다. 민중의 압력을 받은 정부는 공익을 수호하고 국가의 자연유산, 문화유산을 수호해야 하는

누가 지구를 망치는가

자신의 역할을 되새겨보고 있다. 지방화는 세계화와 제약을 받지 않는 상업적 탐욕을 다스릴 해독제로 등장하고 있다. 지방화는 미래의 민주적 대안으로 스스로를 재천명하고 있다.

2016년에 나는 '공포 없는 도시Fearless Cities'라는 행사에 참여하기 위해 스페인 바르셀로나에 방문했다. 초대장에는 다음과 같은 내용이 기재되어 있었다.

불평등, 외국인 혐오, 권위주의가 증가하고 있는 상황에서 마을과 도시는 인권, 민주주의, 공동선을 수호하기 위해 분연히 떨쳐 일어나고 있습니다. 민주주의는 지역 차원에서 탄생했으며, 바로 그곳이 우리가 민주주의를 돌려주어야 할 곳입니다. 피난처, 연대, 희망을 일구는 국제 네트워크에 여러분을 초대합니다. 부디 참석하여 자리를 빛내주시면 감사하겠습니다.

이것이 바로 지구 곳곳에서 자유 운동이 이루어지는 방식이다. 자유 운동은 아래에서 위로, 분권화로, 자기 조직화로, 상호 연결로 진화하고 성장해 나간다.

수백만 명이 삶의 터전에서 뿌리가 뽑힌 채 난민으로 전락했다. 난민으로 전락한 사람들은 삶의 터전이 아닌 다른 곳에서 피난처를 찾아 헤매고 있다. 난민 위기는 증오의 정치를 바탕으로 사회를 양극화하는 데 악용되고 있다. 지금이야말로 지구 시민이라는 사실을 깊이 인식해야 한다. 그래야만이 증오가 구석

구석 스며든 사회에서 사랑이 피어오를 수 있고, 사회가 폭력적인 방식으로 분리되고 분할되는 와중에 상호 연결의 실마리를 찾을 수 있으며, 절망을 희망으로 바꿀 수 있고, 난민을 창의적이고 자비로운 방식으로 대할 수 있기 때문이다.

이원론은 기계론적 사고방식이 만들어낸 것으로 우리가 여러 가지 존재로서 동시에 존재할 수 있다는 사실을 깨닫지 못하도록 방해한다. 우리는 한 장소에 뿌리를 두고 있는 지역적인 존재인 동시에 세계에 대해 인식하는 존재다. 그리고 우리는 한 가족인 인류 공동체의 구성원인 동시에 독특하고 독창적인 개인으로 존재한다. 1퍼센트는 자연과 사회에서 생명과 자유를 채굴하고 자연과 사회를 지원하는 사람들을 짓밟는 수직적 통합을 추구한다. 그러나 우리에게는 인식과 연민을 바탕으로 지구의 상호 연결성과 상호 존재를 인정하는 수평적 통합이 필요하다. 간디는 그것을 "끝없이 수평 확장되지만 수직적 방향으로는 절대 상승하지 않는 대양의 동그라미"라고 표현했다.

인생은 바닥이 꼭대기를 지탱하는 구조를 지닌 피라미드가 아닐 것이다. 인생은 그 중심에 부락의 동그라미를 위해 자리를 내어줄 준비가 되어 있는 개인이 자리 잡은 동그란 대양일 것이다. 그리고 마침내 여러 개인으로 구성된 하나의 커다란 동그라미가 만들어지는 날이 올 것이다. 하나의 커다란 동그라미를 구성하는 개인은 공격적이지도, 오만하지도 않을 것이고, 항상 겸손한 자세를 가지고 대양의 동그라미가 지닌 위엄을 공유하게 될 것이다. 따라서 가장 바깥쪽 둘레가 내부의 동그라미를 힘으로 부수는 일은 일어나지 않는다. 가장 바깥쪽 동그라미는 내부의 모든 구성원에게 힘을 나눠주는 동시에 내부를 구성하는 동그라미들로부터 힘을 얻을 것이다.[1]

스와데시: 진정한 부, 진정한 일, 진정한 복리의 부활
—

'스와데시'는 인도어로 지역 생활 경제, 경제 주권, 경제민주주의를 의미한다. 스와데시의 토대는 지역 경제다. 지역 경제는 자연과 민중의 진정한 자유, 진정한 부의 창출, 모든 수준의 복리를 추구하는 가운데 국가 경제로 성장하고 마침내 지구 경제로 성장하는 경제이다. 1퍼센트만을 위한 경제가 아니라 99퍼센트를 위한 경제를 창조해야 한다. 그것은 윤리적으로, 생태학적으로, 경제적으로, 인간적으로 꼭 필요한 일이다.

자립은 인도에서 일어난 스와데시 운동에서 중요한 측면 가운데 하나였다. 자립은 우리에게 필요한 것을 생산하고 인도 생산자가 생산한 제품만 구매하며 영국산 제품은 구매하지 않겠다는 다짐이었다.

전 세계적으로 거대한 전환이 일어나야 한다. 바로 1퍼센트의 앞잡이인 금융이 휘두르는 구조적 폭력에서 벗어나 비폭력 경제를 창조하는 전환, 강요된 세계화에서 벗어나 지방화를 이루는 전환이다. 그러면 환경을 악화시키는 것이 아니라 지구와 공존하면서 모두를 위해 더 나은 식품, 의류, 주거지, 이동 수단을 더 많이 생산할 수 있을 것이다. 생태 경제, 지방화와 지역 통화, 공동선을 위한 경제로의 전환 사업은 모두 실물 경제를 부활시키기 위해 노력하고 있다. 그럼으로써 진정한 부, 즉 복리를 늘리게 될 것이다.

진정한 부의 부활은 공유지의 회복을 토대로 해야만 한다. 글로벌 기업과 중앙집중화되고 사유화된 기업 국가를 넘어서는 새로운 공유지를 창조해야 한다. 지난 20년 동안 유독성 카르텔과 농산업 카르텔이 세계무역기구의 손을 빌려 정한 규칙을 토대로 기업의 세계화가 이루어졌다. 지난 50년 동안 유독성 카르텔이 주도한 비非녹색혁명이 진행되었다. 기업의 세계화와 비녹색혁명이 어우러지면서 인도 농민들은 벼랑 끝으로 밀려났다.

세계화와 무역 자유화라는 불공정한 규칙을 재검토해야 한다. 그러나 위기를 유발한 기업들은 위기를 자신들의 이윤을 늘리고 통제력을 확대할 기회로 삼으려 한다. 그들은 장거리 무역과 계약 농업을 통해 모든 농민을 노예로 삼기를 원한다. 그들은 산업 농업과 단작을 강화하려고 한다. 그들은 정부가 새로운 '발전'의 길로 채택한 단작과 독점이 체화된 구호인 '하나의 농업', '하나의 시장'을 내세운다.

간디는 스와데시를 "더 멀리 떨어진 것은 배제하고 우리의 생

누가 지구를 망치는가

산과 서비스 활동은 더 가까운 주변 환경으로 국한하는 정신"이라고 정의했다. 지방화는 윤리적으로, 생태학적으로 꼭 필요한 일이다. 지방화를 통해 생태발자국을 줄이면서 창의적이고 의미 있는 일을 위한 기회를 열 수 있고 복리를 만들고 향상시킬 수 있기 때문이다. 지방화는 끊어져버린 생산과 소비의 순환 고리를 다시 연결한다. 생산자와 소비자가 분리된 오늘날의 체계에서는 생산자와 지구는 착취당하고 소비자는 '저렴'하다는 환상을 바탕으로 무분별한 소비주의에 휩싸인다. 산업적으로 생산되어 전 세계에서 거래되고 유통되는 식품과 의류는 사회와 지구가 부담하고 있는 비용을 고려하지 않기 때문에 저렴해 보일 뿐이다. '소비주의'는 1퍼센트의 앞잡이인 금융을 계속 작동하게 만드는 허섭스레기에 대한 사회적 중독 현상일 뿐이다. 사회와 지구가 부담하는 비용을 모두 고려한 진짜 비용을 감안하면 생태학적 체계, 지역적 체계, 화석연료를 사용하지 않는 비산업적 체계가 생산자, 소비자, 지구에게 더 낫다는 사실을 확인할 수 있다.

기업이 주도하는 세계화 경제는 '저렴한 가격'을 내세운다. 그러나 진정한 원가 회계를 적용하면 세계화 경제가 극도로 비용이 많이 드는 경제라는 사실을 확인할 수 있다. 인도에서 이루어지는 화학적 농업의 진정한 사회적 비용과 생태학적 비용은 연간 13억 달러다.[2] 우리가 입는 의류 비용에 Bt 목화를 재배하는 인도 농민들의 죽음과 방글라데시 의류 공장에서 일하는 여성 노동자들의 죽음을 포함시켜보자. 그러면 아무도 거대한 사슬을 통해 유통되어 '저렴한' 의류 비용을 감당할 수 없을 것이다. 우리가 먹는 식품비용에 소규모 농장의 파괴, 삶의 터전에서 농업 공동체의 뿌리를 뽑아내는 일, 토양의 사막화, 생물다양성 소멸, 공장식 농장에서 이루어지는 동물 학대, 기후 불안정, 전염병 확산을 포함시켜보자. 그러면 아무도 '저렴한' 식품 비용을 감당할 수 없을 것이다. '저렴한' 식품은 몬산토의 화학물질과 GMO를 활용하여 재배되고 카길을 통해 거래된다. 식품 가공은 네슬레와 펩시가 담당하고 소매는 월마트와 아마존이 담당한다. 정말 전 세계를 먹여 살리는 것이 목표였다면 이들 기업이 지역적이고 지속가능한 대안을 불법으로 치부할 필요는 없었을 것이다.

《작은 것이 아름답다》,[3] 《불교경제학》의 저자 슈마허는 복리 경제의 기초는 단순함과 비폭력이며, 이 경제는 지역화되어야 한다고 지적한다.

불교경제학의 관점에서 볼 때 (…) 지역의 자원으로 지역에서 생산하여 지역의 욕구에 부응하는 것이 가장 합리적인 경제생활이다. 먼 곳에서 수입한 것에 의존하고 먼 곳에 있는 누군지도 모를 사람들에게 수출하기 위해 생산해야 한다는 것은 매우 비경제적이다. 이런 상황은 지극히 예외적이고 소규모인 경우에만 정당화될 수 있다.[4]

새로운 형태의 전체주의적 통제는 사회에서 초과 이윤을 만들어내는 새로운 방법, 새로운 기술 융합 방법, 새로운 권력 집중 방법으로 형성되고 있다. 기업 세계화의 기본 원칙은 중앙집중화, 산업화, 기계화된 생산 양식이다. 간디는 이 원칙을 분권화되고 국내에서 재배되며 수작업으로 생산하는 생산 양식으로 바꾸었다. 간디는 이것을 "대량생산이 아니라 대중에 의한 생산"이라고 표현했다.

　　나는 '보호주의'라는 단어를 부정적으로 생각해본 적이 없다. 지구, 가정, 가족, 문화를 보호하는 것은 우리의 삶을 생태적으로 그리고 사회적으로 지탱하기 위해 있어 반드시 수행해야 하는 의무이기 때문이다. 오늘날의 지배 체계는 사람들의 불만을 키우고 있으며, 외국인 혐오와 증오가 일어나고 있다. 이를 해결하기 위해 스와데시, 즉 지역 경제를 토대로 하는 경제민주주의가 반드시 필요하다. 2016년 브렉시트 투표와 미국 대통령 선거에서 세계화 반대와 이민 반대 목소리가 드높았다. 그러나 이러한 목소리는 이내 전 세계 금융 체계의 추가 통합과 증오의 정치로 이어졌다. 설상가상으로 사람들을 분할하면서 억만장자들을 위한 1퍼센트의 지배와 면책을 제도화했다. 민중은 변화를 바라며 투표했지만 변한 것은 아무 것도 없었다.

　　지구민주주의에서는 어떤 생물종도, 어떤 문화도 소모품이 아니다. 다양성은 균형을 보장한다. 균형은 단일 생물종, 어느 하나의 문화가 나머지 위에 군림하지 않도록 보장한다. 바로 이

것이 진정한 민주주의, 진정한 다양성, 진정한 분권화가 함께 존재하는 이유다.

간디가 제시한 스와라지 개념은 대영제국으로부터의 자유와 증오로부터의 자유로 향하는 길을 동시에 나타낸다.

외국 제품을 단순히 외국 제품이라는 이유로 거부하는 것도 어리석은 범죄이지만 자국에 적합하지 않은 제품을 홍보하는 데 국가적 시간과 돈을 낭비하는 것도 어리석은 범죄다. 이는 스와데시 정신을 부정하는 행위다. 스와데시 정신을 진정으로 실천하는 사람이라면 외국인이라는 이유만으로 타인에게 악의를 품지 않을 것이다. 그는 지구에 깃들어 살아가는 그 누구에게도 적대감을 나타내지 않을 것이다. 스와데시 정신은 증오를 숭배하지 않는다. 그것은 가장 순수한 아힘사*ahimsa*, 즉 사랑에 뿌리를 둔 사심 없는 봉사의 교리다. 스와데시 교리를 따른다면, 방법을 모르지만 건전한 직업을 가지고 싶어 하는 이웃이 있다는 전제하에 우리의 필요를 채워줄 수 있는 이웃을 찾아 우리의 필요를 채워줄 수 있는 방법을 가르쳐야 한다. 그러면 인도의 모든 부락은 거의 자급 자족할 수 있는 단위가 될 것이며, 지역에서 생산할 수 없는 필수품만 다른 마을과 교환하게 될 것이다. 이와 같은 경제 체계에서는 생산, 유통, 소비가 유기적인 관계를 형성할 것이다.[5]

누가 지구를 망치는가

사티아그라하: 진정한 저항, 진정한 민주주의의 부활

—

사티아그라하는 '진리의 힘'이라는 의미이다. 간디는 사티아그라하를 지구를 파괴하고 인간성과 자유를 강탈하는 체계, 구조, 법률, 패러다임, 정책에 대한 비협조, 비참여로 정의했다. 사티아그라하는 민주주의를 가장 깊이 실천하는 것, 가장 높은 의식에서 우러나온 '거부', 부당하고 잔인한 법과 착취적이고 비민주적인 과정에 협력하지 않아야 한다는 도덕적인 의무이다. 고귀한 도덕법칙은 시민들에게 부정의와 폭력을 제도화하는 하급 법률에 불복종할 것을 요구한다. 소로는 다음과 같이 간결하게 말한다.

내가 떠안아야 할 유일한 의무는 내가 옳다고 생각하는 것을 언제든지 행동으로 옮기는 것이다. 기업에는 양심이 없다고 해도 과언이 아니다. 그러나 양심을 가진 사람들이 협동조합을 구성한다면 양심을 가진 기업이라고 할 수 있을 것이다. 법이 있다고 해서 인간 사회가 더 공정해진 것은 아니다. 그러나 사람들은 법을 존중한다. 덕분에 선량한 사람조차 날마다 부정의의 대리인이 된다.

1퍼센트가 구성한 허구와 환상을 믿어야 한다는 생각은 미신에 불과하다. 진정한 지식, 진정한 지성, 진정한 부, 진정한 자유를 파괴하는 일을 막지 말아야 한다는 생각도 미신에 불과하다.

이러한 미신이 존재하는 한 1퍼센트는 우리를 계속 노예로 삼아 부릴 것이라는 말을 덧붙이고 싶다. 기계론적 사고방식과 1퍼센트의 앞잡이인 금융을 구성하는 환상의 노예가 된다면 지구와 인류를 파괴하는 과정에 가담하게 될 것이다.

그러나 사티아그라하(비협조, 수동적인 저항)는 간디나 소로가 처음 주장한 것이 아니다. 예나 지금이나 시대를 막론하고 자유를 수호하는 일은 가장 심오한 민주적 실천이었기 때문이다. 간디도 자기가 사티아그라하를 '발명'한 것이 아니라 인도 민중에게 배운 것이라는 사실을 인정했다. 간디는 《힌드 스와라지》에 다음과 같이 기록했다.

사실 인도에서는 일반적으로 삶의 모든 부문에서 수동적 저항이 이루어져 왔다. 우리는 통치자가 우리를 불쾌하게 만들 때마다 협력을 중단한다. 바로 이것이 수동적인 저항이다.[6]

오늘날과 같은 '탈脫진실'의 시대에서 사티아그라하는 그 어느 때보다 중요하다. 외부에서 강요한 잔인하고 부당한 체계에 저항하는 일은 예나 지금이나 우리의 양심, 우리 내면의 힘을 일깨우는 일이었다.

간디의 '소금 사티아그라하'는 나브다냐의 종자 사티아그라하 또는 종자 자유 운동에 영감을 주었다. 1987년 지식재산권을 통해 기업이 종자를 소유한다는 말을 처음 들었을 때 나의 양심은 그것을 도저히 받아들일 수 없었다. 나는 종자 보관, 종자 교환을 범죄로 만드는 지식재산권 체계에 협력하지 않기 위해 평생을 종자 보존 운동에 전념했다.

비자 사티아그라하(종자 사티아그라하)는 진정한 종자의 부활, 농민 지성의 부활을 추구하는 민중 운동이다. 농민은 지성을 통해 그리고 다양한 회복력, 다양한 품질을 추구하는 종자의 지능과 공진화하면서 육종가育種家로 발돋움한다. 농민들이 동참하는 비자 사티아그라하 서약에는 다음과 같은 내용이 포함된다.

우리는 자연과 조상으로부터 이 씨앗을 물려받았다. 미래 세대에 대한 우리의 의무는 우리가 물려받은 풍부한 다양성을 온전하게 보존하여 물려주는 것이다. 그러므로 우리는 지구와 미래 세대에 대한 우리의 고귀한 의무를 다하지 못하도록 방해하는 어떠한 법도 따르지 않을 것이고 어떠한 기술도 채택하지 않을 것이다. 우리는 앞으로도 계속 우리의 씨앗을 보관하고 공유할 것이다.

1991년부터 나브다냐는 비자 사티아그라하 운동을 통해 농민들을 조직했다. 비자 사티아그라하 운동에 동참하는 농민들은 종자를 직접 보관한다. 비자 사티아그라하 운동은 종자가 몬산토 같은 기업의 발명품이라는 환상을 토대로 한 지식재산권 법률과 종자 관련 법률에 협력하지 않는다. 1993년 방갈로르의 커본 공원에서 역사적인 비자 사티아그라하 집회가 열렸는데,

농민 50만 명이 집회에 참가했다. 이 집회는 '관세 및 무역에 관한 일반 협정'과 '세계무역기구'에 반대하는 최초의 국제적 시위였다.

종자 법률은 농민들이 지역의 품종을 보관하고 교환하는 일을 불법으로 만들었다. 2014년 종자 사티아그라하는 지속적인 운동을 통해 종자 법률을 폐지하는 데 성공했다. 유럽, 콜롬비아, 캘리포니아 주에서는 종자 사티아그라하와 유사한 세계 종자 자유 운동Global Seed Freedom Movement이 일어났는데, 농민이 종자 품종을 보관하는 일을 범죄로 만드는 강제등록법의 도입을 막기 위한 운동이었다.

케랄라주와 둔 밸리에서는 코카콜라에 맞선 잘 사티아그라하Jal Satyagraha[물 사티아그라하] 운동이 일어났다. 이로써 음료 대기업 코카콜라가 물을 훔치지 못하도록 막는 데 성공했다. '물 민주주의' 운동은 갠지스강을 보호하고 델리의 물 민영화를 방지하기 위한 운동이다. 이는 세계은행이 자금을 지원하는 물 민영화 프로젝트를 중단시키는 데 성공했다. 타밀나두주, 안드라프라데시주, 오디샤주에서는 산업적 양식에 반대하는 여성들이 사티아그라하 운동을 시작해 안전한 물을 마실 민중의 권리를 성공적으로 보호했다.

진정한 자유의 바탕에는 우리의 강과 물을 공유지로 보호할 자유, 우리의 씨앗을 보호할 자유, 우리의 건강을 보호할 자유, 영양가 있는 토착 음식을 보호할 자유가 자리 잡고 있다.

누가 지구를 망치는가

1998년 인도에서 냉압착 방식으로 짠 토착 식용유를 금지하고 GMO 콩기름의 대량 판매를 촉진하려는 움직임이 나타났다. 이때 사르손 사티아그라하Sarson Satyagraha(겨자 사티아그라하) 운동이 시작되었다. 덕분에 인도에서는 오늘날에도 겨자유를 비롯한 냉압착유를 쉽게 구할 수 있다. 2015년 GMO 겨자를 도입하려는 시도가 나타났다. 우리는 사르손 사티아그라하를 다시 시작했다. 2015년 12월 이와 유사한 안전법을 근거로 마하라슈트라주 세바그람에 있는 간디의 냉압착유 공장을 폐쇄하려는 시도가 있었다. 그때도 우리는 사티아그라하를 시작했다. 이들 사티아그라하 운동은 안전하고 건강한 토착 음식에 대한 권리를 무대의 중심으로 가져왔다.

앞서 언급한 것처럼 1998년 인도의 토착 식용유 금지 조치와 GMO 식용유 대량 판매 로비가 이루어졌을 때, 인도 전역의 50만 개 부락에서 기름집이 문을 닫았다. 토종 식용유를 구할 수 없게 되자, '여성 식량주권 연합' 회원들은 델리의 빈민가로 나를 불러 겨자유를 되찾아 와야 한다고 말했다. 그 일을 계기로 사르손 사티아그라하가 시작되었다. 겨자를 금지하고 우리 손으로 식용유를 직접 짤 권리를 금지한 법에 대한 시민 불복종이었다.

2017년 500만 명이 넘는 여성 생산자 네트워크인 마힐라 아나 스와라지Mahila Anna Swaraj('여성의 손에 식품주권을')가 조직한 사티아그라하는 식품 안전 표준 제정을 막는 데 성공했다. 식품 안전 표준이 제정되었다면 전통적인 방식으로 식품을 가공하는 여성 장인이 활동할 수 없게 되었을 터였다. 오디샤주 니얌기리에 거주하는 부족이 일으킨 사티아그라하와 서벵골주 싱구르와 난디그람 농민들이 일으킨 사티아그라하는 세계화가 촉발한 기업의 토지 갈취를 막는 데 성공했다.

지역적·생태적·민주적 대안을 불법으로 만들려는 시도의 구체적인 사례로는 지역의 종자와 지역의 종자를 보관하는 농민을 범죄자로 만들고 지역의 식품 장인이 생산하는 식품을 불법으로 규정하려는 종자 기업의 반복적인 시도를 꼽을 수 있다.[7]

지역의 식품 장인은 식품에 화학 첨가물을 사용하지 않고 식품을 산업적인 방식으로 가공하지 않는다. 그래서 지역의 식품 장인이 만든 신선한 음식은 가장 건강한 음식으로 인정받고 있다. 그렇기 때문에 1990년대까지 인도는 가내에서 소규모로 이루어지는 식품 가공 부문이 살아남을 수 있었다. 그러나 세계무역기구 규정은 인도의 식량 체계와 농업 체계를 극적으로 변화시켰다. 오늘날 식량 제국주의 시대에서 산업적으로 가공한 식품과 허섭스레기 같은 식품의 급속한 확산으로 인도는 병든 나라가 되었다.

오늘날 대부분의 인도인이 '식물성 기름'으로 소비하는 기름은 산업적으로 가공된 수입 팜유와 콩기름이다. 참깨, 겨자, 땅콩, 아마인亞麻仁, 코코넛과 다르게 팜유와 콩기름은 전통 기름집인 가니ghani에서 냉압착 방식으로 기름을 짤 수 없기 때문에 진정한 식용유가 아니다.

누가 지구를 망치는가

콩기름은 헥산 용매 추출 공장에서 고온 추출된다. 헥산은 많은 산업에서 사용하는 원유 기반 유기 용매이며 신경독성 물질이다. 아무 시험도 이루어지지 않았고 이 같은 사실을 표시한 라벨도 부착하지 않는다. 따라서 시민들은 콩기름의 추출 과정에 대한 정보를 얻을 수 없고, 그 과정에서 사용된 GMO에 대한 정보도 얻을 수 없다. 산업적으로 '정제된' 식용유에서 30퍼센트의 GMO가 '섞이는 것'은 합법이다. '식물성 기름'이라는 라벨이 부착된 혼합물을 구입하는 소비자는 유독성 GMO 목화씨에서 짜낸 기름이 포함되어 있다는 정보를 얻을 수 없다. 인도에서는 GMO 식품을 허용하지 않는다. 그러나 Bt 목화유는 산업적으로 정제된 '식용'유에 자유롭게 혼합될 수 있다.

화학물질을 첨가하여 산업적으로 가공한 식품은 실험실 시험을 거쳐야 한다. 이때 인공 성분 자체에 대한 시험뿐 아니라 화학 첨가물과 산업적 가공이 건강에 미치는 영향에 대해서도 시험해야 한다. 새로운 식품 안전 규칙은 화학물질을 사용하지 않고 식품 장인이 짜낸 식용유와, 원유를 바탕으로 하는 화학물질을 첨가하여 산업적으로 짜낸 식용유를 구별하지 않기 때문에 자의적이다. 만일 전통 기름집인 가니에 화학 실험실을 설치해야 한다면 식품 장인의 손에서 탄생하는 안전한 식품은 사라질 것이고, 대신 건강에 해롭고 안전하지 않은 식품을 만드는 기업이 식용유 시장을 독점하게 될 것이다.

가니에서 한 번 짠 순수한 식용유는 간디의 세바그람 아쉬람

Sevagram Ashram에서 여전히 판매되고 있다. 이 식용유를 구입하기 위해 먼 곳에서도 사람들이 발길이 끊이지 않는다. 식품 장인이 생산하는 식품의 안전을 보장하려면 식용유를 생산하는 시민과 식용유를 소비하는 사람들이 참여하여 품질과 신뢰성의 기준을 설정하는 체계가 필요하다. 유기농 생산 부문에서 생산물의 품질 보장을 위한 참여 체계가 있는 것처럼 식품 장인이 가공한 식품의 안전 보장을 위한 참여 체계가 필요한 것이다.

불순물이 섞인 수입 식용유는 보조금을 받으면서 생태와 건강에 미치는 비용을 숨겨 외부화하기 때문에 시장에 군림한다. 예를 들어 1998년 인도에서는 식용유 수입 관세를 300퍼센트에서 0퍼센트로 낮추는 방식으로 간접 보조금을 제공했다. 또한 인도 정부는 리터당 15루피의 콩기름 보조금을 지급하고 있다.[8] 이 금액은 미국 정부가 콩기름에 지급하는 보조금을 훌쩍 뛰어넘는 금액이다.

팜유 재배 플랜테이션의 확장은 인도네시아의 열대우림을 파괴하는 주요 원인이다. GMO 콩 농장의 확장은 브라질과 아르헨티나에서 아마존 열대 우림과 세하도Cerrado를 파괴하는 주요 원인이다. 삼림 파괴는 온실가스의 18퍼센트에 기여하고, 열대 우림 파괴의 85퍼센트는 산업 농업의 확장이 원인이다. 2000년부터 2010년까지 열대 토지 전체에서 배출하는 온실가스 가운데 약 2~9퍼센트를 인도네시아의 팜유 재배 플랜테이션이 차지했다. 2009년 인도네시아는 세계에서 일곱 번째로 오염을 많

누가 지구를 망치는가

이 유발하는 나라에 등극했으며, 인도네시아에서 배출한 온실 가스의 약 30퍼센트는 삼림 벌채가 원인이었다. 삼림 벌채로 인한 오염은 (브라질에 이어) 세계에서 두 번째 자리를 차지했다. 인도의 콩 재배는 토양 비옥도를 파괴하고 마디야프라데시주와 마하라슈트라주 농민들을 파산으로 몰아갔다. 간디의 가니는 우리가 농장에서 재배하는 것, 음식을 가공하는 방법, 우리가 먹는 것을 통제하려는 새로운 기업 제국주의로부터의 자유를 상징한다. 현행 식품안전법은 세계무역기구의 '위생 및 식물위생에 관한 협정'에서 비롯된 것이다. 그러나 2015년 12월 15~19일에 열린 나이로비 각료회의 이후 세계무역기구의 '도하라운드'는 사문화된 것이나 다름없다. 그러자 유독성 식품을 생산하는 산업은 우리의 식품 안전 체계를 완전히 해체할 '환태평양경제 동반자 협정'을 강제로 부과하려 하고 있다. 우리는 안전하고 건강한 식품, 토착 식품을 재배하고 먹을 권리를 되찾기 위해 지금 당장 행동에 나서야 한다.

2016년 1월 30일은 간디 서거 기념일인 순교자의 날이다. 그날 나는 스와데시 식품의 상징인 간디의 가니를 옹호하기 위해 세바그람에서 간디주의자들과 만났다. 우리는 최대한 많은 부락에 소규모 가니를 도입하고, 장인의 생계 수단을 창출하기로 약속했다. 그러면 냉압착 방식으로 짜서 건강에 유익한 식용유를 모든 사람이 이용할 수 있을 것이다. 다른 한편으로 건강에 해로운 식용유 수입과 단작의 확산으로 인해 삶의 터전에서 쫓겨난 농민들이 많은데 이들을 위해 지역 순환 경제를 만들어 농민들이 보유하고 있는 다양한 기름종자를 키울 수 있도록 장려하기로 약속했다.

2017년 4월, 참파란 사티아그라하Champaran Satyagraha 기념일에 미루트에서 사티아그라하 순례를 시작했다. 우선 1810년 영국에서 부과한 주택세에 반대하는 운동을 기념하기 위해 바라나시를 방문했다. 인디고 강제 재배에 반대한 간디가 사티아그라하를 시작한 날인 4월 17일 참파란으로 순례를 떠났다. 그런 다음 우리는 토지 사티아그라하 운동을 통해 산업 용지로 사용하기 위한 토지 강탈을 용감하게 막아낸 싱구르와 난디그램 공동체에 합류했다. 오디샤주의 소금길을 여행하면서 1930년 소금 사티아그라하 순례에 참가한 이들에게 경의를 표했다. 마지막으로 지구의 날에 오디샤주에 자리 잡은 나브다냐 공동체 종자은행을 방문하여 순례를 마쳤다. 오디샤주 나브다냐 공동체 종자은행은 여러 사이클론, 쓰나미, 뒤이어 반복되는 가뭄으로 피해를 입은 인도 전역에 희망의 씨앗을 퍼뜨린 진원지이다.

지난 45년 동안 나는 칩코 운동을 시작으로 수많은 사티아그라하에 참여했다. 우리 공동의 자유를 수호하기 위한 나의 헌신은 시간이 흐를수록 더욱 깊어졌다. 오늘날 우리에게 필요한 사티아그라하는 지구 사티아그라하이다. 1퍼센트가 구성한 범주, 담론, 환상이 우리 정신에 형성한 감옥에서 벗어나야 한다. 그럼으로써 우리의 지성과 잠재된 힘을 발휘해 실재의 부활을 시작할 수 있을 것이다. 오늘날의 비협조 운동은 우리를 식민화하는 허구와 거짓에 속지 않는 것, 채굴 구조와 착취 구조를 유지하기 위해 구성한 허구를 토대로 구축된 폭력 구조와 통치 구조에 협력하지 않는 것에서 시작된다. 우리 시대의 사티아그라하는 1퍼센트의 제국에서 벗어나는 것이다.

진정한 자유와 진정한 부를 창출하려면 사티아그라하, 스와라지, 스와데시를 온전하고 통합적으로 수행해야 한다. 다른 세상을 창조하기 위해서는 현실에 뿌리를 두고 건설적인 행동으로 이어지는 또 다른 상상력이 필요하다. 이 같은 상상력이 함께 하지 않는 저항은 다른 세상을 창조하지 못한다. 자유의 싹을 틔울 씨앗을 뿌리는 일은 상상이 아니다. 그것은 우리가 지구와 하나가 되는 의도적인 행위이다. 하나됨은 우리의 존재, 우리의 힘의 원천이다. 비폭력적으로 저항할 수 있는 우리의 힘, 비폭력적으로 공동 창조할 수 있는 우리의 힘이다.

최근 인도 우타라칸드주 고등법원은 히말라야 산맥, 빙하, 강, 개울, 시내, 호수, 정글, 공기, 숲, 초원, 계곡, 습지, 초지, 샘이 생명체이자 법적 권리를 가진 법인이라고 판결했다.[9] 마디아 프라데시 주의회는 2017년 5월 '수중 생물다양성의 보전'을 보장하기 위해 나르마다강을 법인으로 인정했다. 이러한 법적 변화와 패러다임의 변화에서 지속가능한 사회와 지구민주주의를 위한 새로운 가능성을 엿볼 수 있다. 2016년 10월 민중의회는 헤이그에서 몬산토 재판을 열었다. 몬산토 재판을 통해 전 세계 곳곳의 증인들이 한 플랫폼에 모였다. 증인들은 자연과 인류를 상대로 몬산토가 저지른 범죄에 대한 증거를 공유하고 기록으로 남겼다. 바로 이것이 지구민주주의를 실천하는 길이다. 우리는 이러한 실천을 통해 거짓과 폭력에 저항하는 한편 희망과 자유의 싹을 틔울 씨앗도 뿌리고 있다.

지구민주주의를 통해
미래와 자유의 싹을 틔울 씨앗을 심자
—

멸종 가능성이 우리를 정면으로 응시할 때 미래의 싹을 틔울 씨앗을 뿌리고, 지구와 사람을 착취하고 생명과 정신을 조작하는 1퍼센트의 무한한 자유를 위해 모든 존재의 모든 자유가 차단되어 있을 때 자유의 싹을 틔울 씨앗을 뿌린다. 씨앗을 뿌리는 행위에는 지금보다 몇 배 더 큰 상상력, 지성, 연민을 가지고 사랑할 역량, 우리를 멸종으로 몰아가는 체계에 창조적이고 비폭력적으로 저항하고 비협조할 용기가 요구된다.

우리가 선택할 수 있는 유일한 해결책은 지구를 치유하는 것이다. 그럼으로써 인류를 치유하고 인간성을 되찾아 미래에 대한 유일한 희망을 키울 수 있다. 바로 하나의 지구 공동체에 깃든 하나의 인류 공동체로 살아가는 것이다. 스티븐 호킹이 제시한 두 가지 선택, 즉 이대로 멸종하거나 지구를 버리고 다른 행

성으로 탈출하는 방법은 인류가 선택할 수 있는 바람직한 대안
이 아니다.[10]

멸종도 아니고 탈출도 아닌 세 번째 방법은 바로 지구에 활력
을 되찾아주는 길이다. 그 길을 선택해야 우리가 집이라고 부르
는 지구의 특정 장소에서 오래오래 살 수 있다. 이 방법은 인류
의 진화적 과제다. 우리가 우리 자신의 지성과 진화적 잠재력,
지구와 우주 곳곳에 스며들어 있는 지능을 일깨운다면 멸종을
피할 수 있다는 희망을 잃고 절망에 빠지지 않아도 된다. 또한
다른 행성을 정복하고 나서 그곳의 주인 행세를 하겠다는 오만
함에 빠져들지 않아도 된다.

일론 머스크는 화성에 '스페이스 X' 도시를 조성하고 싶어 한
다. "스페이스 X 화성 건설에 대해 말씀드렸습니다. 화성이 가
능한 대안이라고 감히 말씀드리고 싶군요. 제가 살아 있는 동
안 가능할 것이라고 생각하고, 누구나 원하면 화성에 갈 수 있
을 것입니다." 일론 머스크는 최대 100만 명이 화성에서 자급자
족할 수 있을 것이라고 생각한다. 현재의 계산에 따르면 앞으로
40년에서 100년 안에 "화성에서 완전히 자급자족하는 문명을
달성"할 수 있을 것이라고 한다.[11]

앞으로 100년 안에 인류가 우주를 완전히 이해하여 인류의
8분의 1이 우주선에 몸을 싣고 화성으로 탈출할 수 있다면(물론
탈출하는 소수는 탈출할 수 없는 대다수의 인류와 나머지 생물종의 안위
따위는 아랑곳하지 않을 것이다), 지구를 재생하고 지구의 토양, 물,

생물다양성에 활기를 되찾아주며 인간 사이의 균형을 되찾고 모든 사람에게 충분한 식량을 제공하는 일도 불가능한 일은 아닐 것이다.

스티븐 호킹과 마찬가지로 일론 머스크에게는 인류가 선택할 수 있는 길이 근본적으로 두 가지뿐이다. 지구에 영원히 머물다가 결국 멸종되고 말거나, '우주를 품은 문명을 발전시켜 여러 행성에서 살아가는 생물종'이 되는 것이다. 지구 시민이 되는 데에는 우주여행이 필요하지 않다. 그러나 기술적인 오만함에 빠진 다른 이들과 마찬가지로 일론 머스크 역시 이 같은 사실을 이해하지 못하는 것처럼 보인다. 지구 시민이 된다는 것은 우리가 우주와 지구의 일부라는 사실을 인식하고 우주의 법칙과 지구의 법칙에 따라 살아가야 한다는 것을 인식한다는 말이다. 그리고 가장 기본적인 법칙은 우리가 다른 존재와 지구를 공유하고 있다는 사실과 공동의 집을 보살필 의무가 있다는 사실을 인식하는 것이다.

우리는 이미 우주여행을 떠날 물리적 준비가 되어 있다. 그러나 지금은 지구 시민으로서 지구에 대한 인식을 발전시켜야 할 때다. 우리의 인식이 더 넓어질수록 생태발자국은 작아질 것이다. 인류가 진화적 과제를 안고 있는 오늘날 간디가 언급한 보편적인 생태학적 책임에 대해 되새기고 싶다. "지구는 모든 사람의 욕구를 충분히 충족할 수 있다. 그러나 소수의 탐욕은 충족할 수 없다." 지금 우리는 지구가 모든 존재의 욕구를 충분히 충족할 수 있고 미래의 진화까지 보장할 수 있다는 사실을 인식해야 한다. 탐욕스럽고 오만하며 정복을 추구하는 기계론적이고 군사화된 사고방식에 따른 세계관에서는 멸종이 불가피해 보일 것이다. 화성으로 날아간다는 말이 곧 화성에 자급자족하는 문명을 건설하고 화성에서 생활한다는 말과 동의어라고 생각하는 것은 오만, 자만, 무지, 무관심의 발로일 뿐이다.

스티븐 호킹과 일론 머스크는 모두 지구가 스스로를 조직할 수 있는 살아 있는 행성이라는 사실을 무시하는 것 같다. 지구는 지구에서 진화하고 지구에 깃들어 살아가는 모든 생명체와 생물종이 생존할 수 있는 조건을 창조한다. 지구와 모든 생명체, 심지어 가장 작은 세포까지도 스스로 치유하고, 쇄신하며, 재생할 수 있는 역량을 지니고 있다. 희망은 우리가 수백만 개에 달하는 생물종과 지구를 공유하고 있다는 사실과 공유할 수 있는 잠재력에서 나온다. 우리가 다른 행성으로 탈출할 수 있는 기술적인 능력을 갖추게 되었다 하더라도 지구를 쓰레기장으로 만든 뒤 다른 행성으로 탈출하면 그만이라고 생각하는 것은 무책임하고 부도덕하고 비윤리적인 행태다.

집에 머무르는 것은 생태적으로, 윤리적으로 꼭 필요한 일이다. 그것은 즐거운 선택이기도 하다. 그것은 가정 과학, 가정 관리 기술을 실천에 옮기는 것이다. 그것은 모든 존재의 자유를 실천하고 배양하며 확장하는 지구민주주의이다.

우리는 생물종의 다양성을 절멸하고 99퍼센트를 일회용으로 전락시키는 1퍼센트의 지나친 인간중심주의에 직면해 있다. 변화를 일으킬 수 있는 힘은 한 가족인 지구 공동체의 구성원이 되는 것에서 비롯된다. 우리가 지구 그리고 지구에 깃들어 살아가는 모든 존재와 하나라는 사실을 자각할 때 비로소 우리가 하나의 인류라는 사실을 자각하게 될 것이다. 생명의 그물망은 우리 모두를 하나로 묶어준다. 그러나 금융계의 큰손과 1퍼센트가 부리는 도구인 정치가 휘두르는 힘은 우리를 분할하고, 좁고 파편화되었으며 인위적으로 구성된 정체성에 가둔다. 그럼으로써 우리가 지구와 분리되어 있다는 환상을 창조하고, 그것을 이용해 우리 삶을 움직이는 것은 1퍼센트가 부리는 도구인 금융이라는 환상을 창조한다. 그들은 몬산토와 카길 같은 식품 기업이 없으면 음식도 없고, 코카콜라와 펩시가 없으면 물도 없을 것이라고 협박한다. 대규모 제약회사가 없으면 건강도 없다. 페이스북이 없으면 친구도 없고, 트위터가 없으면 소통도 없다. 대형은행이 없으면 돈도 없고, 대규모 석유 기업이 없으면 에너지도 없고, 빅데이터가 없으면 지식도 없을 것이라고 한다.

기계론적 사고방식은 우리의 존재와 인식에 **타자**를 포함시키면 그만큼 우리의 공간과 자유가 축소된다고 생각하게 만든다. 그러나 생명이 쇄신하고 재생되는 생태적 공간은 데카르트식 2차원 공간이 아니다. '데샤*desha*(공간)', '칼라*kala*(시간)'까지 포함되어 이루어지는 4차원 공간이고, 지성과 생동력을 갖춘 생명이 다양하게 진화하는 공간이다. 생태적 생명의 공간에서 이루어지는 상호작용과 관계의 밀도가 높을수록 우리 자신의 자유와 가능성이 더 커진다.

1퍼센트가 건설한 폭력적인 채굴 경제를 통해 기업이 돈을 벌고 자원을 갈취하는 방식은 지구와 인류에게 감당할 수 없고 지속불가능한 비용을 부담으로 안긴다. 덕분에 우리는 멸종 위기에 몰려 있다. 우리는 지구에서 탈출할 필요가 없다. 우리가 벗어나야 하는 것은 우리의 정신을 노예로 만들고 멸종을 피할 수 없는 것으로 만드는 환상이다.

우리는 거대한 서사적 투쟁의 마지막 국면에 들어서 있다. 이 서사적 투쟁은 모든 시대에서 인간 역사를 형성한 투쟁이고, 통치하고 파괴하며 지배하고 소유하는 힘과 공동 창조·협력·공진화하는 비폭력적인 힘 사이에 벌어지는 투쟁이다. 폭력을 행사하고 파괴하는 힘은 자연과 인간의 분리, 인간과 인간의 분리에서 비롯된다. 비폭력적인 힘은 상호 연결과 하나됨에서 비롯된다. 이것이 바로 우리가 지성과 과학, 책임과 자각, 보살핌과 연민에 기초한 대안의 씨앗을 뿌리는 이유다. 씨앗 하나하나를 조심스럽게 뿌리고 모든 농민 개개인에게 연민을 가지고 다가가며 음식 한 접시 한 접시를 정성껏 대접해야 하는 이유다. 그렇게 하면 그 과정에서 더 많은 생물종이 번성할 것이고, 더 많은 음식을 대접할 수 있게 될 것이다. 우리의 생물다양성, 우리의 토양, 우리의 물이 더 많은 활력을 되찾을 것이다. 우리는 더 건강한 지구와 사회를 실현하여 더 많은 사람에게 더 많은 지식을 제공할 잠재력을 지니고 있다. 우리는 진화하는 모든 생명체의 지능을 바탕으로 지구민주주의를 실현할 잠재력을 지니고 있다. 바로 이것이 실재이다. 우리 앞에 실재의 부활이 성큼 다가와 있다.

맺음말

2015년 3월 빌 게이츠는 코로나바이러스 이미지를 들고 테드 강연에 나섰다. 강연에서 빌 게이츠는 전염병이 우리 시대의 세계가 직면한 가장 큰 재앙인 것으로 보인다고 언급했다. 진정 생명을 위협하는 것은 "미사일이 아닙니다. 미생물입니다".[1] 빌 게이츠가 테드 강연에 나선 해로부터 5년 뒤, 코로나19가 마치 쓰나미처럼 전 지구를 휩쓸고 있다. 그러자 빌 게이츠는 전쟁의 언어를 다시 들고 나왔다. 그는 코로나19의 유행을 '세계대전'에 빗대어 표현했다. 빌 게이츠는 다음과 같은 말도 남겼다. "코로나19는 인류 전체를 바이러스와의 전쟁으로 몰아넣고 있습니다."[2]

사실 코로나19가 유행하는 것과 전쟁은 관계가 없다. 코로나19는 전쟁의 결과이기 때문이다. 그 전쟁은 바로 생명에 대한 전쟁이다. 기계론적 사고방식은 채굴주의의 도구인 금융과 연결되어 있다. 기계론적 사고방식은 환상을 창조했다. 바로 인간과 자연이 분리되어 있다는 환상, 자연은 죽은 것이라는 환상, 자연은 활성화되지 않은 사물로서 채굴의 대상이라는 환상을 창조했다. 그러나 사실 인간은 생물군집生物群集에 속해 있는 존재이고, 바이러스군집에도 속해 있다. 숲과 농장의 생물다양성과 전쟁을 벌이고 우리 장腸에 존재하는 생물다양성과 전쟁을 벌인다면, 그것은 우리 자신과 전쟁을 벌이는 것과 다름없다.

코로나19로 인해 인간의 건강에 비상이 걸렸다. 멸종, 생물다양성 상실, 기후 위기도 인간 건강에 비상사태를 몰고 왔다. 그리고 이들 비상사태는 서로 떼려야 뗄 수 없는 관계이다. 이 비상사태는 모두 인간과 다른 존재가 분리되어 있고, 인간이 다른 존재보다 우월하다고 여기며, 인간이 다른 존재를 소유하고 조작하며 통제할 수 있다고 생각하는 기계론적 세계관, 군사화된 세계관, 인간중심주의적 세계관에서 비롯된 것이다. 오늘날 경제 모델의 바탕에는 지구가 정해 놓은 경계를 침범하고 온전한 생태계와 개별 생물종을 파괴하면서 무제한 성장과 탐욕을 추구할 수 있다는 환상이 자리 잡고 있다. 그리고 오늘날 우리가 직면한 모든 비상사태는 이러한 경제 모델에서 비롯된 것이다.

오늘날 세계화된 농업, 산업 농업, 비효율적인 농업은 서식지를 침범하고, 생태계를 파괴하며, 동물, 식물, 그 밖의 유기체를 멋대로 조작한다. 이들의 온전성이나 건강은 안중에도 없다. 그리하여 앞으로도 계속 새로운 질병이 등장할 것으로 예견된다. 코로나19 같은 질병의 확산을 통해 전 세계 인간이 연계되고 있다. 이 모든 것이 다른 생물종의 서식지를 침범하고, 동물과 식물을 조작하여 상업적인 이윤, 탐욕을 추구하며, 단작을 확대해 온 결과다. 인간이 숲을 깨끗하게 제거할수록, 농장을 산업적 단작으로 바꾸고 유독하면서 영양가는 없는 상품을 생산할수록, 식품을 합성 화학물질과 유전공학을 활용하여 산업적으로 처리함으로써 식품의 질을 떨어 뜨릴수록, 지구와 생명을 이윤을 내기 위해 착취할 수 있는 원료로 취급하는 환상을 유지할수록 전 세계의 인간은 더욱 더 밀접하게 연결될 것이다. 그러나 생물다양성, 온전성, 인간을 비롯해 살아 있는 모든 생물의 자조 능력을 보호함으로써 건강한 연속체로 연결되는 것이 아니라, 질병을 통해 병든 연속체로 연결되는 것이다.

국제노동기구에 따르면 "33억 명에 달하는 전 세계 노동자 가운데 (노동 시장에서 가장 취약한 부문인) 비공식 경제에 종사하는 노동자는 20억 명이다. 그 가운데 16억 명에 달하는 노동자가 생활비를 벌어들일 역량에 큰 손상을 입었다. 이들이 주로 코로나19로 인해 가장 큰 타격을 입은 부문에서 일했기 때문이다. 봉쇄조치도 이 같은 결과가 나오는 데 한몫 거들었다."[3] 세계식량계획은 앞으로 매일 30만 명이 굶주림으로 사망할 것이고 2억 5000만 명이 추가로 기아에 내몰릴 것이라고 예상한다.[4] 기아도 사람을 죽음으로 내모는 전염병이다. 죽음은 생명을 구하는 처방전이 될 수 없다.

건강은 살아 있는 체계에 관한 것, 생명에 관한 것이다. 빌 게이츠를 비롯해 그와 비슷한 부류가 전 세계를 상대로 홍보하고 강요하는 건강 패러다임에서는 '생명'을 찾아볼 수 없다. 빌 게이츠는 세계적인 연대를 결성해 건강 문제를 하향식으로 분석하고 처방할 것을 강요하고 있다. 빌 게이츠는 자금을 지원하여 문제를 정의한 뒤 자기가 지닌 돈과 영향력을 발휘해 해결책을 강요한다. 그리고 그 과정에서 그는 점점 더 부유해진다. 빌 게이츠가 '자금을 지원한' 결과 자연에서 생물다양성이 사라졌고 문화에서 민주주의가 사라졌다. 빌 게이츠의 '자선'은 자선자본주의에 그치지 않는다. 빌 게이츠의 '자선'은 자선제국주의이다.

인간은 통제의 대상으로 환원되었다. 인간의 몸과 정신은 새로운 식민지가 되어 침범당하고 있다. 코로나19의 유행과 봉쇄조치를 통해 이를 더욱 분명하게 확인할 수 있다. 제국은 식민지를 창조한다. 식민지는 토착 원주민 공동체의 공유지를 봉쇄하고 원료 공급원으로 삼은 뒤 채굴하여 이윤을 낸다. 이러한 직선적인 채굴 논리는 자연 세계에서 생명을 지탱하는 친밀한 관계를 이해할 수 없다. 다양성, 재생주기, 나눔과 공유의 가치, 자조와 상호성이 지닌 잠재력을 이해할 수 없다. 자기가 만들어낸 폐기물과 자기가 행사하는 폭력을 인식하지 못한다. 코로나19로 인한 봉쇄조치의 확대는 인류가 존재하지 않는 미래의 모습을 그려보는 실험의 장이라고 할 수 있다.

2020년 3월 26일, 코로나19 유행이 최고조에 달했을 무렵 마이크로소프트는 세계지식재산권기구로부터 특허를 취득했다. 특허 번호 제WO 060606은 다음과 같이 선언한다. "사용자에게 제공되는 과제에 결부된 인간의 신체 활동은 가상화폐 체계의 채굴 과정에 사용될 가능성이 있다."

마이크로소프트가 채굴하고 싶은 '신체 활동'에는 인간의 신체가 발산하는 방사선, 두뇌 활동, 신체의 유체와 혈액 흐름, 장기臟器 활동, 신체의 움직임(예: 눈 움직임, 안면 움직임, 근육 움직임)이 포함된다. 이 외에도 감지를 통해 영상, 파장, 신호, 문자, 숫자, 수치, 또는 그 밖의 정보 또는 데이터로 변환할 수 있는 모든 활동이 포함된다.

마이크로소프트가 취득한 특허는 인간의 신체와 정신에 대한 지식재산이다. 식민주의에서 식민 세력은 스스로에게 권리를 부여한 뒤 토착 원주민으로부터 토지와 자원을 빼앗고, 토착 원주민의 주권과 문화를 소멸시켰다. 극단적인 경우 토착 원주민을 절멸시켰다. 마이크로소프트는 특허 제WO 060606을 통해 인간의 신체와 정신을 새로운 식민지로 선언했다. 이제 인간은 '원료(인간의 신체에서 나오는 데이터)'를 채굴하는 광산이 되었다. 이제 인간은 주체성, 정신, 의식, 지성을 지닌 존재가 아니다. 우리가 깃들어 살아갈 뿐 아니라 떼려야 뗄 수 없는 관계로 맺어져 있는 자연 세계와 사회 세계에 우리의 행동이 미치는 영향에 대해 지혜와 윤리적 가치를 토대로 의사결정하고 선택할 수 있는 존재가 아니다. 이제 인간은 그저 '사용자'로 전락했다. 이제 인간은 디지털 제국에서 선택권조차 부여받지 못한 단순한 '사용자'일 뿐이다.

이것이 빌 게이츠가 품은 이상의 전부는 아니다. 사실 빌 게이츠가 품은 이상은 훨씬 더 사악하다. 우리 아이들이 자유와 주체성이 어떤 것인지 보고 느끼며 이해할 수 없을 만큼 어린 시기, 즉 가장 취약한 시기부터 우리 아이들의 정신, 신체, 마음을 식민화하는 것이다.

2020년 5월 앤드루 쿠오모 뉴욕 주지사는 게이츠 재단과 협력하여 '교육을 재발명'하겠다고 발표했다. 쿠오모는 빌 게이츠를 선각자라고 치켜세우면서 코로나19로 "(빌 게이츠가 제시한) 발상에 동의하고 그 발상을 발전시켜나갈 수 있는 역사적 순간"이 만들어졌다고 언급했다. "건물과 물리적 교실(낡은 교육 모델)에 기술을 묵혀두고 쓰지 않는 이유는 무엇입니까?"

빌 게이츠는 지난 20년 동안 미국의 공교육 체계를 해체하기 위해 꾸준히 노력해왔다. 빌 게이츠에게 학생은 데이터를 채굴할 광산일 뿐이기에 그는 출석, 대학 등록, 수학시험 점수, 독서시험 점수를 쉽게 수량화하고 채굴할 수 있는 지표로 만들기 위한 노력을 기울이고 있다. 교육을 재정립함으로써 아이들은 감시 체계의 관찰 대상이 될 것이다. 예를 들면 감시 체계는 집에서 혼자 원격으로 수업을 들을 수밖에 없는 상황에서 아이들이 수업에 주의를 기울이고 있는지 여부를 확인할 것이다. 빌 게이츠가 그리는 디스토피아적 미래에서 아이들은 다시는 학교에 다니지 못하게 될 것이다. 뛰어놀고 친구를 사귈 기회를 얻지 못하게 될 것이다. 빌 게이츠가 그리는 디스토피아적 미래 세계는 사회가 사라진 세계, 관계가 사라진 세계, 사랑과 우정이 사라진 세계다.

빌 게이츠와 기술 자본가가 장악한 미래 세계의 모습은 어떠할까? 인류의 양극화는 더욱 심해질 것이다. 대부분의 사람들은 '한 번 쓰고 버리는 일회용품'으로 전락하여 새로운 제국에 발을 붙일 수 없을 것이다. 새로운 제국에 포함되는 사람들도 디지털 노예나 다름없을 것이다.

우리는 저항할 수 있다. 우리는 또 다른 미래의 싹을 틔울 씨앗을 뿌릴 수 있다. 한 가족, 지구 공동체의 살아 있는 구성원으로서 민주주의를 심화하고 공유지를 되찾으며 지구를 재생할 수 있다. 풍부한 다양성과 자유를 누리고 통합과 상호연결을 경험할 수 있다. 바로 이것이 더 건강한 미래의 모습이다. 바로 이것이 우리가 싸워서 쟁취해야 할 미래의 모습이다.

우리는 멸종의 벼랑 끝에 몰려 있다. 우리 인류는 살아 있고 의식을 지니고 있으며 지성을 가지고 자율적으로 행동하는 존재다. 이러한 인류는 한계를 모르고 식민화와 파괴를 멈출 능력이 없는 1퍼센트의 앞잡이인 탐욕 앞에 무릎 꿇고 멸종의 길을 걷게 될 것인가, 아니면 1퍼센트의 앞잡이인 탐욕을 멈춰 세우고 인간성, 자유, 자율성을 수호하여 지구의 생명을 보호할 것인가.

이 책은 반다나 시바와 카르티케이 시바가 함께 쓴《Oneness vs. the 1%(전체와 1퍼센트의 대결)》를 번역한 것이다. 이 책에서는 식민주의를 광범위하게 비판한다. 1퍼센트로 대변되는 소수가 전체Oneness로 대변되는 다수를 지배하고 있다는 것이다. 그러는 사이 1퍼센트를 제외한 나머지 사람들과 하나뿐인 지구, 지구에 깃들어 살아가는 다른 생물종의 생존은 벼랑 끝으로 내몰리게 되었다. 두 저자는 1퍼센트를 제외한 나머지 사람들이 1퍼센트에 맞서 싸워야 한다고 주장한다. 그럼으로써 1퍼센트를 제외한 나머지 모든 것의 목숨을 틀어쥐고 있는 1퍼센트로부터 자유와 민주주의를 되찾으라고 독려한다. 두 저자는 간디가 주창한 세 가지 원칙, 즉 스와라지(자조, 자치), 스와데시(경제 주권, 자립), 사티아그라하(시민불복종)를 제시한다. 이 원칙을 1퍼센트를 제외한 나머지 사람들이 전개할 싸움의 토대로 삼으라고 권한다.

　이 책에서 1장과 4장은 이론적 근거를, 2장과 3장은 그 이론을 뒷받침하는 경험적 근거를 제시한다.

1퍼센트의 탐욕과 생명 경시

1장에서 두 저자는 인류가 하나의 공동체이고 하나뿐인 지구에 깃들어 살아간다고 전제한다. 그러나 하나의 공동체인 인류는 1퍼센트와 1퍼센트를 제외한 나머지 사람들로 분열되었다. 1퍼센트가 거머쥔 부富와 권력은 압도적이다. 일례로, 2017년에는 고작 8명이 가진 부가 전 세계 인구의 하위 절반이 가진 부와 맞먹을 정도였다. 1퍼센트는 탐욕스럽다.

탐욕스러운 1퍼센트가 부와 권력을 차지하고 통제하는 사이 1퍼센트를 제외한 나머지 사람들의 삶과 하나뿐인 지구는 파괴되어가고 있다. 인류의 1퍼센트도 생존하기 위해서는 하나뿐인 지구가 필요하다. 그러나 1퍼센트는 무책임하게도 하나뿐인 지구가 파괴되기 전에 다른 행성으로 떠나면 그만이라고 생각한다. 1퍼센트를 제외한 나머지 인류와 지구에 깃들어 살아가는 다른 생물종은 지구를 떠날 수 없을 것이다. 그러나 1퍼센트는 그들의 안위 따위는 안중에도 없다. 1퍼센트는 다른 존재의 생명을 소중하게 여기지 않는다.

1퍼센트가 수단으로 활용하는 금융과 기술

1퍼센트는 금융을 수단으로 활용하여 압도적인 부와 권력을 차지한다(2장). 1퍼센트는 기술이라는 수단을 활용하여 1퍼센트를 제외한 나머지 사람들과 하나뿐인 지구의 생존을 벼랑 끝으로 몰아간다(3장).

1퍼센트는 실물 경제와 무관한 금융 부문에서 돈으로 돈을 번다. 주요 사례는 빌 게이츠(마이크로소프트), 워런 버핏(버크셔 해서웨이), 마크 저커버그(페이스북, 최근 메타Meta Inc.로 사명 변경), 뱅가드 그룹이다.

1퍼센트는 유전공학 기술과 정보 기술을 활용하여 인간의 생존과 직결되는 농업 분야를 지배한다. 유전공학 기술은 유독성 카르텔이 활용하는 수단이다. 유독성 카르텔은 6대 살충제 기업과 GMO기업을 지칭한다. 그들 대부분은 전시戰時에 독성 물질을 공급하여 성장했다. 오늘날에는 유전공학을 활용해 만든 살충제, 제초제, 유전자 변형 생물GMO을 앞세워 전 세계 농업을 장악하고 있다. 주요 사례는 몬산토의 GMO Bt이다. 정보 기술은 산업 농업이 활용하는 수단이다. 정보 기술을 활용해 정보를 디지털화하고 특허를 내어 독점함으로써 전 세계 농업을 지배할 요량이다. 주요 사례는 몬산토, 빌 게이츠(빌앤멜린다게이츠 재단), 마크 저커버그다.

1퍼센트가 빼앗은 자유를 되찾고

1퍼센트가 전복한 민주주의를 회복하자

1장에서 두 저자는 1퍼센트가 분리, 폭력, 식민화, 채굴주의, 기계론적 사고방식을 토대로 부와 권력을 독차지한다고 밝혔다. 그리고 환상을 창조해 그렇게 독차지한 부와 권력을 통제한다고 주장했다. 4장에서 두 저자는 1퍼센트가 여기에 그치지 않고 민주주의마저 전복한다고 주장한다. 덕분에 1퍼센트를 제외한 나머지 사람들과 지구는 주변화되어 생존 자체가 벼랑 끝으로 내몰린다. 두 저자는 1퍼센트를 제외한 나머지 사람들에게 이대로 주저앉아 있지 말 것을 주문한다. 간디가 주창한 세 가지 원칙, 즉 스와라지, 스와데시, 사티아그라하에 입각하여 1퍼센트의 지배에 맞서 싸움으로써 자유와 민주주의를 되찾으라고 독려한다.

· ·

소수의 사람들에게 부와 권력이 집중되는 현상이 국내 독자들과 무관한 일로 들릴까? 아닐 것이라고 생각한다. 두 저자가 2장에서 지적했듯이 이 모든 일은 신자유주의 세계질서에 밀접하게 관련되어 있고 한국도 신자유주의 세계질서에서 자유롭지 않기 때문이다.

신자유주의 세계질서 속에서 1퍼센트는 금융이라는 도구를 이용하여 돈으로 돈을 번다. 따라서 경제가 침체될수록 1퍼센트는 오히려 더 큰 돈을 벌어왔다. 코로나19로 인해 경제 침체의 위기감이 감돌았던 최근에도 1퍼센트는 어김없이 돈을 벌었을 것이다. 실물 경제와 관계없이 전 세계 주식 시장, 부동산 시장 같은 자산 시장이 크게 부풀어 올랐기 때문이다. 한국도 예외는 아니다. 용혜인 의원실에 따르면 코로나19가 본격 시작된 2020년에 코로나19의 여파로 국민순소득은 마이너스 성장한 반면 국민순자산은 6.6퍼센트 상승했다(토지자산이 상승을 주도). 그 결과 피케티지수*는 11.4배가 되었다(2019년 10.7배). 2020년 모든 제도 부문의 토지자산은 10.4퍼센트 상승했다(직전 5개년 연평균 성장률 7.1퍼센트). 2020년 가계 순자산 중 금융순자산은 전년 대비 18.2퍼센트 상승했다(직전 5개년 연평균 상승률 5.6퍼센트). 2020년 가계 보유 토지자산은 전년 대비 12.4퍼센트 증가했다(5810.8조 원).

기술의 경우는 국내 독자들과 무관할까? 농업의 경우를 예로 들어보자. 외환위기를 거치면서 국내 주요 종자 기업이 다국적 기업에 매각되었다. 덕분에 국내 종자 산업 기반은 크게 약화되었다. 종자 주권을 확보하지 못하면 종자 수입에 의존할 수밖에 없다. 로열티를 지불해야 하는 것은 물론이고 수입에 차질이 빚어질 경우 농업 생산에 타격을 입게 될 것이다. GMO 종자, GMO 식품이 논란의 도마에 오른 지는 이미 오래되었다. 기상 정보는 농업에 매우 중요한 정보다. 누군가 기상 정보에 특허를 내어 독점한다면 기상 정보가 절실한 농민들의 생존을 마음대로 주무르게 될 것이다.

결국은 신자유주의, 세계화, 중앙집권화가 문제다. 두 저자에

---

* 국민순자산을 국민순소득으로 나눈 값. 피케티지수가 클수록 국민경제 전체의 소득 분배에 자본이 가져가는 몫이 커짐을 의미한다. 즉, 불평등이 심화된다는 의미이다.

따르면 스와라지, 스와데시, 사티아그라하에 입각한 싸움은 이미 시작되어 현재진행형이다. 전 세계 민중 운동은 중앙집권적인 정치를 타파하고 참여민주주의를 통한 분권 정치 실현을 위해 애쓰고 있다(스와라지). 타국에서 생산된 더 저렴한 상품을 수입하는 대신 지역에서 상품을 생산하고 소비하는 순환 경제를 실현하기 위해 애쓰고 있다(스와데시). 신자유주의와 세계화를 부르짖는 세력의 지배를 단호하게 거부하고 자급의 길로 나아가기 위해 애쓰고 있다(사티아그라하).

1퍼센트가 부와 권력을 차지하고 횡포를 부리는 사이 1퍼센트를 제외한 나머지 사람들, 하나뿐인 지구, 지구에 깃들어 살아가는 다른 생물종의 생존은 경각에 달리게 되었다. 1퍼센트는 하나뿐인 지구가 파괴되기 전에 다른 행성(이를테면 화성)으로 탈출할 수 있을지 모른다. 그러나 1퍼센트를 제외한 나머지 사람들은 그럴 수도 없다. 1퍼센트에 속하지 않는 사람이라면 누구나 두 저자가 권하는 싸움에 나서야 하는 이유다. 두 저자는 묻는다. 1퍼센트의 탐욕 앞에 무릎 꿇고 멸종할 것인지, 아니면 인간성, 자유, 자율성을 수호하여 생명을 보호할 것인지. 선택은 독자들의 몫이다.

번역된 원고가 한 권의 책으로 탄생하기까지 손길을 보탠 모든 분의 노고에 감사드린다. 원서는 간결하고 시원시원한 문체가 돋보였다. 원서가 지니고 있는 글의 맛을 최대한 살리지 못

누가 지구를 망치는가

했다면 오롯이 옮긴이의 책임이다. 책에서 오류가 발견된다면 그것 역시 옮긴이의 잘못이다. 혹시 눈에 띈다면 너그러운 이해를 구한다.

추선영

머리말

1 Chris McDermott, 'Stephen Hawking: We Have 100 Years to Find a New Planet', *EcoWatch*. http://www.ecowatch.com/stephen-hawking-bbc-2392439489.html. 2017년 5월 4일 발행.

2 Terry Gibbs, *Why the Dalai Lama is a Socialist: Buddhism and the Compassionate Society*. London: Zed Books, 2017, p. 116.

3 HH The Karmapa, Ogyen Trinley Dorje, *Interconnected: Embracing Life in Our Global Society*. Massachusetts: Wisdom Publications, 2017.

1장 1퍼센트 VS 지구 공동체, 인류 공동체

1 'What is Happening to Agrobiodiversity?' http://www.fao.org/docrep/007/y5609e/y5609e02.htm.

2 *Universal Declaration of Rights of Mother Earth*, http://therightsofnature.org/universal-declaration/; Valerie Cabanes, *Rights for Planet Earth: End to Crimes Against Nature*, http://valeriecabanes.eu/rights-for-planet-earth-book-release-in-india/.

3 최초의 정의는 다음에서 확인할 수 있다. Humberto Maturana and Francisco Varela, *Autopoiesis and Cognition: The Realization of the Living*. 초판 1973년

발간. 2판: Robert Cohen and Marx Wartofsky (Eds.) *Boston Studies in the Philosophy of Science*. Dordrecht: D. Reidel Publishing Co., 1980.

4 Bruno Latour, 'On Interobjectivity', *Mind, Culture, and Activity*. 3, 4 (1996). pp. 228-45. http.//www.bruno-latour.fr/sites/default/files/63-INTEROBJECTS-GB.pdf.

5 J. C. Bose. 무엇보다도 다음을 참조하라. *Plant response as a means of Physiological investigation*. London: Longmans, Green and Co., 1906; *Life Movements in Plants (Vol. I)*, 초판 1918년 발간, 1985년 재인쇄; *Life Movements in Plants (Vol. II)*, 1919년 발간; *Nervous Mechamisms of Plants*, 1926년 발간; *Growth and Tropic Movements of Plants*. London: Longmans, Green and Co., 1929.

6 J.A. Shapiro, 'Bacteria are Small But Not Stupid: Cognition, Natural Genetic Engineering and Socio-Bacteriology', *Studies in History and Philosophy of Biological and Biomedical Sciences*. 38, 4 (2007), pp. 807-19; Epub, November 19, 2007.

7 André Leu, *Poisoning Our Children*. Greeley: Acres, 2018; and Stafanie Seneff in Vandana Shiva (Ed.) *Seed Sovereignty and Food Security: Women in the Vanguard*. New Delhi: Women Unlimited, 2015.

8 Yaneer Bar-Yam, *Dynamics of Complex Systems*. Massachusetts: Addison Wesley, 1997. http://fernandonogueiracosta.files.wordpress.com/2015/08/yaneer-bar-yam-dynamics-of-complex-systems.pdf.

9 Carl R. Woese, 'A New Biology for a New Century', *Microbiology And Molecular Biology Reviews*. 68, 2 (2004), pp. 173-186. http://mmbr.asm.org/content/68/2/173.full.

10 Vandana Shiva, *Who Really Feeds the World?* New Delhi: Women Unlimited, 2017.

11 ANNAM: *Food as Health*. New Delhi: Navdanya, 2017. Daniel Moss and Mark Bittman, 'Bringing Farming Back to Nature', *The New York Times*. http://www.nytimes.com/2018/06/26/opinion/farming-organic-nature-movement.html 2018년 6월 26일 발행도 참조하라.

12 Charles Beebe, '2016 Deadliest Yet for Environmental Defenders',

pantheism.com. https://pantheism.com/2016-deadliest-yet-environmental-defenders/. 2017년 7월 13일 발행.

13 Leonardo Maugeri, *The Age of Oil: The Mythology, History, and Future of the World's Most Controversial Resource*. Connecticut: Globe Pequot, 2007; Dale Allen Pfeiffer, *The End of the Oil Age*. Napa: Lulu Press, 2004.

14 *Manifesto On The Future Of Knowledge Systems: Knowledge Sovereignty For A Healthy Planet*, International Commission on the Future of Food and Agriculture, 2009, http://www.swaraj.org/manifesto_future.pdf.

2장 1퍼센트의 앞잡이: 금융

1 `An Economy for the 1%: How Privilege and Power in the Economy Drive Extreme Inequality and How This Can Be Stopped'. Oxford: Oxfam, January 18, 2016. https://www.oxfam.org/sites/www.oxfam.org/files/file_attachments/bp210-economy-one-percent-tax-havens-180116-en_0.pdf.

2 `World's eight richest people have same wealth as poorest 50%', *The Guardian*. https://www.theguardian.com/global-development/2017/jan/16/worlds-eight-richest-people-have-same-wealth-as-poorest-50. 2017년 1월 16일 발행; `Just 8 men own same wealth as half the world', Oxfam International. https://www.oxfam.org/en/pressroom/pressreleases/2017-01-16/just-8-men-own-same-wealth-half-world. 2017년 1월 16일 발행.

3 Thomas Piketty and Emmanuel Saez, `Income and Wealth Inequality: Evidence and Policy Implications'. October 2014. https://eml.berkeley.edu/_saez/lecture_saez_chicago14.pdf.

4 Eric Briys and Francois de Varenne, *The Fisherman and the Rhinoceros: How International Finance Shapes Everyday Life*. New Jersey: Wiley, 2000.

5 Justin Podur, `The Financial Economy and Real Economy', *Counter Punch*. http://www.counterpunch.org/2008/10/15/the-financial-economy-and-real-economy/. 2008년 10월 15일 발행.

6 디지털 농업에 대한 더 자세한 내용은 다음을 참고하라. 'Digitised and Globalised Farming: What the Future Holds', in Susan Hawthorne, *Wild Politics: Feminism, Globalisation and Bio/diversity*. Victoria: Spinifex Press, 2002, pp. 236–249.

7 Joel Kurtzman, Christopher Houghton Budd, *Finance at the Threshold: Rethinking the Real and Financial Economies*. New York: Routledge, 2016에서 인용.

8 금융서비스현대화법(Financial Services Modernization Act of 1999)이라고도 알려진 그램-리치-블라일리법은 1999년 제106차 미국 의회(1999~2001)에서 통과되었다. 그램-리치-블라일리법은 글래스-스티골법(1933)을 대체하면서 은행, 증권회사, 보험회사 사이에 존재하던 시장 장벽을 제거했다.

9 https://en.wikipedia.org/wiki/History_of_banking.

10 John Summa, 'Do Option Sellers Have a Trading Edge?', *Investopedia*. https://www.investopedia.com/articles/optioninvestor/03/100103.asp.

11 Andy Crowder, 'Warren Buffett's Approach to Selling Puts', *Wyatt Investment Research*. http://www.wyattresearch.com/article/warren-buffett-approach-to-selling-puts/. 2017년 3월 7일 발행.

12 Alex Cripen, 'CNBC Transcript: Warren Buffett Explains His Railroad "All-In Bet" on America', *CNBC*. https://www.cnbc.com/id/33603477. 2009년 11월 3일 발행; Scott Patterson and Douglas A. Blackmon, 'Buffett Bets Big on Railroad', *The Wall Street Journal*. https://www.wsj.com/articles/SB10001424052748703740004574513191915147218. 2009년 11월 4일 업데이트.

13 'Victoria Nuland's assistant arrested—Fake Billions', *Justice4Poland.com*. https://justice4poland.com/2016/10/13/victoria-nulands-assistant-arrested-fake-billions/comment-page-1/. 2016년 10월 13일 발행.

14 'Vanguard Group owns Monsanto-Academi Blackwater', https://edwardmd.wordpress.com/tag/vanguard-group-owns-monsanto-academi-blackwater/. 2014년 8월 29일 발행; www.academi.com도 참조하라.

15 Landon Thomas Jr., 'Vanguard Is Growing Faster Than Everybody Else

Combined', *The New York Times*. https://www.nytimes.com/2017/04/14/business/mutfund/vanguard-mutual-index-funds-growth.html. 2017년 4월 14일 발행; http://en.wikipedia.org/wiki/The-Vanguard-Group.

16 https://about.vanguard.com/; https://en.wikipedia.org/wiki/The_Vanguard_Group.

17 www://vanguard.com/bogle_site/sp2004wellingtonbth.html.

18 '뱅가드가 보유한 주요 기업 주식 지분' 표에 사용된 수치는 다양한 인터넷 데이터베이스 검색을 통해 확보한 2016년 기업 보유 주식 현황 데이터를 편집한 것이다. 그 이후로 이와 유사한 검색이 차단되었다.

19 자료: 〈단 8명이 세계 절반의 부를 소유하고 있다*Just 8 men own same wealth as half the world*〉, 옥스팜 인터내셔널*Oxfam International*, 2017. http://www.oxfam.org/en/pressroom/pressreleases/2017-01-16/just-8-men-own-same-wealth-half-world.

3장 1퍼센트의 앞잡이: 기술

1 Rosemary A. Mason, 'The sixth mass extinction and chemicals in the environment: our environmental deficit is now beyond nature's ability to regenerate', *Journal of Biological Physics and Chemistry*. 15, 3 (2015), pp. 160-176; http://www.moraybeedinosaurs.co.uk/neonicotinoid/The_sixth_mass_extinction_and_chemicals_in_the_environment.pdf.

2 Sanjeeb Mukherjee, 'Big rise in farmer suicides in four states during 2016, says NCRB data', *Business Standard*. http://www.business-standard.com/article/economy-policy/big-rise-in-farmer-suicides-in-four-states-during-2016-says-ncrb-data-118032300025_1.html. 2018년 3월 23일 발행; Deeptiman Tiwary, 'In 80%.farmer-suicides due to debt, loans from banks, not moneylenders', *The Indian Express*. http://www.indianexpress.com.article/india/in-80-farmer-sucides-due-to-debt-loans-from-banks-not-moneylenders-4462930/. 2017년 1월 7일 발행. D. Basu, D. Das, K. Misra, 'Farmer Suicides in India', *Economic & Political Weekly*. 51,21

(2016)도 참조하라.

3 'Report of the Special Rapporteur on the right to food', 2017. https://documents-dds-ny.un.org/doc/UNDOC/GEN/G17/017/85/PDF/G1701785.pdf?OpenElement.

4 "'Getting along with their own business": The secret pact of Standard Oil with the Nazis and why Adolf Eichmann was silenced', https://www.gabyweber.com/dwnld/artikel/eichmann/ingles/secret_pact_standard_oil.pdf.

5 The Treason Of Rockefeller Standard Oil (Exxon) During World War II', *The American Chronicle*. https://archive.org/stream/pdfy-eQ-GW5bGFH1vHYJH/The%20Treason%20Of%20Rockefeller%20Standard%20Oil%20(Exxon)%20During%20World%20War%20II_djvu.txt. 2012년 2월 4일 발행.

6 Report of the Investigation of I.G. Farbenindustrie A.G., prepared by Division of Investigation of Cartels and External Assets, Office of Military Government, U.S. (Germany), November 1945. http://www.markswatson.com/article-IG-Farben-investigation-1945.pdf.

7 Mira Wilkins, *The History of Foreign Investment in the United States, 1914-1945*. Massachusettes: Harvard University Press, 2009; https://books.google.co.in/books?isbn=0674045181.

8 'The I.G. Farben Case', *Nuernberg Military Tribunal Volume VIII*, p. 1286. https://www.phdn.org/archives/www.mazal.org/archive/nmt/08/NMT08-T1286.htm.

9 Michael A. Whitehouse, 'Paul Warburg's Crusade to Establish a Central Bank in the United States', *The Region*. https://www.minneapolisfed.org/publications/the-region/paul-warburgs-crusade-to-establish-a-central-bank-in-the-united-states. 1989년 5월 1일 발행.

10 'The history of "business in diseases"', http://www4.drrathfoundation.org/PHARMACEUTICAL_BUSINESS/history_of_the_pharmaceutical_industry.htm; 'IG Farben: Pharmaceutical Conglomerate (1916 to 2015)', http://www.truthwiki.org/ig-farben-pharmaceutical-conglomerate-1916-

to-2015/.

11 Steven MacMillan, 'Bayer and Monsanto: A Marriage Made in Hell', *New Easter Outlook*. https://journal-neo.org/2016/05/21/bayer-and-monsanto-a-marriage-made-in-hell/. 2016년 5월 21일 발행.

12 'A Bayer-Monsanto merger would violate anti-trust laws to create the largest agroindustrial company in the world', https://www.bayermonsantomerger. com; 'Here's How a Bayer-Monsanto Merger Affects Workers, Farmers, and Investors', *Fortune.com*, http://fortune.com/2016/05/24/bayer-monsanto-merger/. 2016년 5월 24일 발행; Deidre Fulton, 'Bayer-Monsanto Merger Is "Five-Alarm Threat" to Food and Farms: Legal Experts', *Common Dreams*, http://www.commondreams.org/news/2016/08/03/bayer-monsanto-merger-five-alarm-threat-food-and-farms-legal-experts. 2016년 8월 3일 발행; Francesco Canepa, 'Bayer could get ECB financing for Monsanto bid, rules show', *Reuters.com*, http://www.reuters.com/article/us-monsanto-bayer-ecb-idUSKCN0YG2G9. 2016년 5월 25일 발행.

13 'Monsanto Tribunal And People's Assembly', *Seedfreedom.info*. http://seedfreedom.info/campaign/international-monsanto-tribunal/.

14 'Mergers: Commission clears Bayer's acquisition of Monsanto, subject to conditions', European Commission press release database. http://europa.eu/rapid/press-release_IP-18-2282_en.htm. 2018년 3월 21일 발행.

15 'People's Assembly on Dow-Dupont Crimes of Genocide and Ecocide', *Seedfreedom.info*. https://seedfreedom.info/peoples-assembly-on-dow-dupont-crimes-of-genocide-and-ecocide/. 2016년 11월 21일 발행.

16 '"Bayer-Monsanto: Get-Off Our Plates!" Town hall meeting', *Seedfreedom. info*. https://seedfreedom.info/events/bayer-monsanto-get-off-our-plates-town-hall-meeting/.

17 Amit Sen Gupta, 'Bayer Sues Indian Government to Retain Monopoly Right', *Political Affairs*. http://www.politicalaffairs.net/bayer-sues-indian-government-to-retain-monopoly-right/. 2009년 2월 10일 발행.

18 Chris Neiger, 'A $3 Trillion Market in 2020: 3 Sectors You Need to Watch', *The Motley Fool*, https://www.fool.com/investing/general/

2016/04/17/a-3-trillion-market-in-2020-3-sectors-you-need-t-2.aspx.
2016년 4월 17일 발행. 'Monsanto to Acquire The Climate Corporation,
Combination to Provide Farmers with Broad Suite of Tools Offering
Greater On-Farm Insights', https://monsanto.com/news-releases/
monsanto-to-acquire-the-climate-corporation-combination-to-provide-
farmers-with-broad-suite-of-tools-offering-greater-on-farm-insights/.
2013년 10월 2일 발행과 'The Climate Corporation Announces Acquisition
of Soil Analysis Business Line of Solum Inc.', https://climate.com/
newsroom/climate-corp-acquires-soil-analysis-business-line/2. 2014년
2월 20일 발행도 참조하라.

19 Lily Kay, *The Molecular Vision of Life*. Oxford: Oxford University Press,
1992, p. 8.

20 Ibid, p. 27.

21 Ibid. p. 27, 34.

22 Kay, op. cit.

23 Richard C. Lewontin, Biology as Ideology: The Doctrine of DNA.
London: Penguin Books, 1991.

24 Carl R. Woese, 'A New Biology for a New Century', *Microbiology And
Molecular Biology Reviews*. 68, 2 (2004), pp. 173-186. http://mmbr.asm.
org/content/68/2/173.full.

25 'Seeds of Suicide', Research Foundation for Science, Technology and
Ecology (RFSTE), 1999.

26 RFSTE, 비다르바 지역에서 수행한 나브다냐의 현장 연구와 국가범죄기
록국National Crime Records Bureau Bt 목화 재배 지역의 주별 자살 관련 데이
터 분석.

27 Peng Wan, Yunxin Huang, Huaiheng Wu, Minsong Huang, Shengbo
Cong, et. al., 'Increased Frequency of Pink Bollworm Resistance to Bt
Toxin Cry1Ac in China'. *PLOS ONE*. 7, 1 (2012), e29975. http://journals.
plos.org/plosone/article?id=10.1371/journal.pone.0029975; Bruce E.
Tabashnik, Thierry Brévault and Yves Carrière, 'Insect Resistance to Bt
crops: Lessons from the First Billion Acres'. *Nature Biotechnology*. 31,

(2013), pp. 510-521. http://www.nature.com/nbt/journal/v31/n6/abs/
nbt.2597.html?foxtrotcallback=true; https://ucanr.edu/repositoryfiles/
ca5206p14-67769.pdf.

28 Pavan Dahat, '9 farmers die in Yavatmal after spraying insecticide on
crops', *The Hindu*. http://www.thehindu.com/news/national/other-
states/9-farmers-die-in-yavatmal-after-spraying-insecticide-on-crops/
article19758683.ece. 2017년 9월 26일 발행.

29 Priyanka Kakodkar and Bhavika Jain, 'Pesticide toll at 35, Maharashtra
forms SIT', *The Times of India*. https://timesofindia.indiatimes.com/city/
mumbai/pesticide-toll-at-35-maharashtra-forms-sit/articleshow/
61029909.cms. 2017년 10월 11일 발행.

30 Priyanka Kakodkar and Bhavika Jain, 'SIT to probe 35 Vidarbha
pesticide deaths, FIR filed against agro firm', *The Times of India*. https://
timesofindia.indiatimes.com/city/mumbai/sit-to-probe-35-vidarbha-
pesticide-deaths-fir-filed-against-agro-firm/articleshow/61028959.cms.
2017년 10월 11일 발행; 'Devendra Fadnavis orders SIT probe into farmer
deaths due to pesticides poisoning in Vidarbha; agro firm booked', *First
Post*. http://www.firstpost.com/india/devendra-fadnavis-orders-sit-probe-
into-farmer-deaths-due-to-pesticides-poisoning-in-vidarbha-agro-
firm-booked-4132025.html. 2017년 11월 10일 발행; Swapnil Rawal,
'Pesticides kill 28 farmers: Maharashtra government orders third probe',
Hindustan Times. http://www.hindustantimes.com/mumbai-news/
pesticides-kill-28-farmers-maharashtra-government-orders-third-probe/
story-lpBFnJnlx9spPfFSqfRVdO.html. 2017년 10월 11일 발행; Bhavika
Jain, Mazhar Ali, Shakti Singh and Priyanka Kakodkar, 'CM orders SIT
to probe pesticide deaths in Vid', *The Times of India*. https://timesofindia.
indiatimes.com/city/nagpur/cm-orders-sit-to-probe-pesticide-deaths-in-
vid/articleshow/61028159.cms. 2017년 10월 11일 발행.

31 Mayank Bhardwaj, 'Andhra Pradesh revokes order to check planting
of Monsanto GM cotton', *Reuters*. http://in.reuters.com/article/india-
monsanto-cotton-andhrapradesh/andhra-pradesh-revokes-order-to-

check-planting-of-monsanto-gm-cotton-idINKBN1CJ0HD?utm_camp
aign=trueAnthem : +Trending+Content&utm_content=59e2199004d30
14fb286eacf&utm_medium=trueAnthem&utm_source=twitter. 2017년
10월 14일 발행.

32 'The Toxic Story of Roundup : Freedom from the Poison Cartel through
Agroecology', Navdanya, 2017. http://seedfreedom.info/wp-content/
uploads/2017/09/The-Toxic-Story-of-RoundUp.pdf.

33 Ruchi Shroff, 'New Study Shows Glyphosate Contaminates Soils - Half
of Europe At Risk', Navdanya. https://www.navdanyainternational.it/en/
news-navdanya-international/464-glyphosate-contaminates-soils. 2017년
10월 19일 발행; 'High levels of glyphosate in agricultural soil : "Extension
of approval not prudent."', Wageningen University & Research. https://
www.wur.nl/en/newsarticle/High-levels-of-glyphosate-in-agricultural-
soil-Extension-of-approval-not-prudent.-htm. 2017년 10월 16일 발행.

34 Kathryn Z. Guyton, et. all., 'Carcinogenicity of tetrachlorvinphos,
parathion, malathion, diazinon, and glyphosate', *The Lancet Oncology*.
16, 5 (2015), pp. 490-491; http://www.thelancet.com/journals/lanonc/
article/PIIS1470-2045(15)70134-8/abstract.

35 James Corbett, 'Court Documents Reveal the Inner Workings of a
Monsanto Smear Campaign', *Steemit.com*. https://steemit.com/news/@
corbettreport/court-documents-reveal-the-inner-workings-of-a-
monsanto-smear-campaign. 2017년 8월 5일 발행.

36 Helmut Burtscher-Schaden, Peter Clausing and Claire Robinson,
'Glyphosate and cancer : Buying science', GLOBAL 2000. https://www.
global2000.at/sites/global/files/Glyphosate_and_cancer_Buying_science_
EN_0.pdf. 2017년 3월 발행; Cary Gillam, 'New "Monsanto Papers" Add
To Questions Of Regulatory Collusion, Scientific Mischief', *Huffington Post.
com*. https://www.huffingtonpost.com/entry/newly-released-monsanto-
papers-add-to-questions-of_us_597fc800e4b0d187a5968fbf. 2017년 8월
1일 발행; 'The Monsanto Papers : Roundup (Glyphosate) Cancer Case Key
Documents & Analysis', U.S. Right to Know (USRTK). https://usrtk.

org/pesticides/mdl-monsanto-glyphosate-cancer-case-key-documents-analysis/; Jennifer Sass, 'European Parliament Takes Aim at Monsanto and Glyphosate', NRDC. https://www.nrdc.org/experts/jennifer-sass/european-parliament-takes-aim-monsanto-and-glyphosate. 2017년 10월 9일 발행.

37 Liz Gannes, 'Silicon Valley Big-Data Startup Bought for $1B by⋯ Monsanto?', *All Things Digital*. http://allthingsd.com/20131002/silicon-valley-big-data-startup-bought-for-1b-by-monsanto/. 2013년 10월 2일 발행; 'The Climate Corporation Announces Acquisition of Soil Analysis Business Line of Solum, Inc.', https://monsanto.com/news-releases/the-climate-corporation-announces-acquisition-of-soil-analysis-business-line-of-solum-inc/. 2014년 2월 20일 발행.

38 https://climate.com/를 참조하라.

39 Greg Trotter, 'What Monsanto's venture capital group has in common with the CIA', *Chicago Tribune*. http://www.chicagotribune.com/business/ct-monsanto-growth-ventures-1209-biz-20161209-story.html. 2016년 12월 9일 발행.

40 Amanda Little, 'This Silicon Valley hotshot is modernizing one of the world's most conservative industries', *Grist*. http://grist.org/article/this-silicon-valley-hotshot-is-modernizing-one-of-the-worlds-most-conservative-industries/?utm_source=syndication&utm_medium=rss&utm_campaign=feedfood%E 2%80%93grist. 2016년 2월 1일 발행.

41 Ed Yong, 'The White House Launches the National Microbiome Initiative', *The Atlantic*. https://www.theatlantic.com/science/archive/2016/05/white-house-launches-the-national-microbiome-initiative/482598/. 2016년 5월 13일 발행.

42 Pope Alexander VI, Inter caetera (May 4, 1493). Transcription source: Frances Gardiner Davenport (Ed.), *European Treaties bearing on the History of the United States and its Dependencies to 1648*. Washington, D.C.: Carnegie Institution of Washington, 1917, pp. 61-63.

43 'Who is Bill Gates? Microsoft founder, world's richest man and

philanthropist', *The Telegraph*. http://www.telegraph.co.uk/technology/0/
bill-gates/. 2017년 8월 1일 발행.

44 Julie Bort, 'This Is The Man Who's Making Bill Gates So Rich', *Business
Insider India*. http://www.businessinsider.in/This-Is-The-Man-Whos-
Making-Bill-Gates-So-Rich/articleshow/42939699.cms. 2014년 9월 20일
발행.

45 Michael Miller, 'The Rise of DOS: How Microsoft Got the IBM PC OS
Contract', *PC Magazine*. http://in.pcmag.com/opinion/42422/the-rise-
of-dos-how-microsoft-got-the-ibm-pc-os-contract. 2011년 8월 11일 발
행; John G. Kemeny, Thomas E. Kurtz, Basic: *A Manual for BASIC, the
Elementary Algebraic Language Designed For Use With the Dartmouth Time
Sharing System*. (PDF, 1st edition). New Hampshire: Dartmouth College
Computation Center, 1964; 'Thomas E. Kurtz-History of Computer
Programming Languages', cis-alumni.org. Retrieved on June 13, 2017.

46 Dolia Estevez, 'Bill Gates And Carlos Slim To Partner On Reducing
Hunger', *Forbes*. http://www.forbes.com/sites/doliaestevez/2013/02/13/
bill-gates-and-carlos-slim-to-partner-on-reducing-hunger/#532c6d5f3049.
2013년 2월 13일 발행.

47 Glenn Davis Stone and Domonic Glover, 'Disembedding grain: Golden
Rice, the Green Revolution, and heirloom seeds in the Philippines', *Journal
of the Agriculture, Food, and Human Values Society*. 34, 1 (2017), pp 87-
102. http://link.springer.com/article/10.1007/s10460-016-9696-1.

48 Allison Wilson, 'Goodbye to Golden Rice? GM Trait Leads to Drastic
Yield Loss and "Metabolic Meltdown"', *Independent Science News*. https://
www.independentsciencenews.org/health/goodbye-golden-rice-gm-trait-
leads-to-drastic-yield-loss/. 2017년 10월 25일 발행; 'Nutritious Rice
and Cassava Aim to Help Millions Fight Malnutrition | Bill & Melinda
Gates Foundation', Bill and Melinda Gates Foundation 보도자료 (2011).
https://www.gatesfoundation.org/Media-Center/Press-Releases/2011/04/
Nutritious-Rice-and-Cassava-Aim-to-Help-Millions-Fight-Malnutrition;
'HarvestPlus Receives US$6 Million Gates Foundation Grant to

Disseminate Biofortified Sweetpotato to the Undernourished in Africa',
Bill and Melinda Gates Foundation 보도자료 (2015). https://www.
gatesfoundation.org/Media-Center/Press-Releases/2005/12/HarvestPlus-
Nourishes-East-Africa.

49 Vandana Shiva, 'GE Vitamin "A" Rice: A Blind Approach to Blindness
Prevention'. http://www.amberwaves.org/articlePages/articles/shiva/
getVitamin.pdf.

50 Vandana Shiva, 'Women and Biodiversity Feed the World, Not
Corporations and GMOs', *Common Dreams*. http://www.commondreams.
org/views/2015/05/20/women-and-biodiversity-feed-world-not-
corporations-and-gmos. 2015년 5월 20일 발행.

51 'Gates Foundation Grants Additional $6.4 million to Cor nell's
Controversial Alliance for Science', *Independent Science News*. https://www.
independentsciencenews.org/news/gates-foundation-grants-additional-6-
4million-to-cornells-controversial-alliance-for-science/. 2017년 11월 1일
발행.

52 *Smart Breeding*, Greenpeace International, November 2009. http://www.
greenpeace.org/eu-unit/Global/eu-unit/reports-briefings/2009/11/smart-
breeding.pdf.

53 http://www.pricklyresearch.com/AutoIndex/index.php?dir=digitalgeneba
nking/&file=DivSeek_Paper_25May2016.pdf.

54 'Agricultural Development: Strategy Overview', Bill and Melinda Gates
Foundation. http://www.gatesfoundation.org/What-We-Do/Global-
Development/Agricultural-Development/Agriculture-Partners.

55 Matthew Herper, 'Bill Gates And 13 Other Investors Pour $120
Million Into Revolutionary Gene-Editing Startup', *Forbes*. https://
www.forbes.com/sites/matthewherper/2015/08/10/bill-gates-and-13-
other-investors-pour-120-million-into-revolutionary-gene-editing-
startup/#5555ca6f6369. 2015년 8월 10일 발행. 'The Genesis Engine',
Wired. https://www.wired.com/2015/12/the-genesis-engine/. 2015년
12월 21일 발행도 참조하라.

56 Kellie A. Schaefer, Wen-Hsuan Wu, Diana F. Colgan, Stephen H. Tsang, Alexander G. Bassuk, and Vinit B. Mahajan, 'Unexpected mutations after CRISPR-Cas9 editing in vivo', *Nature Methods*. 14, 6 (2017), pp. 547–548. doi:10.1038/nmeth.4293.

57 Franziska Fichtner, Reynel Urrea Castellanos and Bekir Ülker, 'Precision genetic modifications: a new era in molecular biology and crop improvement', *Planta*. 239, 4 (2014), pp. 921–39. https://doi.org/10.1007/s00425-014-2029-y.

58 Yanfang Fu, Jennifer A. Foden, Cyd Khayter, Morgan L. Maeder, Deepak Reyon, J. Keith Joung and Jeffry D. Sander, 'High-frequency off-target mutagenesis induced by CRISPR-Cas nucleases in human cells', *Nature Biotechnology*. 31, 9 (2013), pp. 822–26. doi: 10.1038/nbt.2623.

59 Matthew Herper, 'Bill Gates And 13 Other Investors Pour $120 Million Into Revolutionary Gene-Editing Startup', *Forbes*. https://www.forbes.com/sites/matthewherper/2015/08/10/bill-gates-and-13-other-investors-pour-120-million-into-revolutionary-gene-editing-startup/#5555ca6f6369. 2015년 8월 10일 발행.

60 Sharon Begley, 'CRISPR Patent Fight: The Legal Bills are Soaring', *STAT News*. https://www.statnews.com/2016/08/12/crispr-patent-fight-legal-bills-soaring/. 2016년 8월 16일 발행.

61 'Bayer and CRISPR Therapeutics joint venture, named Casebia Therapeutics, establishes operations in Cambridge, MA', Bayer Global 보도자료. http://www.press.bayer.com/baynews/baynews.nsf/id/Bayer-CRISPR-Therapeutics-joint-venture-named-Casebia-Therapeutics-establishes-operations-Cambridge. 2016년 8월 19일 발행.

62 John Carroll, 'Bayer bets $335M on CRISPR Therapeutics and the future of gene editing', *Fierce Biotech*. https://www.fiercebiotech.com/partnering/bayer-bets-335m-on-crispr-therapeutics-and-future-of-gene-editing. 2015년 12월 21일 발행.

63 Andrew Pollack, 'Jennifer Doudna, a Pioneer Who Helped Simplify Genome Editing', *The New York Times*. http://www.nytimes.com/2015/

05/12/science/jennifer-doudna-crispr-cas9-genetic-engineering.html?_ r=0. 2015년 5월 11일 발행.

64 'Monsanto (MON) Enters Global Genome-Editing Licensing Agreement for CRISPR System', *StreetInsider.com*. http://www.streetinsider.com/ Corporate+News/Monsanto+(MON)+Enters+Global+Genome-Ed iting+Licensing+Agreement+for+CRISPR+System/12390427.html. 2017년 1월 4일 발행.

65 Mahendra Singh, 'Note ban bold, will kill shadow economy: Bill Gates', *The Times of India*. http://timesofindia.indiatimes.com/Note-ban-bold-will-kill-shadow-economy-Bill-Gates/articleshow/55468005.cms. 2016년 11월 17일 발행.

66 *An Economy For the 1%*, Oxfam International. https://www.oxfam.org/ en/research/economy-1. 2016년 1월 18일 발행; *An Economy for the 99%*, Oxfam International. https://www.oxfam.org/en/research/economy-99. 2017년 1월 16일 발행; *Reward Work, Not Wealth*, Oxfam International. https://www.oxfam.org/en/research/reward-work-not-wealth. 2018년 1월 22일 발행.

67 Charles Pillers, 'How Piracy Opens Doors for Windows', *Los Angeles Times*. http://articles.latimes.com/2006/apr/09/business/fi-micropiracy9. 2006년 4월 9일 발행.

68 'A Well-Kept Open Secret: Washington is behind India's Brutal Experiment of Abolishing Most Cash', http://norberthaering.de/en/ home/27-german/news/745-washington-s-role-in-india#weiterlesen. 2017년 1월 1일 발행.

69 'GST Launch Highlights: President Pranab Mukherjee, PM Modi Launch India's Biggest Tax Reform', *NDTV*. https://www.ndtv.com/india-news/ live-gst-launch-2017-government-to-rollout-the-biggest-tax-reform-at-midnight-1718823. 2017년 7월 1일 발행.

70 https://www.microsoft.com/en-in/campaign/microsoft-gst/registration. aspx; Jasmeen Nagpal, 'EasemyGST partners with Microsoft to launch GST compliance solution', Microsoft News Centre India. https://

news.microsoft.com/en-in/easemygst-partners-microsoft-launch-gst-compliance-solution/. 2017년 5월 25일 발행; https://mbs.microsoft.com/customersource/Global/AX/downloads/tax-regulatory-updates/GST-India.

71 Pranbihanga Borpuzari, 'Sun shines for Cloud, but GST can be pivotal for Microsoft', *The Economic Times*. //economictimes.indiatimes.com/articleshow/59572969.cms?utm_source=contentofinterest&utm_medium=text&utm_campaign=cppst;https://economictimes.indiatimes.com/small-biz/security-tech/technology/sun-shines-for-cloud-but-gst-can-be-pivotal-for-microsoft/articleshow/59572969.cms. 2017년 7월 13일 발행.

72 William New and Catherine Saez, 'Bill Gates Calls For "Vaccine Decade"; Explains How Patent System Drives Public Health Aid', *Intellectual Property Watch*. https://www.ip-watch.org/2011/05/17/bill-gates-calls-for-vaccine-decade-explains-how-patent-system-drives-public-health-aid/. 2011년 5월 17일 발행.

73 'The CDC, NIH & Bill Gates Own the Patents On Existing Ebola & Related Vaccines: Mandatory Vaccinations Are Near', *Thecommonsenseshow.com*. http://www.thecommonsenseshow.com/2014/09/17/the-cdc-nih-bill-gates-own-the-patents-on-existing-ebola-related-vaccines-mandatory-vaccinations-are-near/.

74 John Vidal, 'Bill Gates backs climate scientists lobbying for large-scale geoengineering', *The Guardian*. https://www.theguardian.com/environment/2012/feb/06/bill-gates-climate-scientists-geoengineering. 2012년 2월 6일 발행.

75 Vidal, op. cit.

76 Katherine Edwards, 'Why the Big History project funded by Bill Gates is alarming', *The Guardian*. http://www.theguardian.com/commentisfree/2014/sep/10/big-history-bill-gates-uk-state-schools-education. 2014년 9월 10일 발행.

77 Toxic Cartel Shareholder lists, 2016. 이와 같은 수치는 민중의회가 개최한

누가 지구를 망치는가

몬산토 재판Monsanto Tribunal and People's Assembly과 바이엘-몬산토 주주총회 Bayer-Monsanto shareholder meetings에서 배포된 것이다. 최근에는 이와 같은 연구를 수행하기가 점점 더 어려워지고 있다. 인터넷에서 확보할 수 있는 공개 정보가 점차 말소되어가고 있기 때문이다.

78 http://www.oxfamamerica.org/press/top-50-us-companies-stash-16-trillion-offshore/

4장 1퍼센트가 민주주의를 전복하는 방법

1   M.K. Gandhi, *Panchayat Raj*. Ahmedabad: Navajivan, 1996, pp. 11-12.

2   Vandana Shiva and Vaibhav Singh, *Wealth per Acre*. New Delhi: Natraj Publishers, 2015.

3   Ernst F. Schumacher, *Small Is Beautiful: Economics As If People Mattered*, 초판 1973년 발간; New York: Harper & Row.

4   Maria Popova, 'Buddhist Economics: How to Start Prioritizing People Over Products and Creativity Over Consumption', *Brainpickings.org*. https://www. brainpickings.org/2014/07/07/buddhist-economics-schumacher/.

5   R.K. Prabhu and V.R. Rao (Ed.) *From the Mind of Mahatma Gandhi*. Ahmedabad: Navajivan, 1966, 87장. http://www.mkgandhi.org/ebks/mindofmahatmagandhi.pdf.

6   MK Gandhi, *Hind Swaraj*. Ahmedabad: Navajivan, 1996, p. 58.

7   'Seed Satyagraha (Civil Disobedience To End Seed Slavery)', *Seedsfreedom. info*. https://Seedfreedom.Info/Campaign/Seed-Satyagraha-Civil-Disobedience-To-End-Seed-Slavery/. 2015년 9월 8일 발행.

8   'Govt to introduce edible oil in PDS channel from June', *The Economic Times*. https://economictimes.indiatimes.com/news/economy/policy/govt-to-introduce-edible-oil-in-pds-channel-from-june/articleshow/2999261. cms. 2008년 4월 30일 발행. Ramesh Chand, 'Need to evaluate free edible oil import', *Business Standard*. https://www.business-standard.com/article/

opinion/need-to-evaluate-free-edible-oil-import-118052900002_1.html.
2018년 5월 29일 발행과 Anindita Dey, 'Food ministry seeks pulses, edible
oil subsidy extension', *Business Standard*. https://www.business-standard.
com/article/markets/food-ministry-seeks-pulses-edible-oil-subsidy-
extension-111022500028_1.html. 2013년 1월 20일 발행도 참조하라.

9 'Uttarakhand HC Declares Air, Glaciers, Forests, Springs, Waterfalls etc.
as Legal Persons〔판결문〕', *Livelaw News Network*. http://www.livelaw.in/
uttarakhand-hc-declares-air-glaciers-forests-springs-waterfalls-etc-legal-
persons/. 2017년 4월 1일 발행.

10 Chris McDermott, 'Stephen Hawking: We Have 100 Years to Find a
New Planet', *Eco Watch*. http://www.ecowatch.com/stephen-hawking-
bbc-2392439489.html. 2017년 5월 4일 발행; Sarah Knapton, 'Tomor
row's World Returns To BBC with Startling Warning from Stephen
Hawking-We Must Leave Earth', *The Telegraph*. http://www.telegraph.
co.uk/science/2017/05/02/tomorrows-world-returns-bbc-startling-
warning-stephen-hawking/. 2017년 5월 2일 발행.

11 Hannah Osborne, 'Elon Musk Reveals Vision for a SpaceX City on Mars',
Newsweek. http://www.newsweek.com/elon-musk-mars-spacex-martian-
city-625994. 2017년 6월 15일 발행.

맺음말

1 Bill Gates, 'The Next Outbreak? We're Not Ready', 브리티시컬럼비아
주 밴쿠버에서 2015년 3월 촬영. 8분 33초 분량의 TED 동영상, https://
www.ted.com/talks/bill_gates_the_next_outbreak_we_re_not_ready.

2 'This Is Like a World War': Bill Gates on Coronavirus', *livemint*, 최종 업
데이트 2020년 4월 24일, https://www.livemint.com/news/world/bill-
gates-compares-fight-against-coronavirus-to-another-world-war-
11587706313499.html

3 International Labor Organization News, 'ILO: As Job Losses Escalate,

Nearly Half of Global Workforce at Risk of Losing Livelihoods', 2020년 4월 29일 보도자료. https://www.ilo.org/global/about-the-ilo/newsroom/news/WCMS_743036/lang-en/index.htm

4 David M. Beasley, 'COVID-19 Could Detonate a 'Hunger Pandemic.' With Millions at Risk, the World Must Act', *Washington Post*, 2020년 4월 24일 발행, https://www.washingtonpost.com/opinions/2020/04/22/covid-19-could-detonate-hunger-pandemic-with-millions-risk-world-must-act.

누가 지구를 망치는가

1%가 기획한 환상에 대하여

1판 1쇄 2022년 1월 7일
1판 2쇄 2023년 7월 21일

지은이 | 반다나 시바, 카르티케이 시바
옮긴이 | 추선영

펴낸이 | 류종필
편집 | 이은진, 이정우
경영지원 | 김유리
표지 디자인 | 박미정
본문 디자인 | 박애영
교정교열 | 김현대

펴낸곳 | (주) 도서출판 책과함께
         주소 (04022) 서울시 마포구 동교로 70 소와소빌딩 2층
         전화 (02) 335-1982
         팩스 (02) 335-1316
         전자우편 prpub@hanmail.net
         블로그 blog.naver.com/prpub
         등록 2003년 4월 3일 제2003-000392호

ISBN 979-11-91432-32-9 03300